飛越死亡的夢境

展開信賴的翅膀

The End of Death

諾可・桑傑斯（Nouk Sanchez）◎著

魏佳芳　若水◎合譯

敬告讀者

《飛越死亡的夢境》將直搗黃龍，一探小我思想體系在我們心底暗中供奉的最高偶像，揭露太初以來，分裂與痛苦在人類潛意識中形成的強大驅力，而這個隱形推手，正是「死亡的觀念」。我們不僅下意識受到死亡的吸引，而且還深陷其中，難以自拔。

本書以嶄新的視角來詮釋《奇蹟課程》的教誨，為讀者點出它那起死回生的精義所在。《奇蹟課程》堪稱當今獨樹一幟的靈修法門，它的訊息震聾啟聵，既屬全像性，且由多方位、多層次切入，本書的宗旨即是為這部曠世經典解碼，讓我們一探究竟之餘，還能浸沐其中，宛如親歷其境。

書中的解說及練習，乃是為了幫助讀者親身體驗內在的轉化。透過這一深度之體驗，足以扭轉人的一生，從此擺脫恐懼的糾纏，浸潤於真愛和喜悅之中。

死亡是支撐小我世界的大樑，死亡的觀念一除，小我便無以立足，而恐懼、疾病、痛苦與匱乏也自然隨之銷聲匿跡。世上的紛紜萬象，表面上看似充滿活力、波濤洶湧，實則它們全源自我們對死亡根深柢固的信念。

　　《課程》再三提醒我們，死亡乃是小我思想體系的核心觀念。我們務必仔細看清，死亡觀念其實是小我騙局裡最高明的一招。對此，《飛越死亡的夢境》將會一步步引導我們，讓我們穿越小我企圖遮蔽真相的層層防衛措施，徹底揭穿死亡的騙局。

目　次

序文
諾可與湯瑪斯

「無論何人何事介入，願我們永不離棄彼此」

　　我與我的靈魂伴侶兼教學夥伴湯瑪斯・魏耶拉一起學習《奇蹟課程》，攜手致力於活出奇蹟精神已經二十餘年，我倆在這關係中所發展出來的一體經歷，簡直可說是奇蹟。自從我們將那變調的特殊關係轉化為全然寬恕的神聖關係之後，終於得享相當程度的真愛與喜悅，這是我們過去完全不敢奢望的。這樣的愛，再也不受任何人或任何事的威脅，哪怕是死亡。

　　隨著這份真愛在我們心中的成長，它顯現得愈來愈發自覺，而且不受動搖。連生活中各個層面的關係，包括過去所有的人與事，竟然也一併轉化了。而催化這一

神奇轉變的動力，正是靠我們始終如一給予對方無數寬恕的機會！

你若熟悉《奇蹟課程》，便知道它是一條覺醒之路，能解除人間一切苦難，而它的法寶僅僅只有一個，就是「練習寬恕」。但這不是一般人所以為的寬恕，而是釜底抽薪的真寬恕；唯獨它，方能一舉消除人間所有的苦難。寬恕能使我們從一切逆境覺醒，而神聖關係可說為它提供了最有力的媒介；透過神聖關係，千古以來的無謂傷痛都會剎那間煙消雲散。我們僅需一段受到徹底寬恕（或是「有心」徹底寬恕）的關係，便能從中領悟：真愛確實堅不可摧，且永恆如是。同時我們也徹底看清了，世間所重視的特殊之愛，只不過是存心仿冒真愛的贗品罷了。

有一個簡單的方法能幫助我們辨別兩者：倘若你所經驗到的愛是會變質的，或受制於某人某事、某種處境、某些條件，那就絕對不是真愛。我們可能甘心安於人間的愛，其實它與真愛有天壤之別；不論人間的愛怎樣想方設法妝扮成真愛，骨子裡其實是恨。遺憾的是，這種有條件的特殊之愛，乃是促使世人不斷流轉於生死輪迴的根本原因。總而言之，特殊之愛必然令人心碎，遲早會導向毀滅與分裂的下場。

只要我們下定決心捨棄小我那套特殊之愛，轉而接納神聖關係的寬恕目標，便能獲得奇蹟般的療癒。在這樣的過程中，不論我們會挫敗多少次，關鍵就在於我們的願心有多大。為此，鼓起勇氣來吧！畢竟，寬恕是一個持續不斷的過程，而且事實上，從頭至尾只有「一個人」需要寬恕，那就是我們自己，因為我們幻想除了完美的真愛之外還可能有其他東西存在。

　　為此之故，湯瑪斯與我才會下定決心，要親身體驗完美之愛的本質。我倆這段聯袂探索的關係，緣起於1984年一個涼風習習的夜晚。我倆躺在澳洲一片溫暖的沙灘上，倆人同時情不自禁說出自己由衷的心願，希望經驗到那種超越個人之愛、不受任何威脅、堅不可摧、神聖而永恆的真愛。在當時，我們內心深處隱約知道，這趟學習解除特殊之愛的歷程，會將我們帶向內在永恆不渝的真愛。

　　就在那個不可思議的夜晚，有上主為證，我們在內心的指引下，鄭重許下了改變一生的承諾，一個至死不渝的承諾。我們互相交換了一個誓言：「無論何人何事介入，願我們永不離棄彼此。」當我倆同心一意地說出這個誓言時，一瞬間，我們感受到這道強而有力的承諾迴盪於整個宇宙。

然而，湯瑪斯與我也非常清楚，小我每每執著於外表形式而忽略實質內涵。也因此，我們矢志以《奇蹟課程》爲師，亦步亦趨地跟隨它，揭露小我藏身的所有祕密死角，看穿它蒙蔽眞愛的伎倆，絕不落入「著重形式而漠視內涵」的陷阱。這類陷阱無時無刻不在眼前，舉例來說，我們可能會因爲一個人的外在表現（形式）而愛上對方，但並非愛他的本質（內涵）。因此，如果對方不再繼續滿全我們的願望，或開始做出不合我們心意的行爲，我們就不再愛對方了。一點也沒有錯，特殊之愛便是建立在這種心照不宣的前提下——**你若能滿足我的小我所需，我才會愛你；你若愛我，就會如我所願去做這做那。**

　　問題就在於，這些條件通常出自小我，然而，神聖的自性絕不會提出這類要求的。有條件的愛並非眞愛，它猶如空中閣樓，毫不可靠，充滿破壞甚至毀滅的能力，因此也必然導致分裂的下場。

　　湯瑪斯與我相處二十六年以來，彼此關係之親密，超乎我們過去所能想像。爲了轉化這段關係，我們依循內在的指引，捨棄了婚姻的「外在形式」，以造就這段關係的「實質內涵」。但我們必須說，促成這個決定的內在指引，純粹針對我倆當時的處境，未必適用於大部

分的人。基於我們對聖靈的信賴，一方面，我們慢慢釋放了這段關係的原有形式，以及彼此的角色，另一方面，我們仍持續滋養這段關係的實質內涵，使得彼此的真愛能夠加速成長。2009年12月，我們重發1984年所立的誓言：「無論何人何事介入，願我們永不離棄彼此。」

就在那一年，湯瑪斯罹患了癌症，並於翌年（2010年12月）辭世。奇妙的是，他的身體雖已不在人間，我們的交流卻從未中斷過。儘管這聽起來相當不可思議，但湯瑪斯確實與我合作至今，由於他已不再受到身體的限制，我們工作起來的效率和力道，都遠非往昔所能比擬。

我還有一具身體，而他已了無牽絆，可以說，他的離世為我們的關係帶來更深的轉化契機。我倆都很清楚，存在形式的改變只是一個幻相，絲毫損傷不了彼此的承諾，繼續同心探索耶穌的《奇蹟課程》之深層意涵。實際上，我們知道形式上的改變，在學習《課程》的旅途中必會刺激我們更上一層樓，幫助我們脫胎換骨，成為道道地地的「奇蹟志工」。

耶穌教誨的精髓，始終不離一個基本觀念：「死亡

並不存在，因此分裂也不存在。」既然如此，所有逆境、疾病、匱乏、衝突，乃至於種種的痛苦，也必然並非真的存在。我們之所以會經歷這些逆境，只因心裡相信它們真實不虛。正如我倆早就有的覺察，這類信念是出於我們潛意識極深的「恐懼真愛」（fear of Love），以及同樣深的「真愛恐懼」（love of fear）。

這是真的，若非打從心底害怕上主的愛，我們根本就不必受那些苦。然而，不論我們對上主的恐懼在潛意識裡埋藏得多深，它依舊強力主導著我們所有的信念、動機和價值觀，包括了我們在世間的一切經驗。湯瑪斯的離世帶給我最大的恩典，就是清明與領悟，我終於知道如何看清深埋心底的「上主恐懼症」，以及如何徹底放下它。唯有如此，我們才會全心全意信賴上主的愛，在聖愛的保證中，活得深刻而篤定。

湯瑪斯與我花了二十多年的光陰，才看透了自己潛意識對上主之愛的恐懼，但你無需重蹈我們的覆轍！只要你真的苦夠了，並且願意踏上這一條覺醒的路，那麼你會穿越得更快，而且少受很多苦，享受更多的喜樂。

耶穌所傳授的心靈轉化過程，是指全面性的巨大轉變，它會徹底扭轉世界的思想體系、信仰、規則與價值觀，最終能將痛苦轉化為喜悅與真愛。若想脫胎換骨，

我們得甘心捨棄小我最珍愛的偶像——死亡的幻相，它不但是小我夢境的主軸，餵養與支撐整個小我基業的，也非它莫屬。

只要我們意識不到自己是如何受到死亡的吸引，就會深受死亡的種種化身所威脅，而覺得它們真實無比。問題是，如果死亡是真實的，上主就不存在了。換句話說，倘若我們相信任何一種死亡的化身是真實的，表示我們的潛意識已經選擇了害怕上主，也就是害怕真愛，因死亡與上主互不相容，兩者**無法**並存。我直到歷盡滄桑之後才逐漸體會到，一切的痛苦、疾病、匱乏與衝突，原來全都是死亡的虛幻化身。如果把它們視為外來的威脅，隨時防衛和抵制的話，我們就不可能真正了解上主的愛了。只要還抓著這些信念不放，我們就不可能領悟自己原是上主偉大旨意與完美聖愛在人間的化身，當然也享受不到這種領悟所帶來的喜悅了。

> 如果上主是愛，死亡無異於宣告了「上主已死」。（M-27.5:5）
> 如果死亡有一點真實的話，生命就不可能存在。因為死亡否定了生命。然而，生命若有一點真實的話，死亡就被否定掉了。兩者毫無妥協並存的可能。（M-27.4:2~5）

本書所要談的當然不是身體的長生不死，只有小我才會執迷於這種觀念，想盡辦法永遠保住這具有限的身體。本書的宗旨，不過是重申「我們全都結合在上主的聖愛中」這一真相，從而認出自己的本來面目，活出我們共有的神聖自性。耶穌召喚我們，要我們遵循他的教誨，即使活在身體內仍能經驗到真正的生命，並非如小我所說，必須等到「死後」才能達到他的境界，一如他在《聖經》裡向我們保證的：「我實實在在的告訴你們，我所作的事，信我的人也要作，並且要作比這更大的事，因為我往父那裡去。」（約翰福音14:12）

　　多年來，我努力活出《課程》所教導的寬恕精神，終於看清了耶穌教誨的全像內涵，以及無限的深意。大家可能都讀過《課程》許多次，而且每次都會發現先前未曾留意或未能讀懂的道理。我也不例外，如此一步一腳印、踏踏實實領受著其中的深意。我很明白，對耶穌一層又一層的玄機妙意能夠領悟得多透徹，端賴我學習放下恐懼而信賴愛的願力有多大。這是個永無止盡的學習過程，我知道，至今，我的步履猶然邁動在旅途之中。

　　在撰寫本書的十六年前，湯瑪斯與我從《課程》讀到一些關於「疾病與死亡並非真實」的章節，縱然它的

觀點始終一貫而透徹，但當時的我們根本無法體會，只因我們仍覺得死亡與疾病所帶來的痛苦真實無比，自然無法將這些觀念具體運用在實際生活中。對我們而言，剝削、痛苦、疾病和死亡的真實性，絲毫不遜於上主的真實性。於是就跟大部分人一樣，開始腳踏兩條船，同時接受兩種截然相反的事實，企圖將人生的種種不幸解釋為：「這是上主給我們的功課，好讓我們有學習的機會。」

事實上，上主（我們的神聖自性）跟這些痛苦絲毫無關，祂過去既不曾給我們痛苦，未來也不會。不幸的是，自慚形穢的我們根本不敢相信這一真相——無所不包的真愛是涵容一切且沒有對立的，只會帶給人純然的喜悅與平安。那個時候，我與湯瑪斯根深柢固的信念「我們必須藉由痛苦來學習」受到了相當大的挑戰，因上主的旨意絕不會讓人受苦；唯獨小我，才會製造痛苦。痛苦與上主的愛毫無瓜葛，它只可能與小我所投射的神明掛勾。耶穌下面這段話，可說道盡了湯瑪斯與我在真正信賴聖靈之前的感受：

> 聽一聽小我怎麼說的，看一看它要你看到的，
> 你必會看到自己是如此渺小、脆弱而且充滿恐
> 懼。你會感到消沉，感到自己沒有價值，感到

世界如此虛幻無常。你相信自己受制於一種超乎你的力量，只能束手就範。你認為自己造出的那個世界操控著你的命運。（T-21.V.2:3~6）

　　直到我們逐漸捨棄小我的思想體系之後，才慢慢體會出，原來所有的痛苦都源自於錯誤的自我認同，也就是我們把這個「個別之我」當成了自己。這個我全是小我捏造出來的，它代表了人心中想要徹底脫離聖愛而獨立自主的意願。

　　我們的真我，也就是神聖自性，如同基督一樣無所不能，因我們乃是上主旨意的化身。事實上，神聖自性**就是**基督，我們全都享有這個偉大無限的恩典，但一直到近些年，我才真正接受這個「真相」。千怕萬怕，只因我實在太怕放棄小我灌輸給我的「受害者」信念了！可以說，要我捨棄這個微不足道的自我形象，簡直無異於要我放棄自己所熟悉的整個世界。我壓根兒也沒想到，捨棄小我只會丟掉我自討苦吃的本領而已。那些年，我始終認為，要成為一位奇蹟志工，就必須付出極高的「代價」才行。

　　由於我們潛意識極度畏懼上主的愛，所以不敢真的接受「心靈擁有無限大能」這個可能性。實際上，心靈

的力量非常強大，只要下定決心，我們必能化解自己妄造出來的一切痛苦。我們若學會質疑每一條看似真實的小我運作法則（包括疾病、衝突、剝削與死亡），它們便會在我們內在基督之愛的大能中銷聲匿跡。但我們無法僅憑頭腦的理解達此境地，而必須透過鉅細靡遺的自我省察，一點一滴放下過去所相信的一切；而這種放下（或化解），才是真正有效的寬恕之道。

自從湯瑪斯辭世後，我與他一直保持著交流。我深深體認到，任何形式的哀傷都會阻斷這個相通的狀態，因哀傷會把「死亡即分離」的觀念弄假成真。不再悲傷之後，奇蹟、喜悅與平安洋溢了我整個生活，同時也見證了死亡並不存在。湯瑪斯與我一同發願，把這段起死回生的經歷化為另一種存在模式，徹底扭轉死亡之噩夢，為充滿生命、療癒和真愛的美夢鋪路。這便是耶穌所謂的「真實世界」，也是《課程》所指的「幸福美夢」。我相信，這個「真實世界」是我們大家遲早都會抵達的終點。

湯瑪斯的覺醒

　　湯瑪斯在捨身離世之前已覺醒一段時間了；在他彌留之際，湯瑪斯的個人特質已經消失了。這樣的心境如何呈現於外表呢？那就是，不論身體狀況表面看來如何衰竭，他卻始終保持開放的心，充滿了愛和喜悅。他很清楚自己不是那具身體。

　　他決定以癌症的幻相作為加速自己覺醒的催化劑，無論身體如何不適，他都選擇以內在的平安為首要目標。所以他不斷邀請聖靈幫助他詮釋小我所妄造的一切，他要把這個疾病轉為從夢中覺醒的增上緣。他不曾恐懼萬分或試圖挽救自己的生命，既然除了上主之愛以外，沒有其他東西存在，那麼，他究竟是要挽救自己的生命免於「什麼」威脅呢？

　　儘管這個人生功課看來相當艱難，他決心不受表相的蒙蔽，凡與真愛相反的一切境遇，他都視為當下覺醒的助緣。我們大部分的人都想從痛苦中覺醒，卻很難屹立不搖地以內在平安為首要目標，反而常常將無數的俗

世目標視為當務之急，不到最後關頭，是不會選擇心靈平安的。大部分的時候，我們的心思都放在改變心外之物，包括自己的身體、外在處境和他人的行為。湯瑪斯則不然，他寧願以自己的疾病作為覺醒的途徑，不論身體表相如何警告他，他只是一具虛弱的身體而非永恆的生命，他也絲毫不為所動，時時刻刻以選擇平安為首要之務。

湯瑪斯離世前幾個小時，病況急速惡化，眼看回天乏術了，在那最後關頭，他的神智相當清明，而我，諾可，卻崩潰了。看著他各種官能逐漸停止運作，我挫折不解地大哭，他怎麼可以離開我？為何他的癌症沒有奇蹟般地痊癒呢？那時，湯瑪斯已無法言語，示意我拿紙筆給他。當我坐在他身邊啜泣時，他潦草地寫下這段話：「諾可，把眼光越過表相……將我們所有的懷疑、恐懼以及表相都交託給基督，信任祂帶給我們的救贖計畫──每次把握住當下一刻就夠了。這樣，我們才能見證我們不只活在人間，還能示範出寧靜與安詳之境。我們知道唯有祂才能帶我們達到這個目標……我們**絕不能**偏離這個核心。」

他訓練自己心念的方式，就是將自己對身體的一切擔憂，毫無保留地交託給聖靈。我相信，一個人若能做

到這點，**不可能不**很快覺醒的。畢竟身體是令我們分心、阻撓我們憶起自己與上主一體不分的最大障礙。

湯瑪斯離世後，我們的女兒瑞琪與我返回新墨西哥州的家。從那時起，我經歷了此生最深的心靈暗夜，我的矛盾與「湯瑪斯離開了他的身體」沒有太大的關係，因為我們之間神聖的愛，絕不會因他身體已不在人間而中斷交流的。

我發現自己最難忍受的，是自己仍然想抓著兩種互不相容的信念所帶來的痛苦與矛盾——我究竟要選擇恐懼還是真愛？死亡還是生命？我當然清楚自己無法腳踏兩條船。以我當時對耶穌教誨的理解，即使處在世間夢境中，當心靈徹底療癒後，便能活出「我只受上主的天律管轄」這一真知，因而得以逆轉小我的運作法則，唯上主的天律暢行無阻。總歸一句，根據《課程》的說法，當一個人活出內在的基督，他便能療癒病患，使死者復生（奇蹟原則第二十四條）。

這一認知，使我在照顧湯瑪斯的最後幾個月裡，不自覺地生出了小我最大的執著，暗自相信他會完全康復，成為耶穌深刻教誨的活見證。我當時並不知道，其實我倆都未**親身**領悟到這些道理，也因此，湯瑪斯的離世帶給我極大的衝擊。

雖然我看到湯瑪斯並未受到什麼苦，內心始終平安喜悅，但我還是無法釋懷心中的疑問：「爲何湯瑪斯會因病而死？爲什麼他不能健健康康地覺醒呢？」他此生只有一個目標，就是「現在就覺醒，不待將來」，甚至不惜以生病作爲覺醒的手段，把癌症當成絕佳助緣，勇敢地面對看似眞實無比的恐懼、痛苦與死亡的種種誘惑。湯瑪斯選擇了癌症來激勵自己，使他不得不隨時保持儆醒，以便**純然**只選擇愛。

他將內在的平安視爲首要目標，而且鍥而不捨地選擇了它，如此，他才能在這單行道上以星際之速前進，直奔覺醒之境，不像我們大部分的人一生徘徊於雙向道上。問題是，如果他眞的覺醒了——當時看起來確實如此——爲何還會以這種形式離開人間呢？

就我所理解，活出基督生命，表示身體不再是攻擊的象徵，亦即身體不再充當小我的武器，而成了聖靈的殿堂；它存在的唯一目的，只有推恩上主的愛與療癒而已。這類活出基督自性的人，既已看破而且克服了疾病與死亡，從此再也不受它們的威脅。難道不是這樣嗎？

我也記得耶穌說過，當身體已完成了在世的任務，告別身體的時辰到了，離世的過程將會極其安詳與喜

悅，而非經歷我們熟悉的那一種「死亡」。換句話說，身體不會以疾病、老化與痛苦的天譴形式告終。耶穌還教導我們，一旦將身體完全交託給聖靈，身體便會成為我們學習克服小我世界的首要工具。更重要的是，我們能如同耶穌一樣，克服「身體的死亡」這個小我夢境的核心。

折騰了好長一段日子，我才明白，湯瑪斯雖然「在小我的夢中覺醒」了（awaken in the ego dream），但是他並沒有如耶穌在《課程》所教導的，**徹底超脫**了小我的死亡之夢（awaken from the ego's dream）。這兩種覺醒最根本的不同處，成了我撰寫《飛越死亡的夢境》著墨最多的主軸。我慢慢領悟到，耶穌要我們學習的，並非只像湯瑪斯一樣在夢中覺醒，而是必須徹底超脫小我的疾病與死亡的整個噩夢，最後徹底由生死輪迴中解脫。若要達到這個境地，我們必須活出百害不侵的神聖自性，而且必須透過寬恕及全心接受救贖這一途徑，才能徹底化解恐懼和罪咎。唯有如此，方能全面扭轉小我的夢境；也唯有如此，我們才能克服並解除原先為攻擊自性及逃離上主所妄造的一切。如此與神聖自性重新結合之後，我們才可能進入耶穌所說的「真實世界」或「幸福美夢」。

我的心靈暗夜

　　湯瑪斯離世後，我回到了新墨西哥州，整個人陷入極大的矛盾與哀傷之中。女兒瑞琪在旁提醒我**唯有**愛是**真實**的，那麼，分裂怎可能也是真的？湯瑪斯除了在當下此刻以外，他可能去哪裡呢？終究來說，他哪兒也沒去。如果我哀傷不已，表示我必定相信了分裂的真實性──湯瑪斯真的死了，離我而去，我們再也無法相通了。

　　在這段心靈的暗夜裡，我好似墮入地獄一般，對聖靈的信賴可說喪失殆盡。我甚至覺得，真正存在的可能只有無神的地獄，其他一切才是夢幻泡影。但我很快覺察到，自己必定陷入了妄想症，若非無神之地獄真的存在，就是我精神錯亂、神智不清了。我亟欲知道湯瑪斯之死究竟是怎麼回事，這一執著動搖了我對聖靈的信賴，結果掉入苦不堪言的隔絕之感，最後，我只好向老天大聲呼救。

　　突然，我好似聽到湯瑪斯在我心裡反問我：「你究

竟是想要了解，還是真心想要平安？」我馬上明白了！
原來，「想要了解」正是小我的把戲；唯有選擇**接受**現
況而不追根究柢，才能將我帶回平安之境，我的心才可
能敞開，與聖靈及湯瑪斯真正的交流。

　　我抽出一張《奇蹟課程》金句小卡片，上面寫著：
「……而你又想要平安的話，你必須永遠且徹底地放下
衝突的觀念才行。」（T-7.VI.8:9）這就對了！從那一
刻起，我完全心甘情願放下所有**非出自上主**的一切，釋
放心中浮現的種種痛苦念頭、情緒及反應。我知道那些
全都只是障人眼目的表相，而我已決心讓眼光越過所有
表相，直視基督之聖容。

　　經歷這個神奇的轉變，我竟然發現自己不再哀傷
了，而且時時刻刻都能清醒地選擇喜悅和平安，活在當
下，不再分析評判，也不再沉溺於痛苦或失落的往事。
奇妙的是，湯瑪斯又回到了我身邊。我終於明白了，只
要自己不陷入個體心境，不再從過往記憶挖出難以割捨
的特殊之愛，我們是不可能感到彼此的分離的。

　　過去，小我所投射的那些特殊之愛，與我們所擁有
的真愛根本是兩回事。既然我有幸覺知湯瑪斯**仍在**身
邊，而且比以前離我更近，那我又怎麼可能想念他呢？

當然，雖說我不太習慣他不再以有形方式出現在身邊，但這不正是我該修的另一堂功課，要我好好看清形相的虛幻及短暫之本質嗎？所幸，在**內涵層次**，生命真的是永恆不易的！

因此，我不再爲形相上的改變而產生懷疑，而且慢慢明白了，若想保有我們所擁有的真愛內涵，放下形相（即湯瑪斯的身體）才是上策，我再也不上小我的當了。

回想當初，我們在內心指引之下，不惜結束婚姻來造就這段關係，對我們當年而言，它真是一場信心的大考驗。如今，通過這一場歷練，終於真正體會到，深刻的真愛絕不受任何人或事的威脅，哪怕是死亡。

此時，我感覺到老天好似要我接受這段關係的進一步考驗：我必須承認，要我接受「自己目前與湯瑪斯的交流並未中斷」這個事實，似乎比先前藉著結束婚姻來造就這段關係還來得困難。但無論如何，我決心謹記耶穌在《課程》中所說的：「幻相沒有層次之別，奇蹟沒有難易之分。」只要我保持儆醒，堅持越過一切表相去看，不讓它蒙蔽了真相、真愛與不變的本質，我就能時時活在奇蹟的正見之中。

湯瑪斯告訴我們：「我哪兒也不去，我發誓要揭穿死亡的謊言！請保持聯繫……」

我們相信他會履行這個諾言，幫助我們拆穿死亡的謊言，正如下面這段耶穌的話：

> 唯有神聖一刻具足了愛所要求的條件，因為身體再也無法從中作梗，心靈便自然回歸一體；何處恢復了交流，平安就在何處現身。和平之君誕生人間，就是幫你具足愛的條件；他教你明白，即使身體毀滅了，天人的交流依舊永恆不斷，只要你不再把身體當作交流的必然媒介。你一旦學會這一課，自然就明白身體的犧牲根本稱不上犧牲；而交流屬於心靈層次，是不可能被犧牲的。那麼，還有何犧牲可言？
> （T-15.XI.7:1~4）

想一想，要清除所有使我經驗不到愛的障礙，我該學的可多著呢！目前我已能體認出，人間夢境中最偉大的力量，莫過於**每個當下的選擇能力**。這正意味著，每當外境勾起我們的情緒之際，隨時可以選擇讓眼光越過所有的小我表相，直視真理的本然面貌。既然實相中唯有上主之愛，那麼，拒絕相信任何「非愛」之物能夠傷

害我們，這才堪稱爲眞寬恕，它是一種修持，一種鍛鍊。通常，除非我們吃盡了苦頭，否則自己是不甘眞心選擇平安的。談到「選擇」，耶穌這麼說：

> 我曾經提醒過你，要以護衛小我的警覺來防範小我。這一步所要教你的是：你不只應該如此，而且必須如此。此事的難易不在它的考量中，它只是斬釘截鐵地告訴你，儆醒是你的首要任務。它直言不諱，也不容例外；雖然它也不否認人們一定會找些例外的藉口。它無視你內心的混亂無明，直指你始終如一的本性。然而，混亂與如一是無法長久並存的，因爲兩者互不相容。只要你認爲還有戒備的必要，表示你尚未認清兩者互不相容的關係，以爲自己能在兩者中任選其一。聖靈的教法則從「你該選擇什麼」開始，最後教你看出，你根本沒有選擇的必要。祂便如此將你的心靈從選擇的層次提昇至天國的創造層次了。
>
> （T-6.V.三.4:2~10）

如今，湯瑪斯留給我極其重要的一堂課，我若能儆醒且堅定地效法他生前所展現的信心與信賴，那麼，這一堂課保證會領我進入眞理實相，回歸生命是愛的本然

境界。我希望，不，我相信，你也會與我一同踏上這趟
旅程——不論表面上我們各自經歷了什麼，讓我們永遠
而且**唯獨**選擇真愛與平安。

—— 諾可・桑傑斯　2013年10月

第一章

小我概述

基於二十多年來修習《奇蹟課程》的經驗，我對小我有極為深刻的體認。簡單說，它純粹是一種自找苦吃的取向、甘願受苦的意向、下意識想要孤立獨處而與人隔絕的欲望。

試想，有哪一個精神正常的人會故意選擇困在時間幻相裡、獨自承受無邊的痛苦呢？神智清明的人絕不會幹這種事的。可見小我的思想體系必然屬於神智失常的狀態，《奇蹟課程》稱之為「妄心」，而我們所謂的人生，正是根據潛意識裡的小我信念而活出來的，也因此，才會充滿了各式各樣的痛苦。

小我代表一種思維結構，把虛幻的「個別之我」當成了自己。也可以說，小我就是我們分裂的願望——當初我們就是出於這樣的願望，才會自絕於上主聖愛之外，另行打造出一個三千大千世界。但是，這個「個

別之我」並非真的存在，它完全虛妄，遲早會幻滅。然則，小我又是怎麼肇始的呢？天人分裂以前，我們原本活在上主永恆不易、涵容一切的聖愛旨意中，忽然間，冒出了小小的瘋狂一念，想體驗一下「活在上主之外」的狀態。

所謂「活在上主之外」，其實就是活在我們視為天經地義且牢固不變的世間法則下，包括了時間律、自然律、出生和死亡律等等。我們否定了自己的本來面目，寧可活在與愛相反的恐懼之境，忘記自己原是涵容一切、沒有對立的愛。為此之故，世人總是用恐懼的眼光來看待自己、他人及整個世界。所幸，這些恐怖的景象，儘管看起來彷彿真實無比，終究只是個夢境而已。我們神聖而完美的永恆實相，始終不受夢境的影響。

然而，小我因恐懼而投射的結果，必會衍生許多後遺症，扭曲成人間種種恐怖的現象，例如疾病、身心的痛苦、意外、衝突、匱乏，以及肉體的死亡，而死亡可說是小我在它的蛋糕上所灑上的誘人糖霜。事實上，這些現象都是我們潛意識的投射；我們故意用它們來轉移自己的注意力，確保自己永遠不會從這個恐怖的噩夢中醒來。

這些投射出去的恐怖景象，看起來像是真實無比的威脅，故亟需我們的防衛。在我們的眼中，這些外在威脅不僅不是我們所能操控的，甚至還具有傷害我們的神奇能力。正如耶穌所說的，小我會利用肉眼及其他感官來詮釋它想要我們看到或感受的一切：

> 詮釋肉眼所獲的訊息且賦予「意義」的，也是心靈無疑。因此這個意義絕對不存在於外在世界。肉眼所見的「現實」其實都是人心想要看到的景象。是它把自己的價值層次投射到外界，然後再派遣肉眼去把它找回來的。
> （M-8.3:4~7）
> 你感到自己與現實世界扞格不入，認為它處處跟你作對。這是你的所作所為必然導致的後果。……你必須明白，憎恨出自你心內，而非心外，如此，你才驅除得了它；你必須先根除心頭之恨，才可能認出世界的真相。
> （T-12.III.7:7~10）

我們爲何甘願受苦？

　　試問一下，爲何我們寧可活在充滿恐懼與威脅的幻相中，寧可放棄永恆不易的眞愛、安全和喜樂呢？難道它會給我們什麼甜頭不成？原因無他，只因我們深埋於心底的「上主恐懼症」，猶如燃燒的怒火，勢不可擋，驅使我們下意識地自討苦吃。而這個隱藏在內的驅動力，使我們更加認同於「個別之我」，也更想與上主分道揚鑣。其實，「上主恐懼症」的背後，完全是「罪咎感」在作祟，它逼著我們死命逃離上主，可以說，我們每個人心中都在暗自抵制上主的愛。這個罪咎感又源自於一個幻想出來的信念：「我們謀殺了上主，因我們好似捨棄了聖愛。」爲此，我們潛意識相信自己犯下了不可饒恕的罪過，使宇宙蒙塵、天地黯淡，眞可謂罪孽深重，渾身都要忍不住戰慄起來。沒有錯，在小我的觀念中，罪是永遠無法抹去的。

　　「永恆之罪」的信念就這樣深植於潛意識，沉重得令人喘不過氣，我們只好埋藏心底，加以否認，甚至遺忘。這樣的心態在日常生活可謂屢見不鮮，比如說，當

周遭發生令人極度震驚或受創的事件時，人們會讓它跟自己的感覺切斷聯繫，然後否認它的存在。根據心理學的解釋，一旦人們否認某種內在的經驗時，往往會將它投射出去，以至於再也意識不到所有恐懼的同一個肇因（罪咎）其實是在自己心內，還以為它在自己**心外**。只因人們早已將它投射到他人身上、自己的身體，乃至於世界各種場景或議題上。

罪、咎、懼構成了小我思想體系的惡性循環：由於我們相信自己犯了罪，因而感到罪孽深重；為了擺脫這個罪咎感，我們將它向外投射；我們相信投射出去之物必會轉身反擊，而且反擊的形式與時機都不是自己所能掌控的。於是，我們學會了這樣的金科玉律：「自己的身體、他人和世界都是可怕的東西，需要隨時搞定才行！」

要知道，小我的存活之道，就是將我們的注意力轉向心外。只要我們仍誤以為一切人事物（包括疾病、匱乏與死亡）都是獨立存在自己心外的現象，我們就中了小我的詭計，痛苦自然勢所不免。

小我為了將我們的注意力轉向心外，不斷說服我們相信自己是受害者，並鼓勵我們無所不用其極地追逐快

樂、情愛、富裕和健康，同時還想方設法避免痛苦、失落、匱乏與死亡。更精確地說，它要我們背棄自己的神聖自性，只因自性真我一眼就能看出，世間不論何種痛苦，全都出自同一根源，也就是小我；而且它始終在我們心內，從來不在他處。

只要我們存心隱藏潛意識的罪咎，將它安全地保存在暗處，永遠不敢正視它的內幕，我們必會相信自己受苦是因為其他人、過去的經驗、外在的處境，或自己的身體。直到我們受夠了小我的折騰，拼命向外追究痛苦及救恩之源卻徒勞無功，至此，我們才會甘心踏上化解小我的旅程。

認識自己：神聖的自性

我們的真我，即神聖自性，深埋在小我虛構的自我形象之下。只要我還珍惜且護守著這個自我形象的假我身分，它就會遮蔽我們的神聖自性，使我們體驗不到真我浩瀚莊嚴與百害不侵之本質。自性或小我，我們只能認同其中一個，因兩者彼此互斥，永遠無法並存。

若想找回真我，我們必須藉助於他人，因我們無法單憑自己就能恢復神聖的自性。他人適足以充當一面明鏡，忠實地反映出我們早已壓到潛意識下而渾然不自覺的那些判斷、信念與價值觀。可以說，出現於我們人生中的每個人，都成了我們投射「自己不甘承認的罪咎」之螢幕，反映出自己最容易被勾起的種種情緒。的確，我們需要透過這些起伏的情緒，追出受苦的真正原因，如此，也才能真正寬恕它。總之，我們遲早會明瞭，受苦之因絕非來自往事、身體或他人，它始終在我們心內。

　　然而，在我們能夠深入內心找回自己的神聖自性之前，必須下定決心化解虛幻的假我；箇中的關鍵，就在於徹底扭轉自己的信念與價值觀。換句話說，化解小我之旅，意味著我們敢往心內去看，揭露深深隱藏的分裂心態。除非我們決心看清自己心裡的分裂，否則它會永遠躲在幕後。無疑的，小我必須隱藏在暗處方能苟延殘喘，也只有在黑暗中，恐懼才有興風作浪的能力，而且讓自己意識不到罪咎的投射。只要我們覺察不到這個隱藏的罪咎，小我就會將它投射於外，讓我們一再錯以為自己受到外在形形色色的攻擊。

　　小我這種封閉的迴路系統乃是出於精心的設計，目

的是讓我們永遠活在恐懼之中，確保我們只會回頭向它求助，跟它請教解決方針，根本忘了這些問題正是**小我**投射出來的。為此，小我絕不會提供一勞永逸的解決方案，因它的一貫手法就是：「**去找，但不要找到！**」

看出分裂的心靈

> 唯有當你讓因與果彼此相認、不再視為兩回事，這時奇蹟才可能發生。（T-26.VII.14:1）你才能看出罪和疾病之間的因果關係，而且意識到自己一直想把這關係壓到潛意識下，蓄意迴避理性的光照。（T-26.VII.2:4）

如上所言，我們若不願往心內看去，分裂幻相所倚恃的分裂心念就會興風作浪。問題是，我們都很害怕一旦往內心深處看去，後果必然不堪設想，認定那是自己的末日。此外，根據我自己和幾位奇蹟工作夥伴的經驗，不管我們意識到否，人人幾乎都有同一個根深柢固的信念，就是認定自己毫無價值。

儘管那種自慚形穢的感覺好似真實無比，但它壓根

兒是無稽之談，充其量，它不過是一面擋箭牌，是我們用來遮掩自己不敢面對罪咎的那塊盾牌而已。種種自慚形穢之感，不論極度的羞愧，或極深的自卑感，都會帶給我們莫大的痛苦與殺傷力，但是說穿了，那全是小我用來掩飾幕後元兇（罪咎）的障眼法而已。罪咎正是小我的一大法寶，小我絕不會讓我們發現它藏在心內。因為一旦發現了，我們可能就放下它；一旦釋放了罪咎，小我就沒戲可唱，再也無法引誘我們繼續幹些自討苦吃的事了。

　　隱身在無價值感背後的罪咎，源自於潛意識的一個共通信念：「我們背離了造物主，祂必會嚴加追究，而且遲早會逮到我們的。」由此可知，現實生活中總有不勝枚舉的事令我們感到內疚，也有無以數計的事物讓我們忍不住批判或感到害怕不安，實際上，它們全都源自我們深埋心底的一個祕密：潛意識中對造物主的恐懼。

　　要知道，我們的內疚感及所有引發我們恐懼與憤怒的事物，全都出自同一個根源，就是深埋於潛意識裡的罪咎。明白這一點，我們才會懂得如何療癒人生中形形色色、層出不窮的問題，包括疾病、人際糾葛、匱乏感、癮頭、憂鬱症、癡迷耽溺、拖延成性……，乃至於孤單寂寞等等，儘管它們表面看來好像無關乎罪咎。

只要我們隱藏「上主恐懼症」這個核心問題，小我就會把它分化成各式各樣的具體現象，並以看似跟這一恐懼無關的形式呈現在日常生活，讓我們吃盡苦頭。

　　除非我們願意揭開隱藏於內心的所有信念，否則便不可能親身領悟到自己百害不侵的本質，而活得安全無虞。為此，鼓起勇氣往心內看去吧！尤其是，每當情緒被他人或外境勾起之時，務必毫不保留地反問自己，是否看清問題的本質與真正的原因？它的根源究竟是什麼？

　　每個人心中都有兩種思想體系：小我及上主，更具體地說，就是恐懼和愛，但唯獨愛是真實的，恐懼永遠虛假不實。小我之所以能以假亂真，只因我們決心不讓這兩種思想體系碰頭。兩者一旦照面，我們便會立刻看出，只有一個值得相信。為此，揭露隱藏心底的核心信念，就是將小我的思想體系帶向光明，與上主的思想體系一照面，小我便無立足之地了。

　　我舉一個簡單的實例來說明如何識破小我的計謀。有一次，正當我手上一個重要的案子有待完成，那時，我感覺自己快要感冒了。唉啊！小我神不知鬼不覺地選在這個緊要關頭用感冒來打擊我，目的是什麼？不就是

要阻撓我的計畫，讓我慘兮兮地相信自己受制於這具身體。可想而知的，當我伸手抽取一張張的面紙，無異證明我必定是一具身體，不是完美的上主之子。

小我暗中向我輸送這樣的訊息：「我必已遠離了上主的愛，儘管我擁有上主旨意的無限大能，此刻卻對自己的身體無能為力。」然而，我若能藉這個機會決心往心內看去，向聖靈的思想體系敞開，我便會明白，唯獨心靈能夠指揮身體；沒有我的同意，身體背叛不了我。我會看出「自己」賦予世間每一事物所有的意義與力量，疾病也不例外。除了我所賦予的意義之外，這場感冒本身不具任何意義，除非甘心被它操控，否則它絲毫影響不了我。看清這個真相之後，我便有了強大的後盾，能夠在這件事上（或任何事上）質疑小我。只要能如此持久不懈地照亮小我的暗處，小我別無選擇，只好銷聲匿跡了。

當我們質疑小我時，必然會向內尋求神聖自性的指引的；也唯有在靈性的光照下，我們才能看穿非真之物。以剛才所舉的感冒例子來說，一旦明白是我**自己**決定經歷這場感冒的，我就能夠在聖靈的指引下，藉由寬恕來撤銷這個決定。

經過這樣毫無保留地自我反省，我可能會發現自己之所以招來這場感冒，是因爲我害怕完成這個案子，也可能因爲我需要一個「合理的藉口」以便請假一天。但不論我在內心挖出了什麼緣由，若眞想化解痛苦的肇因，唯有寬恕一途。話說回來，除非我願意往心內看去，識破小我所投射的假相，讓聖靈之愛的光明爲我正確解讀一切，否則我也無法眞正地寬恕。

　　只不過，在覺察的過程中，我們必會遇到本能的抗拒，只因小我警告我們，**不要**往心內看才是自保之道，尤其是，千萬別去看最陰暗的恐懼。事實上，隱藏在潛意識下的一切，遲早都會投射出去，呈現爲外在的意外攻擊，而我們的恐懼和批判之念正如同隱形的磁鐵，暗中吸引著種種的遭遇，也因之招引來自己避之猶恐不及的災禍。但請記得，耶穌向我們再三保證，只要我們不試圖隱藏恐懼，讓它接受覺知的光照，那麼，愛不僅能夠化解恐懼，還能消除它帶來的傷害。

> 沒有任何黑暗是愛的光明無法驅散的，除非它故意逃避愛的慈顏。你若存心與愛保持距離，自然難以得享愛的療癒能力，因爲你已跟愛分道揚鑣而投奔黑暗了。（T-14.VI.2:3~4）

反之，若無覺性光明來照亮內心，我們很容易誤把小我當成眞正的自己，不知心中還有另一個截然相反的思想體系護守著我們的眞實身分。一旦把小我當成了自己，還相信它眞實不虛，我們便會把自己的價值觀與信念跟「眞正的我」混爲一談。

　　舉例而言，如果有人批評我們所做的事，或不認同我們所堅持的看法，這時，我們會以爲這種批評或不認同是衝著我們「本身」而來的，直接威脅到自己的眞實身分，卻完全忘了我們的眞實身分絕不可能因他人的挑戰（我們的信念、觀點或判斷）而受到任何威脅的。要明白，眞實的自己並不是由自我的價值觀與信念來界定的，那些價值和信念其實變幻莫測，而我們的本來面目則永恆不易，只是被小我的幻相遮蔽了而已。爲此，除非我們先放下自己緊抓不放的假我之形象，看清它的虛幻本質，否則是不可能悟出自己的眞相的。

　　畢竟，那個「假我」是由無數不自覺的判斷、信念、價值與觀點所組成，不但與我們的眞實身分毫無瓜葛，甚至可以說，是那些觀念爲我們編織了一個「非我」的東西。也因此，我們必須先識破那個拼湊出來的錯誤身分，並且願意放下它，才能認出自己的本來面目。

追求眞理其實只需誠實地揭開所有遮掩眞相的
障礙就夠了。（T-14.VII.2:1）

只要與聖靈一同往心內看去，不帶任何評判，在這
種誠實的反觀之下，我們會驚訝地發現，原來自己心中
除了愛以外，別無他物存在。再說一次，關鍵就在於觀
看時**不可帶**任何的評判，如此，才驅逐得了我們一直害
怕的黑暗魅影。

當我們開始揭露內心的恐懼，且看出它毫無根據
時，一定會引起小我的恐慌。但別擔心，只要支撐痛苦
循環的那些信念逐步瓦解，光明便會現前的。漸漸地，
我們會決定撤回自己對小我威權的依賴，轉而信賴內在
的聖靈，等候祂愛的指引，再也不受恐懼的擺佈了。

直到有一天，我們發現自己無法在兩套截然相反的
思想體系之間擺盪不已，才可能有徹底轉變的契機。此
時，我們才會下定決心只相信其中一套思想。唯有我們
決心**只為**上主儆醒，不受小我的誘惑，才能夠經驗到眞
實而恆常的平安。否則，小我會不時在我們的心念知見
中作祟，我們也會因著它種種的恐懼投射而備受煎熬。

「切斷聯繫」，不過是一種扭曲而變態的思想
模式，它企圖保住兩套無法並存的信仰體系。

你只要將兩者同置一處，便不難看出自己是不可能同時接受兩者的。然而，若有一方隱身於黑暗中，這一分裂狀態好似能為雙方保住同等的真實性而共存下去。因此，你很怕它們碰面，因為它們一旦相會，就會逼得你不能不放棄其中之一。你無法同時活在這兩套體系下，因它們相互否定。（T-14.VII.4:3~7）

聖靈臨在我們心內，祂就是我們的神聖自性，在我們渴望恢復清明的神智及尋求平安之際，祂都會俯身應允。不過，前提是，我們必須願意與祂一起正視內心的恐懼和批判才行。我們若存心隱藏自己的憂慮和恐懼，企圖將它們封鎖在心底，便是聖靈也愛莫能助。

聖靈僅僅要求你一事：與祂分享你封鎖在心底的所有祕密。為祂開啟每一扇門，邀請祂的光明驅散你心中的黑暗。祂樂於應你之邀而來。……祂只能為你而看，除非你願意與祂一起面對，否則祂不能去看。（T-14.VII.6:1~6）

潛意識裡罪咎懼的冰山

正如冰山一角，我們生活中發生的事情，大約只有百分之十是出於自己有意識的選擇，其餘的百分之九十都是在下意識中由小我所主導，而小我骨子裡其實很想遭受不公的對待。如圖一所示，那座水平面下的「巨大冰山」，隱藏著我們壓在潛意識下的無數信念、判斷、恐懼及防衛，那些信念暗地裡主導著我們的人生，使我們身不由己地尋求自我懲罰。

切記，所有我們害怕、抗拒、否認或防衛的東西，最後全都會投射出去，具體呈現為我們的人生經歷。除非我們敢揭露自己隱藏在潛意識冰山下的罪咎和恐懼，願意透過寬恕（即接受救贖）來解除那些信念及它們所衍生的後果，否則，潛意識的恐懼將會不斷化身為種種魅影，進一步形塑成我們的具體遭遇。

水平面下這個又黑暗又巨大的小我冰山，隱藏著我們深信不疑的小我運作法則，這些法則看似能維繫我們的生存，但也會狠狠打擊我們的生命。究竟是什麼樣通

天本領又包山包海的鐵律法則呢？要之，這些法則簡直林林總總、俯拾皆是！比如說，我們相信食物、相信飲水，乃至於相信金錢及藥品，它們無一不是維持生活不可或缺的必需品。我們相信一旦缺乏這些東西，人們將會餓死、渴死、凍死、病死，不是嗎？

除此之外，我們也深信疾病、痛苦、匱乏及死亡的定律會打擊我們的人生，這些定律表面看來超乎我們的掌控。事實上，上述所有的定律以及種種的法則，全都出於我們的信念，每一條都值得我們與聖靈一同深入檢視與質疑。

以上所述，並不是要我們放棄這些東西，但我們務必從靈性角度來重新詮釋它們。

倘若我們認為這些定律或法則能導致威脅或帶來療癒，勝過了上主的無限大能，那麼，這些法則勢必會成為真愛體驗的一大障礙。要知道，所有的經驗都肇始於心靈，我們若不斷為這些小我的運作法則賦予心靈的力量，使它們成為任何事物的「因」，這無異於拒絕化解所有痛苦的**唯一**肇因，也就是我們壓在潛意識下的罪咎。

在小我潛意識冰山的正中央，有個小我最珍愛的核

心夢境，那就是死亡的觀念。無疑的，小我的其他觀念都奠基於這個核心。

這個核心具有致命的魅力，不知不覺中吸引著我們。無論是個人或集體意識，都將死亡的核心觀念供奉在內心深處的祭壇上，不惜推開所有與永生上主相關的觀念。死亡從此盤據了心靈的核心，成為潛意識小我思想體系中最受崇拜的神明。其他顛倒錯亂的信念，以及令我們體驗不到真愛的種種障礙，全都離不開這個核心信念。

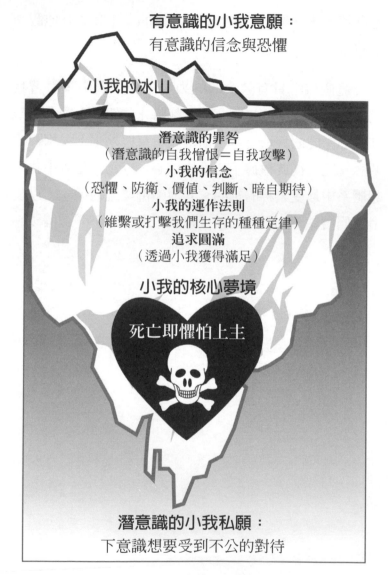

圖一　小我的冰山

小我下意識想要受到不公的對待

【防衛】小我相信我們犯了滔天大罪，理當受罰！為此，我們必須自我防衛，以抵禦懲罰的威脅。然而，所有的威脅都出於心內，並非來自外在的境遇，不要誤信了小我的謊言。

先前說過，所有的威脅感都源自潛意識的罪咎，因此，這個罪咎才是有待療癒的唯一起因。既然在實相中只有上主的愛存在，小我一經化解，我們便會發現自己窮盡一生在防衛和抵制的，竟然是上主的愛。換句話說，每當我們下意識受痛苦、懲罰及死亡的魅力吸引時，等於存心推開上主的愛。〔原註〕

【小我的運作法則既能維繫、又會打擊我們的生命】我們在世間所知所見的一切，都是心靈中的小我思想體系向外的投射，而小我只會投射出它要我們看到及相信的事物。它要我們唯**它的**指引是從，因我們一旦另請高

〔原註〕建議閱讀〈學員練習手冊〉第一百三十五課「自我防衛表示我受到了攻擊」。

明，它的存活就會備受威脅。

小我一直想說服我們，身體和世界遠比自己的心靈更強而有力，甚至強過上主的旨意；它最怕我們看出所有的力量原來都在心靈之內。因此，我們若想全面發掘自己正念中的天賦力量，當下之計就是放下小我。

請務必記得，只要我們繼續相信身體和世界擁有維繫自己生存與安全的能力，就永遠無法得知自己在上主內的大能；我們若不相信**唯有**上主的愛真正支撐著我們，就不可能體驗到徹底的解脫、喜悅與安全感；而我們若無法信任自性的真相，就只好一輩子都扮演眼前世界的受害者。

【**透過小我追求滿足**】當我們用小我的方法來滿足心願、掌控一切或實現自我時，其實是在強化自己的罪咎。凡是在聖靈之外追求自我滿足與成就的，便會更加相信身體的真實性。如此，再也意識不到我們與小我共謀的**每件事**只會引發內疚，導致自我懲罰。

我們之所以會追求種種身體的欲望（如暴飲暴食、改善形象、減肥、養生、性），以及金錢、工作升遷、特殊關係、外在的肯定等等，不外是為了滿足小我之所好，而滿足小我之所好，必定會引發內疚。我並不是說

這些行為本身不好，事實上，行為都是中性的。但我們若聽從小我的唆使，藉由這些滿足來改善自我評價，不願請教聖靈，那麼，罪咎必會乘虛而入。

> 你的目標若是以身體為主要的受益人，你其實
> 是在置自己於死地。……別再往身外追尋了！
> 追尋，影射出你內在的不圓滿，以及不敢承認
> 自己內在的絕望，只能寄望由外界尋回自己的
> 真相。（T-29 VII.4:1,5~6）

【死亡乃是小我夢境的主軸】我們潛意識的各種欲望，都是繞著「死亡」這個核心觀念打轉的，我們若不能覺察死亡的吸引，就會情不自禁被它誘人的歌聲迷惑。我們的神聖自性就是上主的愛，它原本是百害不侵的，但小我企圖在我們尚未覺醒於這一真相前，就讓我們的身體死去，它的魔掌仍會繼續延伸到我們死後。

> 小我真正想要置於死地的是你，而非它自己。
> 小我的詭異信仰就是要讓你相信，即便在你死
> 後都難逃它的魔掌。（T-15.I.3:3~4）

幸好，小我的陰謀未必能夠得逞。整個小我思想體系之所以能興風作浪，唯一的憑仗，就是「我們繼續選擇相信它並投靠它」。換句話說，人生的痛苦全都是源

自於「我們對小我言聽計從，從不質疑它所謂的『真相』」。然而，只要我們不相信小我那一套，它就沒有機會可以作祟逞能了。遺憾的是，大部分的人都盲目地聽信小我，輕易相信身體感官所告訴我們的一切。

我們從小接受父母的栽培及學校的教育，可惜他們的苦心用錯了方向，反倒助長了我們的小我。當我們帶著強壯的小我投入社會後，隨時隨地都會感受到匱乏、危險與衝突四起，就算我們卯盡全力追求外在的滿足與快樂，也無法抹去這些感受。這種追求，無論是個人或集體性的，成了小我欲望世界的主要動力，只因我們全忘了小我的魔咒：「**去找，但不要找到！**」

為了餵養這個滿懷恐懼且永不滿足的小我，電視及大眾媒體可謂功不可沒，它們扮演了一個催化的角色，使我們永遠沉睡在小我的夢中。絕大多數的人都意識不到，隱藏於潛意識的小我訊息，對我們的自我感造成多大的遺害。

耶穌要我們踏上這條建立信賴的旅程，是為了教導我們如何在具體生活中一步一步撤換我們信賴的對象。唯有鍥而不捨地自我反問與寬恕，方能逐漸收回自己對小我以及它在世間種種化身的信賴；也唯有如此，我們

才能將信心移轉到正確的對象，即我們的神聖自性。在這個過程中，我們必須抽絲剝繭、仔細挖掘出自己所有的信念、價值觀、文化限制等等，不遺漏任何一個，在聖靈的光照下，重新詮釋。

請記住，小我的信念體系是全面性的，我們若相信其中一個觀念，就等於接受了整套的小我思想體系，而每一個小我信念都與上主涵容一切的愛相牴觸。也因此，我們必須徹底重新詮釋自己在有意無意中所抱持的**每一個**信念。意思是說，我們必須質疑自己所相信的每一個觀念，並學習寬恕每一個挑起我們情緒的事件。記住！只要是令人不悅、沒有愛心的，都不是真實的；凡是不真實的，寬恕一下，它就過去了。小我的死亡魔掌擒拿不住心懷寬恕的人。

要學習本課程，你必須自願反問內心所珍惜的
每一個價值觀。……沒有一個信念是中性的。
（T-24.in.2:1,3）

第二章

奇蹟是眞實的，還是一種隱喻？

早些年，我一直有個疑惑，《奇蹟課程》中的奇蹟究竟只是一種隱喻，或是眞有其事？換句話說，已經療癒的心靈，眞的可以療癒身體甚至療癒世界嗎？

回想起來，我在學習奇蹟的前二十年裡，一直把耶穌相當明確的教誨看成是一種隱喻，心想，終究我們不是這具身體，身體本身只是個幻相，既然如此，要身體的奇蹟作什麼？這豈不是讓身體變得更加眞實？既然身體不是眞的，何勞去療癒它呢？

直到我稍稍解除潛意識對上主的恐懼後，才親自體驗到許多令我心服口服的奇蹟，而這些切身的奇蹟體驗，徹底解答了我的疑惑。現在我很清楚，唯有親身經驗過奇蹟，才可能眞正相信《課程》所教導的眞理。

《奇蹟課程》所說的奇蹟並不是一種隱喻，我們不該僅由這一角度來理解，我對聖靈的信賴與信心，正因

切身的奇蹟經驗而迅速增長。沒有錯，任何人若想親自解開《課程》訊息的奧祕，信心與信賴絕對是必要條件；但若非藉由親身的體驗，我們很難真正相信耶穌的教誨。

簡而言之，奇蹟就是選擇上主。與上主一體不分的天心擁有一切的力量。在實相中，除了上主之外，沒有其他力量存在。身體跟世界一樣，本身完全中性，因它只是心靈的投射，沒有能力自行改變表相。意思是說，身體不會自行老化、生病或痊癒，即使表面看來好似有這麼回事。

支配身體的生物法則並非上主的天律，而是小我的運作法則。但在實相中，這些法則一點也不真實，因此可以輕易轉化過來。身體所呈現的變化，完全取決於我們內心所選擇的導師——我們將信心念力置於何處，究竟是聽從小我還是聖靈？恐懼還是聖愛？

我們只能二擇一，沒有灰色地帶，更沒有中間選項。所有的疾病、罪咎、痛苦、衰老，以及死亡宿命，無一不是出自小我，而與上主的愛毫無瓜葛。相對而言，所有喜樂、真愛、清白無罪、療癒及生命，皆源自上主，絕非小我所能置喙。

死亡乃小我的奸巧騙局，小我的整個生存模式完全寄託在這個騙局之上。死亡若是真的，上主就不存在了；反之，上主若是真的，死亡就不可能存在。

> 如果上主是愛，死亡無異於宣告了「上主已死」。（M-27.5:5）
>
> 「最後有待克服的大敵即是死亡。」說得一點都不錯！死亡的觀念一去，世界便消失了。（M-27.6:1~3）
>
> 各種疾病，甚至死亡，其實都是害怕覺醒的具體信號。（T-8.IX.3:2）

死亡是小我深恐我們憶起上主之愛而設計的逃生出口，使我們永遠遺忘神聖自性的本來面目。為此，我們都身不由己地用死亡來迴避解脫的機會，根本不願從小我的痛苦夢境覺醒。但我們若在聖靈的慧眼下，誠實地檢視死亡的信念，必能看出死亡的整套架構實在荒謬無比。

死亡、痛苦和疾病，在在企圖證明身體的力量遠遠大過結合於上主旨意中的一體天心；而所有的人生困境，不外乎為了證實：其一，身體比心靈更強大；其二，果就是因；其三，身體的確真實不虛，而且還獨立

自主。

　若要看清身體的虛幻，我們必須先發覺心靈的大能；但若要覺知心靈的能力，又得先解除自己賦予身體及世界的所有錯誤信念。

　換言之，我們必須認清自己對狀似存於心外之物（包括身體）的錯誤看法，放下對它們的錯誤依賴與錯誤防衛。如果我們始終認為自己是身體的受害者，相信身體能夠自行生病或痊癒，就不可能真正體會療癒之心的大能，還會永遠受到死亡吸引，受制於小我種種看似高明的抵制手段，而無法覺醒於內在百害不侵的基督自性。我在此舉出兩個常見的錯誤信念以及修正之道。

【例一】世人認為身體一定會經歷生老病死。小我企圖用這些現象來證明身體是真實的，而且它的力量遠遠勝過上主的旨意（因為上主只願我們活出全然健康與真實的生命）。換句話說，小我一心想證明物質主宰心靈，它倒果為因，要我們相信後果（身體）比造出它的心靈更為強大。

　事實上，疾病的起因，乃是基於我們下意識讓身體為小我效命，藉由追求欲樂和自討苦吃來打擊自己，殊不知，這樣做只會導致更深的罪惡感、內疚和恐懼，最

終難逃一死。反之，如果能讓身體完全轉為聖靈所用，我們必會擁有真正的健康，也會欣然捨棄欲樂與痛苦這些偶像，換得真愛、無咎和喜悅。

> 有一件事是肯定的：那從未創造過罪惡與死亡的上主，是不會袖手旁觀而任你陷身其中的。……披麻帶孝走在喪禮行列中的人，絕非在向他們的造物主致敬，因為上主願他們好好活下去。他們沒有聽從上主的旨意，違逆了祂的心願。（T-19.IV.三.3: 3,5~6）

一點也沒有錯，一具病懨懨的身體，就是企圖證明心靈對身體無能為力，也就是企圖證明「因」對「果」束手無策。只要我們認為身體是「因」而不是「果」，身體就會受制於小我的運作法則，經歷生老病死之苦。我們若相信自己受制於這具身體，表示我們確信「幻相必有層次之別」，這也等於相信「奇蹟必有難易之分」了。

意思是說，我們認為某些人生問題比較容易療癒，有些則永遠無藥可救。這同時也意味著，我們相信有本事讓心靈就範的身體，必定法力無邊，足以篡奪上主的主宰地位。如果在實相中身體真的能夠違背心靈之意

願，自行選擇生病的話，豈不證明了救恩不可能存在？

> 「身體可能生病」乃是小我思想體系中的一
> 個核心觀念。這一想法賦予了身體的獨立
> 自主性，由心靈分裂出去，使攻擊的念頭
> 變得天經地義。身體若能生病，救贖便無
> 法立足了。……身體已成了心靈的主人。
> （M-22.3:2~4,7）

毫無疑問的，我們已經賦予了身體真實性。試看，我們用生病、痛苦與死亡來證明身體的存在，不自覺地賦予它種種特殊的力量，使得奇蹟一籌莫展。問題是，這些表相層次的生老病死，根本無法離開它的心靈源頭，奇蹟的無限療癒大能怎麼可能對它束手無策呢？奇蹟是無所不能的，因此，施展奇蹟也無難易之分。

如今，我已經深切體會到，罹病的身體跟一絲絲的不悅同屬幻相，而小我的幻相並沒有層次之別──病懨懨的身體跟小小的抱怨都是一種攻擊，因此都能同樣接受奇蹟與寬恕的療癒。奇蹟是全面性的，它能在當下療癒一切，是的，**一切**！

如果我們寧願相信奇蹟沒有能力療癒表相層次，那麼奇蹟也就無能為力了！只因我們已經將信念的力量投

注在小我上頭，將表相層次與聖靈劃清界線，使它無緣接受療癒。這無疑表示，小我已將形相世界奉爲活在上主之外的偶像了。每當我們決定將表相與聖靈切割時，已經不自覺地將因與果分開，但在實相之中，這是不可能的事。

表相層次始終存於我們的心內，離不開心靈。因此，問題從來不在表相的本身，而表相永遠是中性的。問題只在於，我們究竟呼求**哪位**老師來教導我們觀看和詮釋它們？我們將信心投注在哪兒？在小我還是上主的愛？我若選擇上主，等於重申：「上主在我所看到的萬物內，因爲上主在我心裡，而**上主透過我的心靈所看到的一切都已療癒了**。」也就是說，只要我選擇與聖靈一同觀看，那麼，我們眼前的一切必已療癒了，絕無例外。

同理，我若選擇小我，也等於重申：「小我在我所看到的萬物內，因爲小我在我心裡，而小我透過我的心靈所看到的一切都是病態的。」

治癒身體的奇蹟

【例二】心靈透過全面的寬恕而獲得療癒，這正是《課程》所謂的救贖或奇蹟。心靈一經療癒，身體必會隨之痊癒；健康的「因」必會帶來健康的「果」。

只要切身體驗過療癒的奇蹟，我們便不再懷疑自己的確**不是**一具身體。罹病的身體無力抵抗已然療癒的心靈，換句話說，已獲療癒的心靈這個「因」，自然會產生治癒身體的「果」；一旦療癒了「因」，「果」必隨之痊癒。

> 病懨懨的身體表示心靈尚未療癒。唯有療癒的
> 奇蹟能證明天人分裂並沒有造成任何後遺症。
> （T-27.II.5:1~2）

正因為世間的幻相並無層次之別，奇蹟也無難易之分，所以我們能夠像耶穌所示範的那樣，不僅明白「我們只接受上主的天律管轄」，還能實際活出這一真相來證明它的真實不虛。我們的神聖本質確實能夠扭轉世間所有的運作法則，內在的基督自性能扭轉小我為推開上

主之愛所妄造的一切。換句話說，已經療癒的心靈能逆轉世間的定律，彰顯真實世界妙不可言的喜悅。

> 心靈一經療癒，便恢復了清明的神智，而有治癒身體的能力。疾病對神智清明的心靈是不可思議的事，因為它從來沒有攻擊任何一人或一物的念頭。（T-5.V.5:2~3）
> 你若相信某些疾病和傷痛是寬恕無法療癒的，這便成了你仍在追尋偶像的鐵證。
> （T-30.VI.6:1）

所有疾病都是為了抵制上主的真相，因生病無異於聲明「我們只是一具身體，脆弱得不堪一擊」，也就是說，我們不是實相中那個百害不侵的生命。

> 痛苦證明了身體的真實性。那是一種嘈雜、含糊而又刺耳的聲音，讓你覺察不出聖靈對你說的話。（T-27.VI.1:1~2）
> 正如恐懼會為死亡作證，奇蹟則成了生命的見證。……瀕死之人活下來了，亡者復生了，痛苦也消逝了。（T-27.VI.5:7,9）
> 你，就是奇蹟，你有能力創造與造物主媲美之物。其餘的一切只是你虛擬的夢魘，並不存

在。只有光明中的創造才真正存在。

（T-1.I.24:2~4）

生病乃是抵制真相的防衛措施。（W-136）

如今，當我在讀《課程》時，可以看出自己過去為何那麼害怕如實理解書中的訊息，因為如果全面性的療癒是寬恕的自然結果，則支撐這個小我世界的虛幻根基，必會在一夕之間冰消瓦解。

換言之，我們一旦憶起自己深切渴望回歸的天人一體生命，那麼，世間所珍視的偶像（包括快樂與痛苦之偶像）便會復歸塵土，心靈內復活的基督必會收回主權，解除小我的一切妄造，當下扭轉了小我的死亡定律。這對小我來說，簡直是一場恐怖的災難！

復活等於否定死亡，肯定生命。世界整個思維體系從此徹底扭轉過來了。（M-28.2:1~2）

生命源自上主，必然永恆不朽。既然如此，生命便不可能終結於死亡，否則不就代表上主被小我消滅了，這怎麼可能呢！

我能使死者復活，因為我知道生命是永生上主的造化，永遠不朽。……我從不相信奇蹟有難

易之分，而你卻深信不疑。（T-4.IV.11:7,9）
但只要你還相信有些表相不可能改變，你自然
會失落施展奇蹟的一貫能力。因爲是你自己要
求奇蹟保留一些能力，不要治癒所有的夢境。
只要你真心渴望療癒，任何奇蹟你都施展得出
來。（T-30.VIII.4:3~5）

　　如果身體的療癒並非源於真寬恕，而是使用《課
程》所說的「怪力亂神」，即世間所有的醫藥形式，那
麼，我們不過是由一個幻相跳到另一幻相，由生病的幻
相轉到健康的幻相罷了。這絕非真正的療癒，因爲一切
疾病的唯一根源（潛意識的罪咎）並未解決，疾病也終
會改頭換面而捲土重來。

　　想一想，我們爲何要逃避自己的能力，不敢在生活
中呼求偉大的奇蹟呢？我們之所以那麼害怕奇蹟治癒身
體，關鍵就在於我們真正害怕的並非死亡，而是全然活
在上主無限大能中的真實生命。那才是上主賦予我們的
完美生命，也就是自己的神聖自性。

　　倘若一個人的心靈因接受救贖而真正療癒了，身體
隨之痊癒乃是必然的結果，如同耶穌在世時的表率，讓
人目睹寬恕與救贖的驚人力量。

在「眾人皆睡」的娑婆世界，還有什麼見證比耶穌的示範更能震撼人心？只要除去了導致所有疾病的罪咎，疾病就無法改頭換面捲土重來。耶穌的奇蹟，目的無非要證明「天人分裂完全沒有造成任何後果或症狀」。他邀請你也加入他的行列，一同向世界證明這個真相。

徹底克服匱乏感

只要我們願意著手化解小我對上主的恐懼，便能經驗到許多意想不到的驚喜而信心大增，逐漸看透小我打造的痛苦與匱乏之神。只要我肯撤除自己下意識對它的信賴，馬上就會感覺到明顯的內在轉化。〔原註〕

我們終會發現，原來一切的病痛、苦惱與匱乏，純粹是小我捏造出來的，既然它們只是虛晃一招，自然威脅不了我們，一旦我們看清究竟是哪些信念為自己招來匱乏之感，寬恕一下就好了。要知道，任何一種匱乏感

〔原註〕若想揭露潛意識投射在上主身上的恐懼，請參閱第143頁的練習「你害怕上主嗎？」

都與上主無所不包的愛相牴觸，疾病、痛苦與煩惱也不例外。我們不過是受到小我誤導，想用匱乏來證明「我們與上主的無限資源真的早已斷絕了聯繫」。事實上，不論我們意識到與否，我們本身**就是**上主的旨意，是祂永恆聖愛的延伸。既然上主圓滿無缺，我們便不可能有所欠缺；而我們之所以經驗到匱乏，純粹是因為我們相信小我的緣故。

依舊存在於實相中的我們，在聖愛的慧見下，是不可能經驗到匱乏的。只因我們**擁有**一切，更好說，我們**就是**一切。但除非我們著手化解使自己經驗不到愛的種種障礙，否則便很難在現實生活體驗到這一真相。匱乏就跟疾病、痛苦、衝突一樣，都是一種虛妄的信念——相信上主無所不包的聖愛之外，還有他物存在，它的力量足以左右上主慈愛的旨意。

我們緊抓不放的罪咎會使我們經驗不到真愛，只因罪咎感會使我們心生恐懼，除非用寬恕來化解這一恐懼，否則，它就會投射到世間，成為我們的現實遭遇。進而言之，如果我們不去質疑自己的恐懼和相關的信念，小我的神明就會繼續迷惑我們，使我們嘗盡苦頭。唯有奇蹟能恢復我們的正見，教導我們如何給出自己早已擁有之物；但如果我們仍受小我的匱乏魔咒迷惑，就

會誤以為自己沒有東西可以給出。試想，既然聖靈知道你即是一切，難道祂不想讓你擁有一切？聖靈一邊要我們施予，一邊又捨不得讓我們經驗到奇蹟的富裕，這種想法豈不是荒謬至極！

> 你的問題沒有一個是祂的奇蹟不能解決的。奇蹟是為你而設的。它早已化解了你心內所有的恐懼、痛苦與掙扎。（T-14.XI.9:2~4）

你下意識認為自己配得到什麼？

匱乏感源於我們對自己生命本質的一種錯誤信念，誤把小我當成了自己，遺忘了神聖自性之本來面目。一旦誤把虛妄的自我形象當成真正的自己，我們只好自甘淪為階下囚，活在小我嚴酷而荒謬的法則下，而「剝削」正是小我思想體系最基本的運作法則。

總之，小我所相信的一切，都是為了證實它潛意識中這個根深柢固的信念──你天生匱乏。為此之故，你內心深處那種「我不配」的感覺總是揮之不去，令你自暴自棄。這個自慚形穢的感覺其實出自深埋潛意識的小

我信念：你犯了無可饒恕的滔天大罪，因你背棄了生命之源——上主。為了躲避祂，你竟打造出一個虛妄的自我和世界藉以藏身。

然而，這個根深柢固相信「自己生來就罪孽深重」的信念，根本是天大的錯誤。上主是不可能遭人背叛或遺棄的，我們的神聖自性也不會；真愛絕不可能遺棄誰或被遺棄，只有小我虛假的愛才會在黑暗的夢裡編出背叛的戲碼。

若非我們潛意識相信自己背叛了上主，豈會暗自期待懲罰，或感到內疚、恐懼？實際上，我們原本不可能受任何的苦。唯獨因為不自覺地效忠罪咎和恐懼，在這樣的自我攻擊下，我們才會深受其苦。縱然表面看來，我們確實活在匱乏與痛苦中，但這完全是因為我們內心深處相信自己罪有應得的緣故。

一旦與小我沆瀣一氣，我們只好言聽計從，不斷自我懲罰，由此產生的剝削感，成了小我夢境的主軸。正因如此，我們才會分秒不停地自我防衛，以免遭到剝削。在這當中，小我隱藏了一個殺手鐧不讓我們發現：我們愈努力抵制什麼，就愈容易將它**吸引**到自己的生活中；同時，因著我們的自我防衛，使得防禦的對象顯得

更加眞實。一旦如此弄假成眞，它就成了我們的心腹大患，終日伺機攻擊我們。這正是小我的運作法則。爲此之故，寬恕才變得這麼重要，它是化解一切痛苦的關鍵。我們必須與聖靈一同正視自己的防衛企圖，才可能正確看待一切，也才有解除痛苦煎熬的一日。

我們若與小我同謀，必會經驗到種種的限制，包括情愛、健康、財務和其他林林總總的生活事物。即使在某一方面看似充裕而順遂，我們也會想盡辦法保有它、呵護它，唯恐一朝一夕失去了。我們一生都不知不覺受制於如此嚴峻的有限框架，而這個框架正是我們自己打造出來的。爲了鞏固這個框架，小我灌輸我們一個觀念：人類本質上就是貧乏的，若要存活，便不能不遵守小我的嚴苛指令來約束自己。

在小我的世界裡，想要**擁有**，就必須**奪取**，這意味著總得有人受到剝奪。你得到的愈多，他人擁有的就愈少；相對的，他人獲得愈多，你擁有的就愈少。這就是小我典型的遊戲規則，不論是情愛、健康、幸福或金錢等等，全都是根據這種「有限供應」的原則運作著。如此一來，你的注意力不得不轉向外境，就像俗諺說的「鐵達尼號都快沉了，還忙著整理甲板上的躺椅」，殊不知，小我一心一意想置你於死地！

無限供應之上主天律

聖靈所依循的天律與小我的運作法則截然相反。在小我自慚形穢的匱乏幻覺之下，埋藏了上主永恆不易的天律，它反映出上主的完美本質。在祂的天律中，我們會看清施與受真的是**同一回事**。事實上，給出正是保住自己所愛的唯一方法；愈能全心地給出，便愈能確保我們絕不會失去自己珍惜的事物和經驗，這便是「無限供應」的上主天律。

由此可知，我若將批判投射在他人身上，不僅留住了自己原想轉嫁給他人的罪咎，還會因之加深它。同樣的道理，我給的若是愛，無論是以哪一種形式給出的，我反倒保住了愛。總之，我所給出的愛或寬恕，永遠是給自己的；但是這個「給」，必須是無條件的，而且不暗自期待他人的肯定，才可能體驗到此言不虛。

換言之，唯有發自神聖自性所給出的愛，才能確保自己也會收到此愛。反之，如果我給出的是小我的愛，只要帶有任何企圖和條件，無論我給出多少，其實根本

沒給，反而是奪取，因為我所給出的愛暗藏了分裂和攻擊，這表示我必然與自己的神聖自性分裂了，才會向外尋求肯定或別有企圖。

　　一旦我們開始有意識地質疑這些小我的運作法則，運用本書所提供的「接受救贖的步驟」來化解它們，內心必會產生不可思議的轉變。我們終會體認到，唯獨信賴神聖自性，才有真正的保障可言。隨著那些愛的障礙逐漸瓦解，我們便能體會出自己內在的富裕，這種真實的富裕源自我們永遠富足的自性。一旦認出了自己內在的富足，它自然會向外延伸，成為我們的現實經驗。

　　只要我們甘心放下自己錯誤的信念與判斷，便會發現自己並非踽踽獨行，聖靈（即神聖自性）始終與我們長相左右。我們必會明白，此生的目標並不是去掌控自己的身體、人際關係、財務，或他人的行為，而是放下我們原以為能夠保護自己的那些判斷、信念與限制。其實，它們存在的唯一目的，就是捍衛小我，而非保護我們。正因如此，才會使我們意識不到內在永恆不滅的真愛與富裕之源。

　　要記得，每當煩惱一起，或企圖掌控任何事物時，我們便已離棄了自性真我。只因我們決心騰出神聖自性

的寶座，從此心中無主，難怪我們經常會感到困惑、害怕與失落。這種時候，恐懼的浮現成了一記警鐘，顯示出我們必已拒絕了上主之愛，而無愛之境在小我思想體系所具體呈現的，正是恐懼。於是，我們將這種令人害怕的孤立感與被遺棄之感投射到他人、身體，乃至於財務問題，形成現實中的匱乏經驗。其實，若非我們背離了自性真我，我們根本不可能感到匱乏！請記住，所有的攻擊都屬於一種自我攻擊。

為此，我們很需要徹底自我反省，看看自己在哪一方面不夠誠實，好好正視我們對身體、形象、健康、財務、關係、職業等方面所抱持的信念及反應的措施。在現實生活中，我們往往會因為害怕失落和改變，而不得不妥協犧牲，甚至委屈地出賣自己。只要小我存心保護及隱藏這些恐懼，它們就會一而再、再而三地投射出種種失落和匱乏的具體經歷，不論你怎麼努力透過小我來改變現狀也完全無濟於事。因此，不妨誠實地反省自己在上述生活領域中的心態，全然敞開心靈，與聖靈分享你所有難以啟齒的感受，真實的療癒就從這一小步開啟了。

說到究竟，人間不論哪一種痛苦，苦因只有一個，就是我們與生命源頭（即神聖自性）的分裂之感。如果

我們真正領悟到自性真我，是不可能感到被人遺棄或背叛的，更不會離棄自己或任何人，只因我們終於明白「我們原來同屬一個神聖自性」。一旦認清這一真相，從此，我們便永不再背負匱乏之苦了。

雖然一切富裕源自於心，但想要真正享有這一富裕，我們必須先活出內在的富裕才行，也就是隨時隨地對自己保持覺知。除非我們甘心捨棄自己對小我謊言的盲從信念，全心接納自己從內心尋得的真愛，否則我們是不可能經驗到真實的富裕的。確實，真愛只能從內心尋得，因它從來不在「外面」。要知道，上主的完美大愛不可能存在於我們的覺知之外；否認這一點，不啻自絕於祂所賦予的純潔無罪之完美生命！

當我們開始挖掘出心內小我錯誤的信念，試著看清自己如何以恐懼為由而完全背離自性，此時，很可能會引發內心極大的不安。原因無他，在我們收回自己投射出去的指責與批判之際，小我往往將矛頭轉向自己，變成無情的自我批判。然而，批判別人或批評自己，其實是同一回事。

所有的批判都是一種攻擊，而且所有的批判都會勾起內疚。對此，扭轉之道就在於：每當你發現你又開始

怨怪自己，或嚴厲地自我「檢討」時，要保持高度的覺知，純然臨在當下，但絕不流於自我批判，請求聖靈幫助你用愛心來關注自己有待療癒之處。只要你一收回批判，全心專注於當下，你會發現聖靈（即你的神聖自性）始終在你左右。

雖然你可能無法馬上做些什麼來改變現實的時空經驗，但不要緊的，錯誤的信念一扭轉，真正的改變就會發生，形式層面也自然會隨之改變。即使你在有形的物質層面似乎無計可施，仍可有意識地與聖靈結合一起，重申療癒的首要目標，邀請聖靈治癒自己的匱乏心態。不妨透過「接受救贖的步驟」來寬恕你想療癒的部分，而且持之有恆，直到你讓聖靈轉化並療癒那些阻礙你覺醒的信念為止。（有關「接受救贖的步驟」，請參見本書第489頁）

「接受救贖」可說是你此生最偉大的任務了，因為它是療癒「因」的層次。「因」一旦療癒了，呈現在三度空間的「果」會自行搞定的。如果療癒的僅限於果的層次，根本不算真正的療癒；真正的療癒，必須從源頭下手才行。

領回靈性的富裕

我們的工作團隊受到內心的感召，準備於2014年復活節在以色列舉辦一場研習，主題為「力量之最——認識自己」，我們預感這場研習必然會有巨大轉化人心的效力，故將這個為期五天的密集研習與後續的聖地參訪，結合為長達十二天令人難忘的「聖地之旅」。

不少來自世界各地的學員也感受到內心的強烈召喚，紛紛報名參加這趟以色列之旅。報名學員當中，有些人顯然毫無經費上的困難，不過，阮囊羞澀者也不乏其人。這個例子最足以表達出我當時「如何重申自己的真實身分，領回靈性木具的富足」之心路歷程。

在過去，每當遇到以色列之旅這類畢生難得的學習機會，我心裡總會瞬間冒出兩種相互矛盾的反應。第一個反應是，雀躍萬分，百分百肯定這是內在的神聖召喚，自己理當參與盛會。但緊接而來的第二個反應，小我開始潑冷水了，它用一堆看似現實的理由來轟炸我，讓我知道這是不可能的事：「你沒錢啊！還有，你對家

人的責任呢？你的伴侶、小孩、寵物怎麼辦？你光是動念要參加，就已經夠自私了！」

老實說，這種內在的衝突幾乎每天上演，直到我認輸而接受小我的狹隘眼光、它的種種規矩，以及它冷酷的羞辱與裁決為止。我知道，要是跟小我的裁決抗衡，可能更痛苦，所以每當遇到這種狀況，我就乾脆將自性擺一邊，相信小我的說詞便罷。然而這樣一來，勢必心有不甘，充滿受害與嫉妒的感覺，尤其眼看著他人能夠無牽無掛追隨自己的夢想，心裡更加百般不是滋味。直到有一天，我再也受不了，開始轉向聖靈，願意向內療癒一切痛苦的根本原因，而這個根本的苦因，不外乎小我那一套思維。換句話說，是我打從心底認為自己「不配」有此福氣，才會有「遭受剝削」的匱乏感。

並非唯獨我一人有如此的感受，活在小我夢中的每個人其實都會有同樣的經驗。我們一直讓小我裁決自己應得的報償，直到我們再也無法忍受分裂信念所帶來的痛苦折磨為止。想一想，我們把罪咎隱藏得多嚴密，匱乏感就有多強烈；我們對罪咎的執著有多強，我們甘受小我匱乏心態的束縛就有多深。

小我那套思維方式，目的無非要使我們遠離神聖自

性，阻斷聖靈的無限供應。只因小我認定我們罪孽深重，所以想方設法打壓我們的喜悅，嚴格限制我們的富裕，同時強制禁止、操控並且阻擋我們內在指引的自然流露。

總而言之，任憑小我擺佈，等於拒絕信任自己心靈深處的內在指引。如果我們真能丟開小我的告誡，不再懷疑自性真我，決心信任那微弱、輕柔的內在天音，天堂必會盡埃眼前的。此言不虛！

奇蹟是我們的天賦遺產

唯有決心聆聽內在的天音（即神聖自性），才感受得到真實的富裕。但是對大多數人來說，自性已被沉重的恐懼帷幕層層遮蓋了，這帷幕就是世間種種的法則、定律、角色、義務、期待，以及對真我的懷疑。如果我們寧可聽信小我的雜音，而對聖靈的天音充耳不聞，怎能指望在世間獲得天音的指引？唯有信賴聖靈，我們方能擺脫自己對小我的依賴，不再聽信小我基於恐懼與匱乏而制定的人間遊戲規矩、法則和限制，慢慢學習以內

在的慧見為判斷的依據，完全敞開並且信任它的指引。

回到我剛才的例子，如果內在的指引鼓勵你去以色列，或去完成任何你真心渴望的事，那麼天上人間都會助你一臂之力完成上主的旨意的，因為你的神聖自性**就是**上主的旨意，而匱乏信念不過是小我抵制上主旨意的伎倆罷了。然而，你若相信自己是匱乏的，表示小我的判斷在你心中勝過了「無限供應」的上主旨意，那麼，匱乏就會成為你的人生現實，**只因這是你求來的**。

是的，我們一旦選擇聽從小我的意願，它這個意願在夢境中便具有與上主旨意匹敵的力量。換句話說，倘若我們甘心接受小我操控，上主的旨意對小我便無能為力了。因上主賦予我們自由選擇的意志，故祂無法撤銷我們甘願受苦的選擇。如果我們寧可相信小我而非神聖自性，那麼上主的旨意就無從彰顯於人間了。

然而，如果我內在的神聖嚮導為我點出，自己渴望的這件事對我會有莫大的助益，那麼，我還會相信小我投射出來的匱乏幻相能夠勝過上主的旨意嗎？所謂奇蹟，正是知見的轉變——由恐懼轉向愛。只要我敢於開誠布公跟聖靈一同觀看自己下意識寧可受困於匱乏的選擇，我就有機會打破小我那套匱乏循環了。話說回來，

凡是真心想要接納靈性富裕的人，必須好好檢視人間最常見的錯誤觀念，也就是自己誤認為匱乏的原因所在：我是否認為這是別人造成的？我是否相信自己匱乏的原因在於財務的負擔，或家庭、工作、收入、政府，甚至是整個經濟環境使然？

你若相信是這些表面因素導致你的匱乏，你就無法發覺並療癒真正的肇因——潛意識的罪咎。外在的冒牌原因，實際上是匱乏信念所導致的「果」，它們本身並不是「因」。推到究竟，真正且唯一的肇因，仍不出潛意識的罪咎，只不過它以「被剝削」的形式來掩飾自己罪孽深重的感覺。一旦認清這個真相，願意將真正的肇因（對罪咎的誤解，以及自己的無價值感）交託給聖靈，那麼奇蹟就能一展神威，徹底療癒你的匱乏感。

> 奇蹟來自上主的德能，而非你的能力。奇蹟本身不過向你證明：你確實擁有上主的能力而已。……上主的德能本是無限的。由於祂一給就給出全部，故能答覆所有人的需求。這對祂而言，沒有所謂難易的問題。只要你肯求助，必會獲得天助。（T-14.X.6:9~10,12~15）

這段話向我們保證，奇蹟確實能夠療癒一切。這是

眞的，我們一旦自願揭露並放下「幻相有層次之別」的觀念時，我們心中會頓時敞開，開闊到足以接收靈性無限供應的富裕本質。

當我們眞正敞開心靈來接納這無比的富裕，就等於向世界展現我們的無罪本質與大愛，因我們親自見證了「奇蹟沒有難易之分」的眞相，可以向世人證明「罪咎、恐懼與匱乏都與上主無關，故沒有一個是眞的」。如此，我們好似人間的一座燈塔，向世人證明只有愛是眞實的，而且，我們就是愛。

> 唯有奇蹟才能幫你超越自然律，它不再憑藉差異性，而是基於平等性。（T-14.X.2:7）
> 奇蹟不會互比高下，你所能行的奇蹟無可限量。它們可能同時發生，也可能成群出現。只要你開始認出這個可能性，就不難了解這一事實。最令人難以理解的，是「奇蹟沒有難易之分」，然而，這也成了奇蹟不可能出自世界而其實另有所本的有力證據。因若根據世界的觀點，這根本是不可能的事。（T-14.X.3）

我們一向認爲，自己很清楚如何滿足自己的欲望，如何才會感到快樂、被愛、安全和健康，然而，若無聖

靈的幫助，那些想法與決定會讓我們忘卻了欲望背後的真正企圖。其實，我們只有一個需求，就是療癒自己與永恆真愛的分裂之感。只要我們決心療癒這唯一的需求，並且視為此生的首要之務，其餘的一切需求都會獲得滿全的，因為這是上主的旨意。

小我永遠都在「希望」，神聖自性則是與上主「共願」。凡是出於匱乏感而追求滿足，便落入了小我的希望之夢，從此，必然苦海無邊。相反的，我們若決心承行上主旨意，那麼生活上的每一個需求都會自然如願的。

歸根究柢，小我的匱乏感乃源自恐懼和罪咎，背後暗藏了自我懲罰的目的。為此之故，我們若試圖透過小我的眼光來滿足需求，保證只會自討苦吃。

當匱乏感引誘你跟小我一起謀求解決之道時，請記得往內心深處看去，並反問自己：「這個欲望是出自匱乏感（恐懼和罪咎）？還是源自一種感恩之情與內在的富足感？我真的堅信不疑自己所有的需求必會獲得滿全嗎？」

上主的旨意，就是願我們享有無限的豐盛。上主內一無所缺，所以你內也一無所缺；究竟說來，你**就是**上

主的旨意及祂的天國。唯一看似的欠缺，就是你忘了自己是誰而已。因此，無需耗費心力去滿足自己的需求，那僅僅是小我出於恐懼的希望之夢。你只需全心全意將自己的恐懼交託出去，敞開心靈接納自己天賦的遺產即可，這便是與上主「共願」。誠如上主親自說了，「願你的旨意承行」。你必會如願以償。（T-13.VI.4:3~8）

> 聖經上「你們該先尋求天國」這一句話，應改爲「你們該先切願天國」，這才表示「我知道自己的眞相，我願接受天賦的遺產」。（T-3.VI.11:8）

請在圓形的匱乏圖表填入你所操心掛慮的事。

給每個項目0到10的評分，0代表毫無恐懼，10代表極度的恐懼和焦慮。

死亡和恐懼　　　　　　　　　　生命與真愛

0到10的評分，代表此事令你恐懼的程度，相對也代表了你對愛（上主）的抗拒，以及下意識受痛苦／死亡吸引的程度。

圖二　匱乏對應恐懼之量表

檢視你的匱乏感

　　請拿起紙筆，誠實地自我反問，小我究竟在哪一方面扯你後腿，以致你經驗不到上主的無限供應。這個練習會揭露小我最愛儲藏罪咎的地方，而它最慣用的手法，就是暗中拆自己的台。現在，請全神專注，盡可能誠實地回答下列的問題。

【問題一】從匱乏圖表中找出你在現實生活最感匱乏的領域。

　　你也可以自行加上圖中未列出的項目，亦即加上「財務、身體／自我形象、身心健康、子女、工作、職業等等」之外的項目。

【問題二】你認為上述每種匱乏的成因是什麼？

　　例如你可能認為「財務上的匱乏是來自整體經濟的不景氣」，或「我身體的疼痛是源於某種疾病或身體狀況」。把你所認為的原因全部寫下來。

【問題三】針對每一種匱乏的威脅，請寫下你一般的回應方式。

　　例如你對財務匱乏的反應通常是「先怪罪經濟景氣差，然後尋找因應之道來改善狀況，比如節衣縮食、兼兩份差來度過難關」。

【問題四】請針對每一種匱乏感評分，看看自己擔心、焦慮、想要掌控的程度有多強。

這個練習能讓你看出，自己的恐懼在哪一方面表現得最為強烈。從0到10的評分中，0代表完全不擔心也不焦慮，不需要特別的作為，10則代表極度的擔心和焦慮，亟需控制眼前情勢。請為你感到的每一種匱乏評分。

【問題五】完全誠實地回答自己，你最想優先處理哪一項問題？

(一)改善或解決眼前的問題？或是……

(二)療癒自己對問題的看法？

小我最擅長轉移目標——想盡辦法轉移我們的注意力，使我們看不到問題的真正原因。要知道，潛意識的罪咎才是所有痛苦的唯一根源，它會引發極度的自我憎恨，使我們相信自己一文不值。這一信念正是自己所有恐懼的幕後元兇。

只要我們看不出所有困境的真正起因，它就會肆無忌憚向外投射，再以狀似意外的形式掉回自己身上。我們成天忙著修補小我的攻擊所導致的後遺症，無暇向內探問起因，尋求療癒。試想一下，如果我們不請教聖

靈，始終只知瞎忙，試圖自行解決問題，那麼真正的因（即潛意識的罪咎）豈有徹底療癒的一天？

我們很難想像上主唯願我們享有無盡的愛，否則，我們何苦煞費苦心保護自己免於匱乏、危險、失落和打擊之苦？如果我們對自己的神聖自性有一點信心，就會明白我們是不可能受到攻擊的。凡是領悟出上主旨意的人，自然感受得到祂無邊無際的大愛，而且知道那是祂給我們的天賦遺產。

但如果我們寧可聽信小我的謊言，不相信神聖自性所蘊藏的上主之愛，我們就會不自覺地畫地自限，使上主之愛無法彰顯於我們的生活中。這種畫地自限的心態，會使身體呈現出疾病、痛苦、老化等等現象，並帶給我們財務匱乏、憂鬱沮喪、人際衝突，或其他種種毀滅性的經歷。

反思你的答案

你利用生活中哪些方面的問題來遮掩或遠離上主之愛（即你的神聖自性）？請回頭看看你對問題一的作

答，它透露出「你選擇用這些問題將上主推出生活之外」。小我故意讓你在這些方面的問題感受到匱乏，而倘若你對這些困境信以為真，終究你是很難寬恕它們的。

再看看你對問題二的作答，這代表小我所認為的匱乏原因。但你真的認為原因出在「心外」的身體、他人、世界，或過往的經歷嗎？一旦如此認定，問題便跟它唯一的起因切斷了，表示你已經把潛意識罪咎這個真正的起因排除於問題之外，使它徹底失去了療癒的機會。

接下來，請看看你在第三題的作答，這是你的小我面臨匱乏時通常採取的恐懼反應，而你所害怕的恰恰反映出你內心期待的，這成了你慣常限制自己的手段，也是你經驗不到自性的富裕之真正原因。換句話說。這些答案反映出你下意識加諸自身的約束適足以限制了上主的愛。要知道，上主的愛只會「無限供應」我們，也只會帶給我們健康、喜悅、一體、真愛與平安。

然而，小我會不斷為我們引來匱乏，這是它轉移我們注意力的高招，以免我們發現**它**才是所有困境的元兇。我們若真的看透了小我的伎倆，必會對它高度戒

備。問題是，過去的經驗常令我們誤判了眼前的挑戰。我們相信過去的經歷眞實無比，卻沒能發現，我們此生所學的每件事都是基於小我的過去經驗，而非來自永恆存在我內的神聖自性。

意思是說，我們自認爲學到的每個經歷，其實都是來自小我的投射；而小我所學的一切，全都是用來作爲攻擊的素材。世間所有的運作法則，莫不以小我過去的經驗爲藍本，使你在恐懼之中苟延殘喘。

你之所以始終受困、受限，只因你一直緊抓著過去學到的經驗不放，也就是說，你信任自己的經驗和這個世界，甘心以它們爲師。你可知，就是你所重視的「受限」經驗，使聖靈的奇蹟對你的過去與未來毫無插手的餘地。換句話說，你若根據過去的小我經驗來預測和計畫未來，小我的劇本就會繼續搬演下去，你也會身不由己且反覆不停地自我攻擊下去。

當你把過去投射到未來，你等於爲自己打造了一道銅牆鐵壁來抵制愛，因爲愛只可能存在當下，奇蹟也只發生於當下。是故耶穌指出，所有的防衛，其實就是抵制上主和你的神聖自性。凡是不求助於神聖靈性的每個決定，或每個解決方案，其實都是在向上主示威。

你透過防衛而賦予虛幻的問題真實性，也因而賦予它控制你的力量。不論你防衛什麼，你必然期待它出現；而期待正是一種吸引作用，你所吸引的一切必定會出現在你的生活。為此之故，揭開你潛意識所有的恐懼至關重要，唯有正視它，你才能釋放恐懼而換得奇蹟。

> 你自然會根據過去的經驗而預期未來或計畫未來。如此，過去與未來就被你串連起來了，這使得奇蹟毫無插手的餘地，完全無法給你一個重生的機會。（T-13.VI.4:7~8）

現在回頭看看第四題，從0到10的評分，代表你在哪些方面操心掛慮並想要掌控的程度有多強。分數愈高，顯示你在這方面對上主的恐懼愈強烈；恐懼愈大，表示小我在你心中所製造的威脅愈真實。請記下評分較高的項目，並且下定決心，將這些問題交託給聖靈，請祂幫你看出問題的真正原因，不再堅持自己對這些問題的看法。

最後，回顧一下第五題，哪一個是你最想要的？是改善並解決眼前的問題？還是療癒自己對問題的看法？如果你認為解決眼前問題比療癒分裂及匱乏的信念更重要，那麼，問題的真正肇因就**無從獲得療癒**了。這個肇

因便會依然故我，繼續在你各個生活領域作祟下去。

建議你用第489頁所提供的「接受救贖的步驟」來療癒你目前願意面對的任何問題。

問題離不開它的源頭

我們眼中的人物、往事、疾病、處境，或形形色色的問題，始終都活在我們的心內，不在過去也不在他處。我們若誤把問題看成發生於自心之外的現象，而且都是他人、身體、往事或其他原因造成的，這其實是自欺欺人。只要你堅信不疑，確信自己絕對有資格獲得寬恕，而且願意讓問題的癥結獲得療癒，問題便解決了。你之所以還會懷疑，純粹是因為你裡面有一個私願——你並不真想一勞永逸地解決問題。

> 「觀念離不開它的源頭」，縱然它引發的「果」與自身看似不相干。觀念出自心靈，即使投射出去後，好似活在心靈之外，它其實始終活在心內，而不在外邊，那個「果」從未離開過它的源頭。（T-26.VII.4:7~9）

所有問題都來自同一肇因，就是我們心中尚未寬恕的罪咎。如果你認定自己受苦的原因來自其他地方而非自己的心靈，你的問題便永無解決之日。正如《課程》指出的：「除非受幻覺蒙蔽，否則因（心靈）與果（表相）是不可分的一體兩面。」也就是說，問題的起因（罪咎）與問題本身都存於心靈內，只是看起來問題好似發生於心外而已。這不過是小我的陰謀陷阱，要我們相信苦因來自他處，這樣我們就永遠不會發現，其實自己的小我才是真正的元兇。

　　要記得，無論任何問題，信心都能解除；無論任何處境，信心都能療癒；凡是發生在「果」的層次（即表相或行為）的問題，信心都能發揮藥到病除的療效。而且，不論問題的表相如何，你都要確信不疑，成因永遠在自己心內，從來不在他處。如此，療癒才有發生的可能。

　　如果你不願求教於聖靈，卻不斷向外尋求解決方案，試圖在果的層次修補的話，你是不可能真正解決問題的。換言之，你若寧願相信是過去或外在的某人某事，或自己的身體造成眼前的問題，你就再也看不清這些問題所代表的意義，更無從解決它了。追根究柢，一切問題的起因，都不外乎尚未寬恕的自我憎恨與暗藏的

罪咎，為此，自我寬恕才是真正的解決之道。你若無法認清這一點，問題的真正成因不可能獲得療癒，難怪問題會反覆出現，只是換湯不換藥而已。

終究來說，所有問題早已解決了，它們都出自同一根源，而且都在我們的心中。它唯一的解決之道就是「救贖」，這也正是聖靈修正錯誤、化解恐懼的途徑。我們無需付出什麼代價就能獲得救贖，只因它是我們的天賦遺產。但唯有接受救贖，我們才領受得到「修正」的恩賜，這個前提就是，我們必須「願意」才行。此刻，你準備好接受了嗎？還是你更珍惜小我最愛的假謙虛和無價值感呢？

時候到了，放下吧！你必定有能力丟掉這個內心深處的無價值感的，你一旦做到了，他人也跟著你一併解脫了。反之，你若緊抓著這個無價值感不放，必會認定他人跟你一樣一文不值，下手就會毫不留情了。

耶穌當年行過無數的奇蹟，他就是透過解除人心的罪咎而療癒各種層次的問題的。這正是關鍵所在，他解除了病人心中的恐懼，除去心障，他們才可能接受完美的療癒，這原是人類的天賦遺產。心靈一旦獲得了深層療癒，奇蹟便足以延伸到身體的層次，而形成治癒身

體、平息風浪、使死者復活這類奇蹟。其實，每個療癒背後的原理全都一樣，不外乎讓問題的因與果在心靈內結合，心靈一經癒合，身體自然隨之痊癒。

耶穌帶給人的療癒都是全面性的，而且從不借助於時間。他深知所有的痛苦全來自同一根源。就算問題看起來嚴重無比，他絲毫不受表相蒙蔽，因他知道所有的問題都是同等的虛幻，並無層次之別，沒有一個苦因會比另 個更難治癒。因著屹立不搖的信心，他才能百試不爽，透過奇蹟來療癒所有的人。這是因為幻相在他眼中沒有層次之別，他才能如此肯定奇蹟也沒有難易之分，也因之，奇蹟便發生了。

> 除非奇蹟能夠治癒所有的疾病，否則表示它根本沒有療癒的能力。奇蹟的宗旨不是幫你評估哪一種形式或哪一種表相才是真的。如果真有一種表相是無法治癒的，表示有個幻相已經魚目混珠成為真相的一部分了。從此，你最多只能獲得片面的解脫，再也無法全面擺脫罪咎的糾纏。（T-30.VI.7:1~4）

耶穌斬釘截鐵地指出，沒有一種小我的表相是無法漠視或寬恕不了的，沒有一種痛苦是奇蹟療癒不了的。

如果疾病真有層次之別，有些疾病連奇蹟都束手無策，表示人間確實有些罪是永遠寬恕不了的，這影射出小我的一個錯誤似已推翻了上主的造化，毀滅了上主的旨意。但這可能嗎？除非有這個可能，我們才能承認人間有些表相連奇蹟都一籌莫展了。

> 沒有一種表相是你無法漠視的。否則，就表示人間確有某種寬恕不了的罪；那種超乎錯誤的罪行，那個永遠無法改變的特殊錯誤，連上主都修正不了，你當然難辭其咎。那種錯誤似有推翻上主造化的能力，似能造出另一種世界來取代上主的造化，徹底毀滅上主的旨意。除非真有這一回事，我們才能認定，有些表相是奇蹟無法治癒的。（T-30.VI.5:4~8）

耶穌透過《奇蹟課程》的教誨，召喚我們如同他當年為世人作見證：「小我所妄造的一切，威脅不了百害不侵的真實生命。」為此，我們在人間只有一個任務，就是從受害、痛苦與死亡之夢徹底覺醒。而覺醒的第一步，就是釐清真相與幻相之別。所謂幸福美夢，簡單說，不過是我們決心再也不用自己投射的假相來自我打擊，僅此而已。我們非常清楚，不論表相如何以假亂真，終究不是真實的，因此，我們下定決心，請求聖靈

修正我們的看法，讓我們的眼光越過表相去看待一切。如此，我們便已踏上了寬恕之路。

施與受是同一回事

修習奇蹟多年之後，我才開始了解它的一個核心觀念：施與受原是同一回事。根據小我的眼光，我們若給出某物，自己便看似失去了此物；一旦與人分享，自己所擁有的也會隨之減少。只因小我的世界乃是根據匱乏原則運作的，它整個家業就是建立在「萬物生來就是匱乏的」這一基礎。這種顛倒怪異的人生觀，與上主「推恩富裕及無限供應」之天律恰恰背道而馳。這兩種截然相反的思想體系同時存在於我們心內，若想真正看清真相，必須先撤除小我那套觀念才行。

由於我們的心靈早已四分五裂，以至於看不到「真實世界」；而真實世界乃是天堂的倒影，唯有徹底化解了恐懼與罪咎，才可能體驗到它的臨在。然而，除了驚鴻一瞥，我們簡直看不到它！只因我們更珍惜小我的偶像及世間種種的形相之物。在小我的世界裡，我們學會

把自己看成單獨的個體，萬物萬象都與自己無關，它們不僅獨立於我們心外，甚至還有操控我們的力量；我們堅信時間和物質具有左右我們的能力，甚至相信身體的能力遠大於心靈。此外，我們還相信自然律不但維繫著我們的生存，同時也威脅著我們的生命。我們對「身體終歸一死」的信念，加上小我世界充滿死亡的鐵證，再三向我們證明了死亡的「真實性」。

在小我這種思維模式中，因與果顛倒了。我們認為世界獨立存在心靈之外，所以世界本身是一個「因」，我們只是它的「果」而已。在這樣普世信奉的思維體系下，「心靈是世間萬象的唯一肇因」這種觀念，簡直有違天理，而「世界不可能是一個因，它只不過是反映心靈狀態的果」之想法，更被世人嗤之以鼻。

除非有一天，小我終於銷聲匿跡，心靈才會恢復它原本「推恩大愛」的神聖目的，從此不再向外投射小我的罪咎與恐懼，然而，先決條件是，我們必須心甘情願地接納這個神聖目的才行。

總而言之，「因」永遠存於心靈內，而「果」（身體和世界）看似活在心靈外，其實兩者同在心靈內，從未分開過。為此，每當我們論斷他人或心懷怨尤時，就

等於把那些幻相弄得更加真實，真相從此更難見天日了。再加上「施與受是**同一回事**」，我們對他人的論斷，其實是我們暗地裡對自己的論斷。

> 你若把某人釘死在某種幻相中，就不可能不把
> 自己也釘在同一幻相中了。（T-7.VIII.4:1）

小我一心想維持衝突狀態，但表面上還會佯裝幫我們降低衝突，以免我們看穿它的真正意圖。它只有一個目標，就是讓我們死心塌地信賴它來解決所有的問題。對此，它向我們擔保，只要相信它，我們終有解脫之日。有鑒於此，我們唯有識破小我的花言巧語，才會義無反顧地放棄小我而另覓生路。

> 小我想盡辦法維持衝突狀態。可是它會精心
> 設計出一些狀似幫你降低衝突的方法，因為
> 它不想把你逼到忍無可忍的地步，最後乾脆
> 全盤放棄。小我會試著讓你相信，它能幫你
> 擺脫衝突，以免你放棄小我而另覓生路。
> （T-7.VIII.2:2~4）

正因小我不斷慫恿我們把問題看成是他人、身體和世界造成的，我們才會身不由己地往外投射，繼續妄造下去。只要我們認定問題都是心外之物引發的，就會忍

不住妄加判斷和指責，這兩種反應心態其實是互為因果的。要知道，心靈原本無所不能，它只有一個神聖目的，就是將愛推恩出去，但小我企圖讓心靈顯得脆弱無能，不惜妄用心靈的能力，將衝突投射到心外，轉移我們的注意力，使我們看不出衝突與痛苦的真正起因就是小我那套思想本身。

> 小我故意扭曲上主的天律，利用心靈本有的能力阻止心靈完成它存在的真正目的。小我把你內心的衝突投射到他人心上，目的是要你相信，你的問題已經解決了。（T-7.VIII.2:5~6）

小我相信它可以為我們卸下邪念和恐懼的負擔，慣用手法就是把它們都投射到他人或自己的身體上。問題是，我們一把批判投射於外之後，它在我們心中更加固若金湯了。這麼一來，無異於助長了一直藏在幕後餵養恐懼、防衛及掌控需求的罪咎。

> 「給出去」其實是你「守住它」的不二法門。把它當作別人的問題，就以為你已經把它從心中排除了，這種信念徹底扭曲了推恩能力。這正是投射者必會嚴加戒備自身安全的理由。他們深恐自己投射出去之物會轉身反

擊。他們若相信自己有辦法把投射之物由心中抹除，便不能不相信那個東西也可能設法溜回來。正因那些投射之物不曾離開過他們的心靈，他們不得不枕戈待旦設法遮掩這一事實。

（T-7.VIII.3:7~12）

每當我們感受到攻擊，難免會反脣相譏或怪罪他人，這固然是人之常情，但我們也必須時時提醒自己，所有的批判都是一種自我攻擊。只因我們一認為自己遭受外在世界的不公對待，便已不自覺地加深了罪咎與自我憎恨，因而使自己受到更大的傷害。

不必害怕小我。它得靠你的心靈才能存在，既然你曾因為相信它而造出了它，你也同樣可以不相信它而將它驅逐。不要把「你得為自己的信念負責」投射在別人身上，否則你就等於強化這一信念。只要你甘心承認整個小我都是你自己一手打造出來的，表示你已決心放下所有憤怒及攻擊的機會，它們全是因為你相信自己該為所有錯誤負責而又把這責任投射到他人身上所生出的後遺症。然而，承認這是自己的錯誤，並不表示你該緊抓著它們不放。你應即刻交託給聖靈，予以徹底化解，那些錯誤的遺

害才會由你心中消失，也由整個聖子奧體中遁跡。（T-7.VIII.5）

第三章

上主知道這個世界嗎？

嚴格來說，上主並不知道那個虛幻的對手，因上主是無所不包的愛，愛內**沒有**對立；除了上主之愛以外，沒有他物存在。在我們的知見世界裡，凡是看來與愛相反之物，全是妄念所構成的幻覺而已。

我們的心靈同時作著兩種夢——小我的身體與世界之夢，以及真實世界的正見之夢，而正見之夢需透過心中的聖靈才能看到。至於我們會看到並經驗到哪一種夢境，端看我們此刻相信及珍視哪一個而定。大部分的人不只經驗到小我的身體與世界之夢，還認為那是外在的現象，與自心毫不相干。事實上，無論我們選擇哪一種夢，它的起因與後果皆存於我們心中，絕不可能分開。

小我之夢的「起因」，乃是出自我們對虛幻的罪、咎、懼之信念，而它衍生的種種「後果」，如衝突、匱乏、痛苦、疾病、失落及身體的死亡等等，也全都在我們心內。一旦經由寬恕而改變心念，我們等於改變了心

內的起因;而這個恐懼之「因」一經療癒,心靈自然會重返於愛,隨之,所有的後果也得到了釋放而重歸愛的懷抱。

為此,每當我們受到威脅而失落平安之時,可以運用真寬恕來化解恐懼。在寬恕的當下,我們會漸漸憶起外面並沒有任何人及任何事有待我們寬恕。我在此分享一段聖靈所恩賜的禱詞,來幫助大家練習寬恕。請相信,若能如此衷心地祈求,不可能沒有奇蹟經驗的。

聖靈,請幫我寬恕自己借用＿＿＿＿＿＿＿＿(某人、處境、判斷、疾病、痛苦、自我批判、悲傷、憤怒、癮頭、體重、憂鬱、財務匱乏……等等)來打擊自己,使我經驗不到祢的愛,即我的神聖自性。阿們!

實際上,人間每個煩惱都是向愛呼求的信號,給自己一個機會與聖靈一起正視,看看自己下意識為了打擊自我而投射出去的一切;此時,只需記得不要作任何自我批判即可。唯有徹底看清所有的攻擊都是一種自我打擊,我們才不會繼續投射下去,因而吸引更多的痛苦。總之,寬恕給我們一個自我覺察的機會,讓我們揭露潛意識的罪咎,隨之自然而然停止自我懲罰的傾向。

上主對我們與小我的妄造陰謀一無所知,就好比汪

洋大海不會知道好似抵制它的微波細沫，太陽也不在意它的光芒離它而去。雖說如此，上主依舊派遣了聖靈進入我們心中，呼喚我們回歸生命的實相，認出我們在上主之愛中莊嚴偉大的真實身分。

　　只要我們決心著眼於愛，便能在自己心內看到療癒的夢境，這就是真實世界，或稱幸福美夢。知見一旦接受了愛的修正，我們是不可能經驗到匱乏、衝突、疾病或死亡的。在這樣的幸福美夢中，我們自然不再信任小我，而開始把信心完全置於神聖自性之上；這表示我們已經克服了恐懼和罪咎，並因此體認到真正的自己原是上主無限大愛的流露。

　　真實世界並不是我們要前往的某個地方，它屬於一種心境，始終存在我們心內，且耐心等候我們撤下所有的罪咎、判斷和攻擊。在真實世界之夢中，我們認出自己就是天國，而天國沒有匱乏這回事。我們知道自己**擁有**一切，只因我們**即是**一切；我們終於明白了「所有」與「所是」乃同一回事。由此來看，世界末日並非灰飛煙滅，而應重新詮釋為天堂的先聲，因聖靈能將眼前的世界徹底重新打造，將它由小我的噩夢轉為了無衝突、疾病、痛苦、失落與死亡的美夢。

世界末日並非灰飛煙滅，而是被轉譯為天堂了。（T-11.VIII.1:8）

聖靈能夠為你的整個世界打造全新的基礎，給它一個清明而健全的立足點，如此，你才可能發展出神智清明的知見，而看到另一種世界。那個世界沒有任何衝突，只會帶給上主之子健全和喜悅。你在那兒不會看到任何死亡與殘暴、分裂與歧異的陰影。因它能把一切視為同一生命，沒有一人會失落，所有的人都將一起受益。（T-25.VII.5）

這個由恐懼轉向愛的覺醒過程，正是〈教師指南〉所說的「信賴形成的階段」（M-4.一.甲），這一轉化有賴寬恕，唯有寬恕能徹底扭轉我們的思想、信念與價值觀。我們**不必**等到死後才抵達真實世界，但若要達此境地，必須對上主聖愛肯定不疑，知道那才是唯一真正的力量，而且是我們共有的神聖自性——唯獨這個，值得我們珍惜。

上主對我們自己妄造的虛幻之我一無所知，為此之故，一旦陷入了小我的思維裡，我們就會感到無比寂寞而且脆弱不堪。小我逐漸消融之後，神聖自性便會自動呈現於我們的覺知與經驗中。只要接納並活出自己的神

聖自性，我們必會體驗到渴望已久的無限眞愛與安全感，因它們原是自性的一部分。

> 上主在愛中賜給你一個眞實世界，想要與你所造及所見的世界交換。你只需由基督手中接收過來，正視一下它的存在。它的眞相便會使一切幻相當下破滅，因爲注視眞相，給了你一種全面性的知見。你只要正視一眼，便會憶起原來它始終不曾改變過。虛無當下便消失了蹤影，因爲你終於懂得如何眞正去看了。
> （T-12.VIII.8:1~5）

我究竟要經驗哪個世界：
小我的，還是上主的？

我們原是上主的延伸，永遠清白無罪，如今卻陷入了昏睡狀態，夢見自己離開了生命的根源，逕自幻想出整套恐懼的思想體系，以及一個奠基於分裂和死亡的世界。如今，妄想出那一切的心靈總算覺醒了，發現自己已然分裂，遂由衷渴望療癒這個分裂狀態，解除小我的

思想體系。可以說，這分裂的心靈同時作著兩種夢，就像在同一個螢幕同步播放兩部不同的電影，一部是充滿恐懼和攻擊的小我世界，另一部則洋溢著聖愛、療癒和喜悅的真實世界。我們可以自行選擇觀看或經歷哪一種戲碼，我們相信而且重視什麼就會看到什麼，但我們無法同時看到兩者，永遠只能選擇其一。

> 你必須否認眼前的世界，因為那景象會使你失落另一種眼界。**你不可能同時看到兩個世界，**因它們要求不同的看的方式，端看你珍惜哪一種眼光而定。你必須否認其中之一，才可能看到另一個世界。（T-13.VII.2:1~3）

無論是哪一種電影，無論我們好似看到什麼，那些故事人物本身不具任何價值與真實性；它們的價值和意義，全部都是我們自己賦予的。每一事物，包括身體與世界，本質上都是中性的，全憑我們看待它們的眼光是出於恐懼還是愛。唯當我們逐漸甦醒，便會真正明白，眼前所見的唯一成因離不開自己的心。更具體地說，只要解除了「外在因素可能傷害自己」這一信念後，我們當下便會看清所有的原因真的全都出自內心，如此，我們才可能真正地寬恕。只要能如實看清，我們的內心必會發生不可思議的轉化。

我們終會親身體悟外面無一物離得開自己的心，包括身體在內。倘若我們能在身體或世界感知任何事物，心裡便會非常明白，它完完全全發生在自己心內，而不是外在。然而，唯有透過親身的經驗，我們才可能真正領悟出，眼前的一切真的都是自己心境的倒影。儘管每一事物在本質上都是中性的，我們始終心知肚明，其意義完全取決於我們與它的關係。

更具體地說，我們與它的關係究竟是基於小我的恐懼，還是上主的愛，這決定了夢中情節或人物究竟屬於死亡和分裂之夢，還是覺醒的、生命的一體之夢。這兩部電影在夢中同步播放，在每一個當下，我們都可自行決定究竟想要加入哪一個夢境。我將這兩部電影的劇情大致描繪如下：

一、透過心中的小我而妄造的世界

我若透過小我來看，「外面」確實有個身體和世界。即使理性上我已明白身體與世界都在我心內，但我實際上仍困於這個世界，依舊受制於世界林林總總的法則（疾病、痛苦、醫藥、經濟、營養、飲食、老化、死亡等等），不敢越雷池一步，如此，我怎麼可能信賴內在的基督大能？更別提為復活作見證了！只因我仍珍惜

死亡的核心夢境，而且完全把它當真，這是我至今無法全然信任大愛的眞正原因。

這正意味著，我仍將大部分的信心放在小我的身上，繼續服膺它的遊戲規則，不願求助於聖靈。所以我雖然表面上信奉耶穌的教誨，骨子裡卻不願把自己的信賴與忠誠完全轉向上主的天律。這也表示，我不僅不明白「奇蹟沒有難易之分」的道理，更別說爲此眞理作見證了，只因我仍舊相信「幻相有層次之別」。我在夢中始終腳踏兩條船，一隻腳踩在聖靈的船上，另一隻卻仍留在小我的船裡，根本沒下定決心要活出內在的基督自性。

可以說，這種腳踏雙船的心態，充分顯示出，我下意識仍相信上主確實創造了這個充滿罪咎、恐懼、痛苦與死亡的世界，同時也透露了，我尚不明白「**我就是**上主的化身」，還以爲上主活在我之外，而非存在我內，不僅如此，我還用同樣這種眼光來看待所有的人。如此一來，我怎麼可能不相信小我的感官所傳遞給我有關身體與世界的一切訊息？

顯然的，我這具身體活在人間，好似活在上主與非上主兩部分的夾縫之中，飽嘗著分裂的苦果，只因我尚未親身體驗上主與小我都在自己心內，所以也無法眞正

意識到自己心中懷有兩套截然相反的思想體系，每個思想體系所造出的一切也始終在自己心內，從未離開它的源頭。我同樣不知道，每分每秒我都在選擇自己所重視的那一套，而且一再自食其果。

　　為此之故，我才會不斷把身體與世界推到心外，不知道它們純粹是憑著我對它們的看法而存在的。我不明白身體與世界都是中性的，它們從來不是問題之所在；它們究竟是痛苦之源或療癒之道，永遠只繫於它們在我心目中與我的關係如何。

　　我更不明白，若要超越表相，必須先將我與身體及世界所有的特殊關係都轉化爲神聖關係才行。在我全面接受這一原則之前，我只能相信小我那一套，認爲只有死亡能幫我解脫，而不是仰賴眞理實相。

二、我與天心中的上主共同創造的世界

　　當我覺醒於內在基督那唯一大能時，便會看到小我爲攻擊上主聖愛而打造的世界，以及我與上主共同創造的世界，兩者都在我心內。既然它們都在我心內，那麼，心靈一經療癒，我與萬物的關係自然變得神聖，因而散發出聖愛的光輝。如此，我等於爲世人見證了，當所有痛苦的同一肇因獲得療癒是何等的光景，身體和世

界的種種症狀也必然隨之痊癒。

此時，小我的痛苦與死亡之噩夢已轉爲聖靈的喜悅與生命之美夢，此即真實世界，或稱幸福美夢。表示我已透過寬恕，從一個電影的夢境轉到另一個夢境當中，我也已經看清小我的死亡核心夢境乃是生死輪迴的根源，而生死輪迴又撐起了整個時間幻相。既然在實相裡，無所不包的上主聖愛與永恆的生命是沒有對立或盡頭的，那麼，只要我撤銷了自己潛意識對罪咎與死亡的忠誠，我還有什麼好怕的？

終有一天，當我認出自己的清白無罪，不僅打從心底接受它，並且活出這一真理，至此，我自然不再期待任何懲罰，也全然無需自我防衛了，因我已接受上主的生命爲我的本來面目。只要我接納並活出內在的真愛，就是讓基督透過我而活出自己的真實身分；當基督之愛流經我而療癒一切時，我很清楚「沒有任何東西傷害得了自己」。如今，真愛已能透過我而活在人間，上主賦予我的純潔本性成了我是百害不侵的見證。從此，爲了攻擊愛而妄造出來的虛幻小我，再也影響不到我了。

只要我敢揭露小我的思想體系，並把它換成寬恕之奇蹟，我的心靈便已療癒了。終於認清了眼前的一切其實都存在自己心內，於是，我甘願死心塌地將自己妄造

的一切交託給聖靈，以換取療癒的正見。眼前的一切也必會痊癒，只因上主在我心裡，透過心中的上主所看到的一切，自然而然，必定療癒。

心中的「因」一旦療癒，其療效必會延伸到「果」，因為觀念離不開它的源頭。我終於明白了萬事萬物，包括身體和世界，全都不在外面，也與我一體不分，它們只活在我心內，也只代表我心目中與它們的「關係」而已。意思是說，我若真想療癒每一個人、這具身體、自己的過去，以及這個世界在我心目中的關係，我必須進入它們一體同在之處，那就是我的心靈。

為此，我必須在現實生活中學習越過肉眼所見的表相去看待事情，也就是鞏固自己內在的慧見，逐漸收回自己對小我運作法則之忠誠，不再像過去那樣死心塌地聽信它們。即使在我因為過度害怕而無法唯獨信賴上主天律之際，我會在服用藥物、飲食、財務等等諸多問題，乃至於照料人間瑣碎事物之際，**同時**誠心邀請聖靈療癒我的知見，讓我放下種種內疚，堅信只要與聖靈一起正視這些行為，我仍能接收到奇蹟的。

我終於明白了，無論我在小我的電影中看到什麼，都是源自心中的恐懼；而在真實世界的電影畫面所看到

的，則是出自我心中的愛，因小我的世界**以及**聖靈的真實世界同在我心內。耶穌在《課程》中說過，因著他的復活，他已經為我們戰勝了小我的世界，化解了小我的死亡核心夢境。故我唯一需要做的，只是全心全意接受這個事實而已。

由此可知，我心中播放的小我電影顯然與上主毫無瓜葛。它不同於幸福美夢，並非我與上主共同作出的夢，而是一個獨缺上主的夢，因而成了分裂與死亡之惡夢。反之，當我瞻仰真實世界的神聖夢境時，我知道這個偉大的療癒之夢乃是出自上主之手，也就是說，真實世界之美夢乃是聖靈的傑作，故充滿天恩的喜悅與真愛，成了上主聖愛的完美倒影；而這完美之愛，**就是我**的真相，也是所有人的真相。

劇本早已寫定了嗎？

奇蹟學員經常提到《課程》所說的「劇本已經寫定」，我以前以為這代表命運已經註定，不論我做或不做什麼都無所謂。後來才真正明白這句話的真義所

在——不論我們在世界大夢看到什麼幻相,「上主永恆如是」。為此之故,我們內在的正見之心也恆常而篤定,永不變易,即使我們自以為迷失在小我裡,生命的真相始終如一。我們不過陷入了小我的失心狀態而沉沉昏睡,但在真實的生命劇本裡,我們始終意識清醒地活在上主的旨意之中。

雖然我們有天賦的自由意志,隨時可以選擇小我或聖靈,但就算我們選擇了小我,也無法將它弄假成真。生命的劇本早已在完美的聖愛中寫定了,永遠洋溢著無盡的喜悅,即使我們寧可相信自己眼中這個痛苦與死亡之夢,也改變不了我們的幸福結局。因此,我們愈早捨棄小我之夢,就能愈快恢復清明的覺知,得享無所不在又無所不容的真愛,它原是我們神聖自性的永恆本質。

耶穌因著自己的復活與救贖,早已化解了小我之夢,我們卻仗恃自由選擇的意志,寧可在小我的地獄幻境繼續游蕩,也不願安住於天堂之境。正因如此,我們才會感到解脫好似非常漫長而遙遠的事。事實上,只要我們下定決心僅僅選擇真愛、平安和喜悅,那麼,我們眼中也只會看到真愛、平安和喜悅。

沒有錯,我們珍惜什麼就會看到什麼。如果重視恐

懼，我們就會看到痛苦；但如果心中只有愛，我們就只會經驗到愛。為此，除非我們清除潛意識那些愛的障礙，代之以奇蹟，否則，飽受折磨的身體與多災多難的世界，勢必會在眼前陰魂不散。救贖的目的，正是要清除那些障礙。只要我們能隨時隨地選擇寬恕，接受救贖，真實世界就會重返我們的覺知中。是的，我們若一心只想要愛，真實世界就不遠了。

你若只要愛，就不會看到其他的東西。

（T-12.VII.8:1）

小我的生存模式那套劇本並非真實的，因它是在上主之外演出的一場夢而已，凡是上主之外的，根本不可能存在。試問，實相之中怎麼可能有小我劇本呢？小我這套虛幻的劇本，鍥而不捨地致力於一個目標，就是在我們覺醒之前就殲滅我們的身體，使我們無緣體悟自己擁有上主的大能、自己的生命與祂一樣百害不侵。

倘若我們認定種種痛苦的經歷乃是聖靈給我們的人生功課，那真是天大的誤解！既然聖靈是愛，祂只會帶給我們真愛、平安、幸福和喜悅。任何需要歷盡滄桑才能學會的功課，絕非出自聖靈，祂不會給我們這類修行劇本的。凡是修得艱辛無比的功課，其實都是我們的自

由意志爲自己選擇的歧途。但只要切換到實相的角度，所有的錯誤和痛苦，無一不能交託給聖靈，在祂的詮釋下獲得釋放。

我之所以如此強調這點，是因爲多年來，我一直誤以爲在小我的夢中仍有個「神聖的」劇本，而且千古不滅。我眞以爲所有自己遇到的種種折磨、種種難以寬恕的功課，都是聖靈爲我寫進劇本裡的。於是不知不覺中，我將潛意識的恐懼投射到上主身上，供奉起小我的神明而渾然不覺。可想而知，這個冒牌的神必然在我的人生道上安排許多苦不堪言的寬恕功課，難怪我過去那麼不甘願信賴聖靈！誰會信賴這種殘酷無情的上主呢？

後來我才明白，上主是無所不在且無所不容的大愛，愛內沒有對立，因此不可能有苦難、病痛、衝突、教訓，以及死亡這回事。是我自己作此抉擇，是我自己存心著眼於此，也因此，我感受到什麼全都取決於我究竟選擇了哪位內在導師與我一同看待此事。我若選擇小我，自然會經驗到痛苦；但只要選擇聖靈，我就能將自己所知所感的痛苦交託給祂，而換得救贖與奇蹟。

學習奇蹟之初，難免落於小我的眼光，認爲聖靈存在於我們之外，事實上，聖靈及眞愛，乃是我們的生命

本質；我們就是上主之愛的化身，而上主之愛必然所向無敵。

　　只因我們受到小我的蒙蔽，忘失自己的本來面目，造出了夢裡的個別之我及整個大千世界，還捏造出所謂「恐懼」這個虛幻的力量，命它與愛抗衡。實際上，上主猶如太陽，而我們就像太陽所放射出的光芒，太陽與光芒須臾不離。同理，我們也從未離開過無所不在的上主之愛。

小我線性時間觀下的無盡需求

　　倘若我們還在向外追求幸福與安全感，以為它們能解決自己的人生問題，最好正視一下小我祕而不宣的陰謀，才可能了解全盤的真相。比方說，你正在尋求一段愛情關係，為自己找個「情投意合」的伴侶，沒問題，小我必會滿足你表面的欲望，但不會讓你看到它暗中為你設下的後遺症——它慫恿你追求這一段關係的真正目的，是要讓你經驗到另一種形式的寂寞，甚至離棄。

再以追求富裕爲例，小我會把匱乏感的後遺症隱藏起來，讓你兩眼盯著表面的財富，毫不察覺小我正忙著算計你，爲你招引種種匱乏的經驗，也許是金錢上的困境，但也可能是健康突然亮起紅燈，或人際關係的糾結難題。

　　我用下面的圖表，說明小我如何在表面上要你追求一個目標卻暗中陷害你，使你最後得不償失。你會在每個圖表的下半部看到小我才是眞正扯你後腿的元兇。它最終的眞正目的，便是讓你感受到剝削、破壞與死亡。還記得吧？小我的千古魔咒：「去找，但不要找到！」

　　我們一旦聽從了小我，拼命追求欲望的滿足，便會不知不覺招致相反的結果，因小我一心只想讓我們嘗盡苦頭，不達目的絕不罷休。如果我們不求助於聖靈，只知一味向外追求安全、情愛、幸福、富裕、健康、快樂、伴侶等等，其結果，保證我們只會自討苦吃！

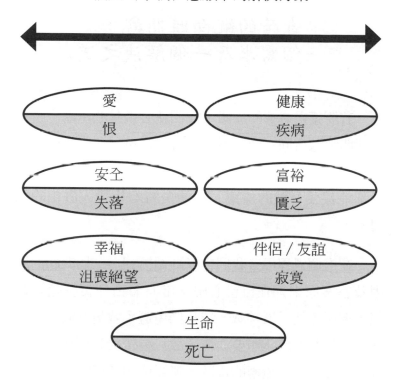

橫向時間觀 ＝ 人生苦海
個人（小我）意願下的解決方案

愛 / 恨	健康 / 疾病
安全 / 失落	富裕 / 匱乏
幸福 / 沮喪絕望	伴侶／友誼 / 寂寞
生命 / 死亡	

我們要是跟著小我一起追求某種圓滿，結果必然適得其反而苦不堪言。小我不僅會捏造各式各樣的問題，還會提供種種解決的假相，然而，它所有的解決方案，不過是從這個幻相轉換爲那個幻相而已，絕不可能帶給人任何眞實的療癒。

圖三　小我的橫向線性時間觀

奇蹟的縱向時間觀：
一個需求及一個解決之道

　　若要獲得真實的療癒，我們就必須甘心承認，所有的問題都源自同一個肇因，而且就在自己心內，從來不在外面。唯有如此，我們方能寬恕所有的問題，而且隨時都能接受奇蹟的療癒。這便是將幻相帶入真相的過程。

　　在這個過程中，我們會漸漸領悟到，一切問題的原因及答案原來都在自己心中。唯有看清並接受這一真相，聖靈才能一展神威，讓我們免遭小我詭計的暗算。聖靈知道我們真正想要之物，故只會帶給我們無盡的喜悅和幸福。這一療癒的奇蹟，無需依賴任何時間。

　　從下面的圖表可以看到，奇蹟的縱向時間觀如何瓦解狀似橫梗在我們與真愛之間的痛苦間隙；而我們最深切的渴望就是真愛的體驗，它是我們共同的自性。

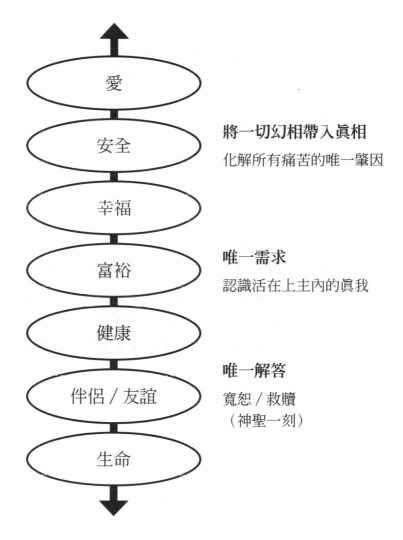

將一切幻相帶入真相
化解所有痛苦的唯一肇因

唯一需求
認識活在上主內的真我

唯一解答
寬恕／救贖
（神聖一刻）

圖四　奇蹟瓦解時間與痛苦的縱向時間觀

問題永遠是中性的

　　我們所感所知的每一事物都是中性的，絕無例外。每個問題、人物或處境呈現的意義與價值，全是我們所賦予的。那些意義並非它們本有的，若非我們的詮釋與信念賦予它們力量，它們根本一無所能。

　　也因此，怨尤、頭痛、疾病或死亡等等現象，全都是同等的中性，沒有哪一個比另一個更難療癒，除非我們如此相信。這些現象儘管表面上嚴重程度不一，卻屬於同一幻相。我們一旦看清了，它們便失去左右我們的能力。小我所投射的種種痛苦和問題，不過是源自集體心識的妄想，誤以為小我具有與上主抗衡甚且能威脅到聖愛喜悅的力量。

只在果的層次解決問題

我們若只想在結果或行爲的層次解決問題，其實就是拒絕接受救贖，如此一來，無異於拒絕了能夠療癒所有問題之因的解藥。然而，唯有藉著救贖之力，我們才解除得了潛意識中導致一切痛苦的自我憎恨與罪咎。

爲此之故，要是我只盯著問題的表面，表示我已誤判了此生的眞正目標。人生只有一個目標，就是心靈的平安，而也唯有寬恕才能帶領我們抵達此境。小我給了我們另外一套的人生目標與實現方法，存心誤導我們，使我們永遠活在分歧與衝突之中。也因此，它會極力說服我們相信「確實**有問題**」，使我們陷入恐懼和焦慮，不得不投靠它來解決它造出的問題，難怪它的建議永遠無濟於事，甚至雪上加霜。

儘管如此，只要我們的眼光能越過衝突的表相，意識清明地選擇寬恕，就沒有什麼外境阻礙得了我們達到平安的目標。是的，只要有這樣的決心，我們就不受任何的威脅了。

先決定你希望得到的結局，最大的好處就是能
幫你把眼前事件轉爲心想事成的工具。如此，
你才會爲此卯盡全力，越過所有阻撓你完成目
標的障礙，而把焦點完全放在幫你達成願望的
事物。（T-17.VI.4:1~2）
……只要你全心致力於眞相，不論在何種際遇
下，必能活得心安理得。（T-19.I.1:1）

小我把情緒與肉體之身當成了自己，故每個問題在
它眼中，都環繞在如何保護、防衛及鞏固這個小我上
頭。不只如此，小我的觀點總是極度的對立，成天認爲
「身體這個我」受到了剝削，脆弱不堪，絕對需要無微
不至的關注與呵護。此外，小我還時時感受到攻擊的威
脅，因而打造出一個個假想敵，伺機打擊我們，讓我們
嚇得驚慌失措，六神無主。

小我所投射的神祕的假想敵，可能化身爲疾病、痛
苦、衝突、匱乏、失落與死亡。然而說穿了，其實只有
一個假想敵，那就是小我本身，但它卻能扭曲我們的眼
光，將自己幻化爲千奇百怪的形態。由此不難明白，小
我最害怕的，莫過於你會識破這假想敵根本子虛烏有，
而它的恐怖威脅也只是虛晃一招而已。

每當恐懼一起，我們會本能地防衛自己所認定的問題，這種時候，我們試圖防衛的，其實只有一樣東西。雖然表面看來我們是在防範財務匱乏、健康問題、安全疑慮，或是成千上萬種看似真實的危機，事實上，它們全是潛意識中同一個恐懼所導致的後果或症狀而已。那麼，我們一直在防衛什麼呢？

　　小我集結一堆恐怖的防禦工事，就為了抵禦一個敵人，而只要你永遠搞不清自己究竟在防衛什麼，小我便安全無虞了。

　　要知道，在每一個恐懼及冥冥中無所不在的威脅背後，隱藏著一個未被發現的恐懼之源，那就是我們對上主之愛的恐懼。我們暗地裡非常害怕上主的聖愛，它原是我們莊嚴偉大的神聖自性，也是我們一體生命之本質。換句話說，我們採取的自我防衛，其實就是為了避免憶起「我們的真面目乃是堅不可摧的聖愛，我們是上主慈愛旨意活生生的化身」這個真相。

上主的本質及其旨意

害怕上主的旨意，實在是心靈所造出最怪異的
信念了。若非心靈裂痕已深，否則怎麼會害怕
自己的眞相？眞相只可能「威脅」到幻相，因
爲眞相只可能支持眞理。上主的旨意就是你的
眞相，你若對它心懷畏懼，表示你害怕面對自
己的眞相。換句話說，你所怕的並非上主的旨
意，而是你自己的意願。（T-9.I.1）

上主的本質是愛，其內沒有對立。此愛永恆不易，
與小我「特殊」之愛的局限及短暫本質大相逕庭。小我
爲了取代上主的愛，給了我們特殊之愛，這種愛因人而
異，愛的強度全看對方滿足了多少小我的需求而定。小
我未獲滿足時，我們會收回愛，甚至眼睜睜看著愛轉成
恨。萬事萬物在小我眼中都是短暫而善變的，因此它給
的愛也符合這一特質。唯有眞愛從不改變，它一出現，
永遠都是全面而極致的。

也許你認爲人間還有各式各樣的愛。也許你認

爲，有一種愛專爲這個，而另一種愛專爲那
個；有一種方式愛這一個，又有另一方式愛那
一個。其實愛只有一個。它既沒有部分之別，
也沒有程度之分，亦無種類或層次，更沒有分
歧與差異。它就是自己的樣子，千古不易。不
會因人事環境而有所改變。它是上主的心，也
是聖子之心。（W-127.1）

凡是認爲愛是可能改變的人，是不可能明白愛
之眞諦的。他看不出根本沒有「會改變的愛」
這種東西。爲此，他會以爲自己有時能愛，有
時可以恨。他還認爲只給這人而不給那人的
愛，也能稱之爲愛。相信這一類愛的人根本不
了解愛。（W-127.2:1~5）

　　小我的思想體系乃是建立在「變易」之上，也因
此，幻相世界中的一切都顯得短暫而無常，大自然不斷
更迭變遷，身體也經歷著生老病死，自然界的一切看起
來總是瞬息萬變。

　　相對於此，上主的永恆本質遠遠超乎我們所能理解
的限度，它超越了時空與知見，屬於永恆無限的眞知領
域。它無形無相，無窮無盡，它的愛永不動搖，且永無
止盡。雖然我們可以經由寬恕來釋放自己的罪咎，成爲

聖愛的化身，但聖愛的本質仍舊超越我們有限的感官覺知。只因所有的感知都建立在二元的基礎上，有感知者與被感知之物；而上主之愛只有「一」，這一體性完全超越了我們的二元知見。

上主的一體生命始終存在我們內，且這一體生命完全不知道小我所感知的一切經驗。換句話說，我們所認為的可怕事情，在實相中沒有一件真的發生過。假如上主是個雷達，我們用它來偵測自己的內疚、羞愧及無價值感之強弱，雷達螢幕上不會顯示出任何東西的。確然如此，不會有任何罪咎或惡行、恐懼及錯誤顯示在祂神聖的雷達上，只因根本沒有「罪」這回事。

幻相無層次之別，因此一時的怒氣等同於謀殺，頭痛與癌末也是同一回事。「無層次之別」意指幻相就是幻相，不真實之物無法依其真實程度來排比輕重或先後，因為它們同等的虛幻，連疾病、匱乏與死亡也不例外。既然如此，身體的死亡是否會顯現在上主的雷達螢幕？當然不會，基於上主聖愛的本質，祂的旨意絕不可能創造出與生命相反之物。聖愛，即上主的真實生命，它不識死亡、疾病與匱乏這些觀念。我們之所以覺得這些現象「真實無比」，純粹是被小我的知見蒙蔽了。

一切痛苦經歷，都是源自於我們把幻相跟上主扯到一起了，雖然上主與幻相根本有如天壤。上主的實相是永恆無間的愛，而幻相最多只代表我們對愛的呼求而已。「給予愛」及「向愛呼求」是我們僅有的兩種心態，絕對沒有中間地帶。

　　一旦落入小我的幻相，我們就會感到缺乏愛，因此會做出一些看似糟透的事。然而，當一個人做出傷人的行為時，其實他是在呼求愛，而這類呼求的表現，乃是源自潛意識的自我憎恨。雖然表面看來，似乎這個人傷害了另一人，但在實相中，他是在自我傷害，而且無論是否意識到，他必會為此感到內疚的。

　　是故，現今或過去曾攻擊過你的人，其實也是一種自我攻擊而已。你若認為他是衝著你而來，反而會強化自己潛意識的罪咎與自我憎恨。雖然表面看來像是他在攻擊你，其實這是你潛意識的自我憎恨向外投射的結果。小我最會利用他人或外境來投射潛意識的自我憎恨，在外繞了一圈，又落回自己身上。

　　很多人在遭遇逆境或為疾病所苦時，會向上主祈禱以尋求療癒，或是祈求治癒眼前所見的症狀難題，這可說是天大的迷思，因為所有的問題只是一種表徵而

已，它們同出一源，即我們相信自己脫離了上主的愛，這才是眞正的問題所在。我們若祈求上主療癒症狀而非眞正的起因，症狀有時可能會在祈禱形式下獲得紓解，但在實相中，什麼也沒療癒。上主不會認可與自己對立之物，因爲愛沒有對立，故與愛相反的疾病、匱乏、衝突等等也不可能存在，所以這種祈禱無法療癒眞正的苦因。

這類祈禱顯示出我們還不知道上主是怎麼一回事，因此對**自己的眞相**也一無所知。我們乃是上主旨意在世間的偉大延伸。既然上主是無所不包又無所不在的愛，愛內沒有任何對立，祂怎麼可能進入恐懼的夢魘來修補根本不存在的事物呢？

若以一個孩子正在做噩夢爲例，我們請求上主進來修補小我的人生大夢，就好比我們試圖進入孩子的噩夢裡去改善他的夢境一樣。我們要是眞愛這孩子，會慈愛地在他耳邊輕聲低語，讓他知道自己安全無虞，這不過是一場夢而已。這就是上主之愛喚醒我們的方式，祂輕聲溫柔地告訴我們，我們正在作小我的死亡之夢，夢中情景沒有一個是眞的。

上主之愛沒有對立，祂的永恆旨意也無對立；而我

們**就是**上主的旨意，我們即是天國。我們的真實身分不是那個打造出虛幻世界的假我，而是隱藏在小我下面的神聖自性。

我們很難想像真實的自己原本多麼神聖，而上主又是何等珍愛著我們的自性真我。只要我們解除小我的思想體系，便會意識到自己真是上主旨意的推恩管道，自己的生命也因此不斷延伸，故推恩聖愛成了我們唯一的任務。無論是沉睡還是醒著，我們若非在投射恐懼，就是在推恩聖愛，這是我們僅有的兩種選項，兩者不可能同時進行。選擇了小我，就會投射潛意識的罪咎，我們便落回最熟悉的草木皆兵之處境。相反的，我們一旦覺醒於自性真我，自然開始推恩聖愛，因而逐漸認出自己與他人的本來面目。

我們的神聖自性即是一切，正因如此，深知自己**擁有**一切的它是不可能生出匱乏感的；除了自己的圓滿實相之外，它也不可能感知其他的東西。一旦接受自性的大能，我們便能無往不利地為聖愛效命了。

我們的真正本質與意願

上主的本質就是我們神聖自性的本質，而上主的旨意也是我們唯一的大願。只要我們不再害怕「上主是愛」這一真相，自然不會害怕自己的本質與真實的願力。一旦化解了小我，我們心中就只剩下與上主共同的大願，流露出祂無限的大愛與無盡的喜悅。要知道，我們擁有能夠選擇小我或聖靈的自由意志，我們擁有跟上主旨意同等強大的力量。

為此，上主沒有能力撤銷我們在小我夢中所作的決定，只因祂把一切力量都賜給了我們，就看我們是要選擇與上主的旨意共同創造，還是與小我一起妄造，繼續投射這存心打擊自己的世界。正如《課程》所言，我們的意願與上主的旨意一樣強大有力，因我們就是上主旨意在世的化身。

> 願你的旨意承行！不論在天上或人間，此言不虛！你相信自己身在何處，或是你認為自己的真相如何，都無關緊要。你看到什麼，或是你

選擇什麼感覺、想法或夢想，也毫無影響。只因上主親自說了，「願你的旨意承行」。你必會如願以償。（T-31.VI.4:3~8）

因此，關鍵就在於我們是否願意用寬恕來化解自己對小我思想體系的執著。只要我們甘受小我的掌控，繼續尋找偶像來取代自性，我們受苦的時日就拖得愈久。

我們的意願擁有不可思議的力量，足以營造出整個二丁大丁世界及森羅萬象。遺憾的是，大部分的時候，我們的意願乃是取決於小我，它隱藏在潛意識中不易察覺，而且永不止息地向外投射，即使在睡眠中也依舊不停妄造。因小我已養成妄造之癮，你能想像這深藏不露的陰暗勢力如何投射出自己的一生嗎？我們在受造之際已被賦予自由選擇的意志，我們究竟要用它來選擇受苦還是讓自己解脫？

試想一下，如果**一心只求**承行上主的旨意，會求來什麼？奇蹟出現了。既然上主的旨意就是我們心中的大願，即便在面臨威脅之際，我們依然會祈求「上主旨意承行於世」。唯有如此真誠地信賴上主旨意，我們才能在任何處境都感到安全無虞，平安寧靜。

我們若信賴上主的旨意來解決任何事情，那麼在問

題解決之前，內心必然充滿極深的感激之情，不論問題如何解決，心中都對結局十分篤定。事實上，這種肯定不疑的心態正是奇蹟出現的必要條件，表示我們堅信上主是全然的愛，而這份篤定充滿了感激之情，它們是一體的兩面。

> 上主的旨意是什麼？就是祂願自己的聖子擁有一切。祂把聖子創造成爲一切時，就是祂給聖子的最大保證。如果你的「所有」就是你的「所是」，你怎麼可能失落任何東西？
> （T-26.VII.11:1~4）
> 眞正的「快感」乃是來自承行上主的旨意。因爲違背上主旨意，無異於否定眞我或自性。
> （T-1.VII.1:4~5）
> 但你必須先認清，實現上主的旨意等於完成自己的心願，你才不會感到壓力。
> （T-2.VI.6:4）

我們若心存懷疑，不敢凡事都信賴上主的旨意，那是因爲小我已將恐懼投射在上主身上，把上主變成了恐怖的神明了。只要我們對「信賴上主的旨意」仍然存有一絲保留的態度，表示小我依然主宰著我們的所知所見。

這也意味著我們下意識依舊在抵制聖愛，只是未能覺察到這一點而已。無論如何，對上主的懷疑必會投射到日常生活，使我們終日活在恐懼的陰影下，深受其苦。實際上，小我不過代表一種信念，相信外在事件可能在「非我所願，或非經自己同意」的情況下，發生在自己身上，正如《課程》所說的：

> 小我不過代表了一個觀念，即「上主之子可能
> 經歷到非他所願且有違造物主旨意的事情」。
> （T-21.II.6:4）

你害怕上主嗎？
——揭露小我所打造的「神明」

　　下面的練習能幫助你揭露自己潛意識對上主的信念。由於這些信念，你才會如此害怕上主；而你對上主的恐懼，正是你對愛本身的恐懼，只是你尚未察覺到而已。

一、上主的本質及其旨意的正面特質是什麼？
　　請拿起紙筆，寫下上主之愛的所有正面特質。我在這裡提供幾項特質，例如喜悅、無條件的愛、

平安、安全無虞。請你再深入內心，看看能否找出十五種這類正面特質，多多益善。

　　這些特質是你腦袋裡所能想出的上主之神聖本質，也是我們表面上所相信的。小我只會讓我們看到這部分，它可不想讓我們繼續挖下去，以免挖出了自己潛意識對上主之愛的真正信念。

二、若要唯獨信賴上主，我需付出什麼代價？

　　請想像一下，如果你完全接受這一前提「從此刻起，我只為自己選擇上主的旨意，這表示不論在生活中的哪一方面，我決心放棄自己的個別意願」，結果會是如何？想一想，你若只求承行上主的旨意，你個人的意願便沒有存在的餘地了。現在，徹底誠實地反問自己一下，你心中會產生什麼樣的恐懼？

　　請寫下你所有的恐懼和擔憂，你認為這一選擇會如何衝擊到你生活中的每個重要領域（請參考下面列出的項目）。揭露出這些恐懼，是十分重要的一環，它們在為你鋪路，幫助你有朝一日徹底擺脫恐懼。所以請非常誠實地寫下你所擔憂的改變、失落或犧牲，愈廣泛完整愈好。請舉出你擔心完全放棄一己之願而交託上主之後，可能會導致的可怕結果或悲慘狀況。你害怕什麼會改變或消失？尤其是

下列這幾方面。

- 財務及收入
- 人際關係
- 子女和家庭
- 工作與職業
- 安全及自我形象
- 身體與健康
- 生活嗜好
- 其他

　　任何擔憂或恐懼，都代表小我的冰山一角，暗暗指向隱藏在潛意識下、那個使我們不信任上主之愛的元兇。湯瑪斯和我在學習奇蹟近二十年後做這項練習時，十分驚訝地發現，我們多麼不願意信賴聖靈，因為我們仍舊把自己的生活領域加以切割，覺得某些領域最好跟修行劃清界線比較安全。

　　我們每一個人都習慣將自己的現實生活猶如大餅一樣切割成好多片，一片分給家庭，一片分給收入，另一片給身體的健康……等等。小我的本能會想盡辦法來掌控生活的某些部分，把聖靈踢出那些領域，但不論怎麼努力，小我都無法得逞的。倘若我們繼續讓小我掌管這塊大餅的某幾片，認為某部分「太重要」而不能交託給聖靈，必會激起內在難

以忍受的衝突矛盾。在這個節骨眼上，正是我們該作選擇的時候——若非選擇重溫匱乏、疾病與死亡的經歷，**就是**決定完全交託給上主，切斷小我的循環，徹底化解小我。

三、揭露小我所打造的「神明」：

現在請看看你在第一題所列出的「上主本質及其旨意的正面特質」，將它與你所列出的「你害怕將自己的人生交託給上主的一切擔憂」互相對照一下，很可能發現這兩組答案相互牴觸，一組充滿了愛與信任，另一組則充滿恐懼和懷疑。請仔細看看，第一組有關上主的正面特質才是**真實的**；第二組**並不真實**，它不過代表你下意識對上主的恐懼，也是你下意識對愛本身的恐懼。

再看看你所列出的恐懼項目，它代表了小我之神的特質。小我將內心深處的恐懼投射到上主身上，使我們不敢信賴上主的愛，才可能對小我言聽計從。由此可知，我們想要自行決定、擬定目標計畫、企圖掌控一切的欲望有多強，表示我們對上主之愛的恐懼就有多深。

其實，小我投射出來的神明，才是我們真正害怕的。為此之故，我們若不先看清自己對上主的種種誤解，怎麼可能看到祂的真相？只要小我的神明

暗自佔據了心靈的祭壇，且深埋於潛意識之下，我們怎麼可能信賴內在的上主？祂其實就是我們的神聖自性。

不妨看看我們日常生活中所害怕以及所抵制的一切，再看看我們在上主之外努力想要達到的成就，處處反映出我們多麼害怕小我的神明。只要我們還在保護自己，抵制這尊冒牌的神明，等於是在抗拒內在真實而唯一的上主，即我們的神聖自性。

請看清楚，我們所害怕以及設法抵制的那些東西，在我們心目中遠比上主更為重要，甚至包括了感受不到上主就在自己心內的恐懼！換言之，比起就在自己心內的上主之愛，我們所有的渴望，包括過去、現在和未來尚未滿足的種種需求，才是當務之急。不知不覺中，我們用那些渴望和需求來抵制上主的愛，使自己感受不到愛的臨在。

恐懼是你信賴自己能力的一個最顯著標誌。（W-48.3:1）

你若真心想要療癒自己下意識對上主的恐懼，請用本書所提供「接受救贖的步驟」來逐一化解你所列出的種種恐懼，清除每一個使自己感受不到愛的障礙，一一寬恕這些恐懼，並將它們交託出去來

換得奇蹟，它會幫你逐步放下小我樂此不疲的自我攻擊伎倆。（有關「接受救贖的步驟」，請參見本書第489頁）

唯有上主之愛存在，**此外並無他物**。因此，當我們感受到與愛相悖之物，表示我們陷入了幻覺。既然只有上主的愛真正存在，那麼，我們千方百計想要抵制的究竟是什麼？我們為何堅持與聖靈劃清界線，自行解決問題？不就是因為我們依然害怕上主！我們之所以不信任愛，不就是因為我們尚未領悟出愛的本質！也就是說，我們對自己的神聖自性依舊一無所知。

我們是透過小我的思想體系而將小我的形象投射在上主身上的；這尊令人退避三舍的神明，其實是小我幻想出來的。這位殘酷而嚴苛的神不時在考驗我們，要等我們一命嗚呼後才會善罷甘休。難怪我們那麼害怕交託！我們打造出來的這尊神明，正是潛意識裡妨礙我們體驗愛的最大障礙；它使我們體驗不到自己的神聖自性，更遑論信賴自性的大能了。

釋放恐懼、罪咎、痛苦、焦慮、疾病或匱乏之禱詞

　　我對自己或他人所懷的每個恐懼、每個痛苦擔憂，全是我抵制上主之愛的信號。此刻，我願在恐懼生起之際保持儆醒，看清恐懼的真相，它代表了我拒絕相信自己就是真愛且永遠清白無罪的真相。只要我一開始抵制恐懼和痛苦，表示我已經把它們當真了。一旦弄假成真，我便拒絕了自己是愛以及清白無罪的真相，同時否定了真正能帶給我平安的神聖自性。

　　此刻，我願以上主聖愛之名，與聖靈的旨意結合，決心不被恐懼與痛苦的表相蒙蔽。在祂的旨意中我安全無虞，在小我為攻擊自己與他人而打造的國度裡，祂的旨意會讓我憶起我掌有無上的主權。既然恐懼和痛苦並非上主的旨意，我若任憑恐懼和痛苦消磨自己的生命，等於自絕於上主的愛，亦即我的神聖自性。如今，永遠活在喜悅中的上主旨意成了我此生唯一的大願，從此再也不甘受小我所惑，堅定自己的腳步，踏上返鄉的歸途。

　　阿們！

第四章

耶穌深層教誨的全像啟示

耶穌是第一位徹底回歸上主的聖子。他率先化解死亡的核心信念，看透並克服了整個分裂夢境。在時間幻相中，他是我們的開路者，為我們撤去死亡的面紗，圓滿完成了上主的旨意。在耶穌因復活而戰勝死亡之前，我們集體沉睡的心靈始終活在黑暗之中。

耶穌因著「復活」，克服了小我所有的運作法則，為我們帶來了救贖的恩典。所謂救贖，即是化解恐懼，它是修正恐懼的捷徑，若能善用它，必能化解自己潛意識對死亡的忠誠，跟隨耶穌超脫小我的夢境。耶穌代表了救贖本身，在他圓滿完成上主旨意之際，同時完成了我們的療癒。換句話說，我們早已治癒了，我們此刻需要做的，僅僅是接受這一事實而已。

> 在聖子奧體任何一部分完成上主旨意之前，你始終活在黑暗之中。直到那一部分完成這一旨意，整個奧體才算圓滿成就。除此之外，還有

什麼其他圓滿成就的途徑？我的使命不過是覺
醒於天父的旨意，才能將聖子奧體與天父的旨
意結合爲一。我來到世界所要給你的正是這一
覺知……。（T-8.IV.3:1~5）

終有一天，我們會明白《奇蹟課程》「全像訊息」
的超凡之處，並懂得將它融入自己的生活，甚至成爲它
的化身。但要了解「全像訊息」究竟指什麼，我們必須
先明白，小我的思想架構在它狹隘的時間框架下只有一
個目的，就是使我們意識不到我們共有的生命本質——
真愛。對此，奇蹟的運作模式乃是全像式的，意思是
說，在我們接受奇蹟的「每個當下」，奇蹟便瓦解了小
我整個體系的時間觀念，故能在所有的時間層面完成療
癒。

奇蹟是環環相扣的寬恕當中的一環，當它圓
滿完成之時，便成了救贖（Atonement）。而
救贖能在任何一刻運作於所有的時間層次。
（T-1.I.25）
奇蹟卻能使人的知見瞬間由橫向一躍而爲縱
向。這一躍，爲施者與受者引進另一種時間
序列，使他們加速超前，跳過原本需要歷經
的人生劫數。因此，奇蹟具有廢除時間的特

殊功能，讓人不再浮沉於時間的洪流裡。

（T-1.II.6:3~5）

耶穌不斷召喚我們活出內在的大能，聽到這一深層召喚的人，表示他已樂意與聖靈攜手，勇於揭露並放下恐懼、罪咎和假謙虛了。所謂放下，就是寬恕之意。隨著我們對愛的信賴日益增長、恐懼逐漸消失，我們才可能真的不再依據世間的觀念來界定自己的身分與真相。

畢竟，我們從外在世界所看到的一切，全都是小我派遣感官去蒐集的訊息，而感官只會印證小我的投射，引誘我們隨之起舞。因此，當我們不再信任自己的感官時，表示我們學會了信賴內在慧見的指引，愈來愈相信它所顯示給我們的真相。

耶穌的全像教誨揭露了死亡的真面目。死亡觀念可說是人類自太初以來最大的迷思，我們只是渾然不覺而已。耶穌鼓勵我們效法他，揭穿死亡的種種偽裝，克服它引發的恐怖魅影。世人普遍認為死亡是生命註定的結局，且視它為一種自然法則，是人生的必經歷程，人人遲早都要面對的。正因為我們相信死亡沒有商量的餘地，既避不開也擋不了，小我才得以肆虐造業，使我們淪為時間律及生老病死無常法則下的犧牲品。換句話

說，小我竭盡所能讓我們感到自己真的受制於某種力量，而非活在上主無所不包的大愛之中。上主之愛既然無所不包，在它之外怎麼可能有任何其他力量存在？除非我們的自由意志選擇如此相信。

請注意，耶穌所傳授的並非身體的長生不死之道。死亡，一如我們在上主聖愛之外幻想出來的種種能力，並非真實存在；只因我們想要經驗到它，才會使它儼然如真。耶穌身體的復活不過顯示出他已克服了死亡觀念的種種化身，他的凱旋是屬於我們所有人的。為此，他鼓勵我們藉由小我的夢境來扭轉小我的思想體系，領回我們真實的天賦遺產，成為上主聖愛的化身。死亡原本就不屬於生命的一部分，它若屬於生命，恐懼就成了愛的一部分，而小我也屬於上主的一部分了。這斷然不可能！

小我造出這具身體的目的，原是要用它來攻擊自己和世界，因此小我不斷灌輸我們分裂妄念，使得天人分裂在時間幻相中顯得真實無比又苦海無邊。然而，只要我們化解了小我，身體與世界的目的便會跟著扭轉過來，成為愛與寬恕的教學工具。

心靈一旦恢復了清明，自然不再相信小我那一套法

則，而會更加堅信身體確實只接受上主的天律管轄。這是何等的解脫！我們不再繼續誤把自己和親人的身體當成什麼重責大任，相反的，我們會爲了彼此的福祉而學習信任愛的引導。隨著我們對神聖自性的信賴日益增長，且讓它接管一切，奇蹟便能暢行無阻了。爲此，耶穌提醒我們放下無關緊要的事（包括身體），信任他在**重要的事情**爲我們指引迷津。

> 生活中無關緊要的事不妨交給我來處理；至於重要的事情，我需要你的同意，才能爲你指點迷津。（T-2.VI.1:3）
> 只要你願意，我就能取代你的小我，……我之所以受託照顧你的肉身與小我，是因爲我能教你看出身體的微不足道，使你不再爲它們操心掛慮。（T-4.I.13:1,4）

經由耶穌的指點，我們終會明白維繫我們存活的並非這一具身體，而是天心及上主之愛。一旦我們不再信賴小我那一套說詞，便會發現，所有自己以前所相信的好似主宰著身體的生物法則，在「真實的生命不受威脅」這一天律下，根本起不了作用。

若要回歸聖愛，必須先解除並扭轉身體原來的目

的。仍受小我主宰的我們，必然會把身體視爲生命的根源，不僅把它當成自己的眞相，還誤以爲它是此生奮鬥的目標與終極目的。這表示我們尚未看出身體只是解除自己對小我、身體及世界的依賴之工具而已，這才是身體存在的眞正目的。

在小我眼中，身體代表了我們的身分，我們才會爲它的生老病死投入畢生的精力。簡而言之，我們賦予身體控制心靈的虛幻能力，還給了它種種生物及心理的智能，足以讓心靈就範。之所以如此，不過爲了證明「攻擊的幻相乃是不爭的事實」。

小我賦予身體這些能力來轉移我們的注意力，目的是阻礙我們覺醒於自己的神聖自性，這一手段可謂高明至極。在我們化解自己潛意識對死亡種種化身的忠誠，接受上主的旨意之前，不可能不相信身體的力量遠大於那源自神聖自性的心靈，並且在舉手投足之間證明且鞏固這一信念。

耶穌明白指出，身體無法自行生病或變得健康，身體的疾病不過反映出病人對怪力亂神的信念罷了。所謂怪力亂神的信念，就是誤導人相信「果」可以變爲「因」。其實，所有的苦因都不離一心。痛苦與疾病不

過是爲了證明「除了上主旨意之外，還有某種真實之物存在，它是造成我的病痛之因」。實際上，除了上主旨意之外，並沒有其他的旨意；凡不是出自上主旨意的，皆屬怪力亂神。身體的疾病與上主旨意毫無瓜葛，故它只可能出自於怪力亂神之信念。

我們誤信物質（包括身體在內）具有超乎心靈所能掌控的創造力，認爲身體獨立於心靈之外，可以製造病變或恢復健康。這種根深柢固的小我信念，無形中侵蝕了我們對上主旨意的信賴與忠誠。

> 身體本身沒有造境的能力，「相信身體有創造能力」正是引發形形色色生理病症的元兇。身體的疾病不過反映出病人對怪力亂神（magic）的信念罷了。孳生出怪力亂神的那整個亂象，又是源自「相信物質具有超乎心靈所能掌控的創造力」這一信念。
>
> （T-2.IV.2:6~8）

隨著醒覺的程度，我們會逐漸明白身體不是我們的真實身分，它本身沒有存在的目的或目標，純粹只是一種不折不扣的工具而已，也就是幫助我們憶起人生真正目的之學習教具。心靈一經療癒，我們暗地裡對痛苦與

死亡的忠誠也會隨之瓦解，身體自會回到它該扮演的角色，小我再也無法用它來證明幻相具有掌控心靈的力量了。

這也表示，我們總算能用正見來看待身體，看出它僅是一個「果」而絕不是一個「因」，從此，對身體的虛幻更加堅信不疑。既然它只是果，便沒有創造的能力，它既無法導致任何後果，也不可能發動攻擊、自行康復、生病或死亡。我們一旦臻於耶穌所證入的境界，便足以為自己及這個昏睡的世界見證：健康的唯一至高因素，在於已療癒的心靈，**不在於**身體本身。

唯有如此，身體才能效忠於神聖的目的，成為世間的思想體系業已扭轉的一大印證。任務完成之後，它就無需再充當教具了，這也意味著真實世界開始在我們的覺知中萌芽。直到我們化解了自己對上主之愛的恐懼，恢復對上主（即自性）的信賴，真實世界才會在我們的覺知中拓展開來。

> 只有心靈能夠創造，因為靈性早已創造出來了；至於身體，它只能充當心靈的學習教具。學習教具並不代表課程本身。它們的目的只是提供給你一個學習的機會。即使誤用了這一

教具，最壞也不過錯失了一個學習機會而已。它本身沒有能力造出你在學習過程中犯下的那些錯誤。你對身體若有一番正確的了解，它便會像救贖一樣，使你免於雙面刃的貽害。

（T-2.IV.3:1~6）

於是，身體完成了它的任務，療癒的心靈便會平安喜悅地放下這具健健康康的身體。但在這之前，我們必須徹底了悟身體的虛幻，知道它沒有創造的能力，並且能在生活中具體**證明**「身體不可能自行康復或生病」，如此，才算真正領回了療癒的心靈之主權。

請記住，除非我們能夠親自活出「一切力量皆源於上主」這個真理，否則，不論我們理性上如何堅信「身體不是真實的」，在舉手投足之間仍會相信、接受，甚至不斷為身體的真實性作證。

這是千真萬確的事，只要我們還認為自己是身體的受害者，表示我們不只相信身體是真的，還在為它的真實性作證。唯有了解、接受而且活出「身體不可能成為受害者」這一事實，我們才算悟入徹底療癒的心靈之真相。話說回來，除非我們已經準備好，敢於去發掘、檢視，並且放下自己對小我法則的錯誤依賴，否則，我們

必會因為害怕自己的心靈而抵制神聖自性的力量，如此一來，我們很可能選擇看起來輕鬆好走的路，繼續受制於身體，接受死亡的宿命。

由於死亡仍舊是我們潛意識夢境的主軸，也是我們最喜歡供在內心祭壇上的偶像，難怪我們無法體驗到永恆的生命。換句話說，只要死亡的觀念仍舊遮蔽我們的覺知，使我們感受不到上主的愛，那麼，此生的經歷只會反映出恐懼而非真愛，罪咎而非清白，痛苦而非喜悅，匱乏感也必會切斷那「無限的供應」。雖然我們真的無需這般自討苦吃，不幸的是，世界最崇拜的偶像——死亡，依舊讓上主的聖愛一籌莫展。

儘管耶穌那麼明確地告訴我們，死亡與上主之愛不可能同樣的真實，因它們互不相容，完全無法並存。但我們卻試圖同時保有這兩種信念，真可謂瘋狂至極！我們自稱相信上主，卻又同時相信死亡，因此每天都在見證死亡，不論是媒體的報導，或是發生在生活周遭。我們若對自己絕對誠實的話，不妨看看日常生活中，上主與死亡，究竟哪一個在我們心中顯得更為真實？

耶穌向我們保證，上主與死亡，只有一個是真實的。倘若我們相信兩者皆為真，就會讓自己陷入極度的

混亂、迷惑與恐懼。如此，我們暗地裡必會相信死亡出自上主，因而對上主或聖愛退避三舍，這等於害怕愛的本身。除了死亡之外，疾病是我們所信仰的另一個偶像，成了人生的自然現象，但它跟死亡一樣，都是一種虛妄的信念。我們之所以拒絕承認**疾病和死亡原是自己的傑作**，不過是想讓自己相信「脫離了造物主的我們，是如此的軟弱無助」。我們寧可繼續昏睡，在小我的自然律下活得欲振乏力，我們就是如此這般推開了上主的愛、否定神聖自性的。

> 你仍指望死亡能夠幫你由自掘的墳墓中脫身。你不敢承認：你營造出死亡只是為了給自己一個結束的幻相而已。死亡不可能成為你的出路，因為它沒有生命，而所有的問題都出在生命那裡。生命沒有對立，因為它就是上主。是你決定以死亡來結束生命，生命與死亡才會對立起來的。寬恕世界吧！你就不難明白，上主所創造的一切，是沒有終結的；凡不是祂所造之物，都不是真實的。（M-20.5:2~7）

> 你造出了疾病之神，他既是你造的，你自然聽得見他。問題是，你不可能真的造得出他來，因為他不是出自天父的旨意。因此他不是永恆

的；你只要一表明自己只願接受永恆之物，他就立刻化為烏有了。（T-10.III.9:4~6）

耶穌象徵著我們每個人心內已經覺醒的基督，他傳給世人一部《奇蹟課程》作為醒世之鐘。他要我們認清「所有的痛苦都是我們自己造成的」，目的是在打擊自己，推開上主的愛，好讓自己繼續沉睡下去。他還提供我們一些非常實用的原則，幫助我們恢復本有的力量，解除我們在痛苦與死亡之夢中的一切妄造。他再三耳提面命，我們是可以利用身體來超越身體的。

> 身體是上主之子恢復健全神智的工具。雖然它當初是為了把聖子關進永無生路的地獄而造的，如今，天堂取代了這座地獄，成了身體存在的目的。上主之子向自己的弟兄伸出援手，相互扶持，一起上路。如今，身體成了神聖之物。以前以殺人為目的的它，如今開始致力於心靈的療癒。（W-PII.五.4）

很多人不知不覺曲解了耶穌有關身體的教誨，多年來，我也一直陷於這一錯誤而渾然不覺。《課程》中「我不是一具身體，我是自由的」這句話，成了我們最愛引用的口頭禪，卻無法覺察它已隱然另闢蹊徑，暗

暗幫助我們逃避所有痛苦的真正肇因，形成了療癒的死角，但這絕非耶穌的初衷。

耶穌將它的教學工具命名為《**奇蹟**課程》，真的是**奇蹟**沒錯！道地的奇蹟學員都很清楚自己眼前的一切（包括奇蹟在內），只可能源自一個地方，就是心靈，也就是「因」的層次。難怪很多奇蹟出現未必是肉眼所能看見的，因為它們純粹是知見的轉變，故未必顯現在身體的層次，也未必呈現出有形可見的結果。

然而，耶穌在《課程》進一步大膽宣稱，我們**可以**而且**必會**成為彰顯奇蹟的具體工具。意思是說，我們真的可以在身體層次看到一些有形可見的奇蹟，那是我們心中親自接受救贖而且全面修正了錯誤之後的必然結果。

身體層次的奇蹟也是耶穌的教誨嗎？

在我修習奇蹟的前二十年裡，對《課程》的理解跟大部分的奇蹟學員或奇蹟教師一樣，只能消化一些自己準備好接受的道理，所憑仗的，也是當時對聖靈的信賴

程度。我們絞盡腦汁設法理解「眼前一切問題的肇因，離不開心靈」的道理，也明白寬恕是療癒心靈的關鍵，而且耳熟能詳這類的奇蹟理念：唯有心靈是真實的，身體與世界皆為幻相，與療癒無關，因此在徹底寬恕之後，身體與世界療癒與否**無關緊要**。

回想起來，那時的我尚未準備好接受耶穌在《課程》裡極其明確的訊息。這種心態持續了很久，直到我的恐懼稍有療癒，不再那麼害怕上主及祂賦予我們的無限大能，情況才有一些改觀。

如今我才明白，我們對《課程》的解讀經常受限於自己當下能夠接受的程度，唯有逐漸化解小我的恐懼，不再相信「幻相有層次之別」，才可能領會《課程》的深意。換言之，我們得先清除潛意識的罪咎和恐懼，不再透過罪咎懼的濾鏡來看一切，方能領悟耶穌教誨的深層奧義。也就是說，我們對《課程》的全像訊息能夠領會到什麼程度，全看我們多麼敢揭發並放下內心隱藏的上主恐懼症的程度而定。

過去，潛意識裡的上主恐懼症遮蔽了自己一探《課程》奧祕的能力，無怪乎體驗不出奇蹟所帶來的思維模式之轉變！這個現象一直到近年才改觀。話說回來，倘

若我在修習奇蹟的前幾年就接觸這麼深的道理，一定會招架不了，早就棄書而逃了，由此可見我對上主之愛（即我的神聖自性）的恐懼有多深。

到目前為止，只有少數奇蹟教師或資深學員能完全領會，《課程》的教誨對小我世界的衝擊有多大，可以說，思想一旦有了奇蹟式的扭轉，便足以改變一切！耶穌的教誨直接刺入死亡的核心，教導我們如何克服死亡，包括肉體的死亡，成了小我核心夢境的最大剋星。然而，倘若我們僅僅針對死亡的種種魅影下手，是戰勝不了死亡的，我們必須先面對自己潛意識對上主之愛（神聖自性）的恐懼才行。

世間的一切幻相，都是出自死亡這個核心夢境。把生老病死視為生命的過程，這種觀點不是很瘋狂嗎？我們以前探討過這個問題，現在不妨再深入一下。萬物的出生，只是為了死亡，這是世界牢不可破而且一成不變的信念。它被視為「自然的運作法則」，不容質疑，人們只能接受它為生命的「自然律」。那種循環、變遷、不定、不可靠、不穩固，循著某種軌跡而盈虧盛衰的過程，都被視為上主的旨意。沒有人敢質問，宅心仁厚的造物主怎麼可

能有這類旨意？（M-27.1）

誰會去愛這種不知慈悲爲何物的神明？因爲他
徹底否定了生命的真實性。於是，死亡搖身一
變，成了生命的象徵。（M-27.2:5~6）

死亡象徵著「上主可畏」。這個觀念一筆抹殺
了上主的愛，人們再也意識不到愛的存在，
死亡之念好似擋在太陽前的一塊遮陽板。這
個象徵的猙獰面目顯然無法與上主並存。
（M-27.3:1~3）

如果死亡有一點真實的話，生命就不可能存
在。因爲死亡否定了生命。然而，生命若有一
點真實的話，死亡就被否定掉了。兩者毫無妥
協並存的可能。不是可怕的神明，就是慈愛的
上主。（M-27.4:2~6）

聖靈會領你進入永恆生命，關鍵在於你必須停
止在死亡上頭下注，否則縱使生命就在你身
邊，你也不會認出它的。（T-12.IV.7:6）

我們對愛的恐懼會顯現爲各種形式，而最後一個有
待克服的障礙，就是對「奇蹟有難易之分」的信念，只
因爲我們相當重視幻相的層級，對於死亡之幻相更是執
迷至深。

我切身體會到，大部分的人骨子裡其實相當害怕治癒身體的奇蹟，因為全面而且自行性的療癒一旦發生，身體這個活生生的見證不就一舉打翻了我們普遍接受的「自然法則」？這樣的療癒就如同耶穌當年的奇蹟一樣，足以顛覆小我的整個價值體系。換句話說，如果我們接受這種涵括因與果的全面療癒，我們心目中的世界以及奉行不渝的自然法則，一下子全被徹底推翻了。

　　因此，為了自保，小我的最後一道防線就是驅使我們畏懼上主，但它會用種種障眼法讓我們覺得自己害怕的是死亡。為此之故，小我最大的癮頭就是暗中將我們推向死亡。《課程》早已告訴我們，我們最大的恐懼並非死亡的恐懼，而是覺醒於內在的基督，成為他在世的化身。因為我們的神聖自性一旦收回被小我妄用的創造力，便徹底反轉了世間的思想體系。換句話說，我們最害怕的，就是接受並活出上主賦予心靈的無限能力。

　　身體的死亡乃是小我的陰謀，它想盡辦法在我們覺醒於自己百害不侵之真相並且活出上主的大能以前，就讓身體死去。因為我們一旦知道自己的大能，自然領會奇蹟原則第一條「**奇蹟沒有難易之分**」的道理，而且成為這一真理的活見證「這個奇蹟不會比那個更難」，這等於說，一個絕症不會比一個普通的感冒更難痊癒。

各種疾病，甚至死亡，其實都是害怕覺醒的具體信號。由於害怕覺醒，小我不能不讓你睡得更沉。這是何等可悲的事，這好比為了不想看到而不惜破壞自己的視力一樣。「永遠安息」是給活人的祝福，不是祝福死人的話，因為安息來自覺醒，而非睡眠。（T-8.IX.3:2~5）

只要你還心存一絲罪咎，你對小我就不能不言聽計從。它這樣告訴你：你已背叛了上主，因此罪該萬死。你始終認為死亡是上主的懲罰而非小我的傑作；又因你已誤把小我當成了自己，故認為是你自己想死的。你若真有此意，連上主都愛莫能助。（T-12.VII.14:4~6）

　　《課程》在此告訴我們，只要我們放膽重申自己的神聖本質，上主的大能便得以彰顯出來，世間的運作法則就這樣倒轉過來了。意思是說，心靈一旦真正療癒了，小我在形相世界的種種投射，就沒有一樣威脅得了我們。

你的神聖本質倒轉了世間的一切運作法則。它不受時空、距離及任何限制的約束。
（W-38.1:1~2）

透過你的神聖本質，上主的大能得以彰顯出

來。透過你的神聖本質，上主的大能得以發揮大用。上主的力量是無所不能的。因此，你的神聖本質也能夠消除所有痛苦，結束一切哀傷，解決所有的問題。不論那問題關係到你自己或任何一人。它以同等的力量幫助每一個人，因為拯救每一個人所需之力都是同等的。（W-38.2）

我們信靠的對象一旦由小我的死亡之夢轉向內在的基督後，真正活出我們生命的，乃是內在的基督自性。雖然我們的身體仍會在世間的夢中逗留一段時間，但是透過內在的基督，我們所經驗到的是真實世界的天堂之夢。這表示，我們總算看穿了小我所執迷「幻相有層次之別」的信念，一旦捨棄這一信念，「凡是非出自上主的，都不是真的；唯聖愛實存」這一真相便立現眼前。

從此，自心之內的基督會越過疾病、衝突及剝削的虛幻表相，僅僅著眼於真相，這一「正見」便形成了心靈的療癒之「因」，足以療癒小我所造出的「果」。儘管這些「果」看似存在心靈之外，但在實相裡，「果」與「因」同時存在於心靈之內。

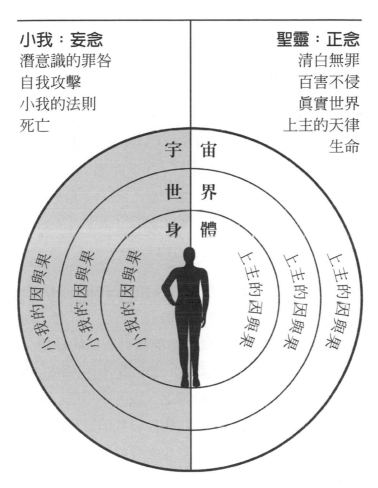

身體、世界和宇宙，全都在我們心內，它們究竟會受傷
或療癒，端看我們拜小我或聖靈爲師，選擇由妄見或慧
見來看。

圖五　因與果同在心靈之內

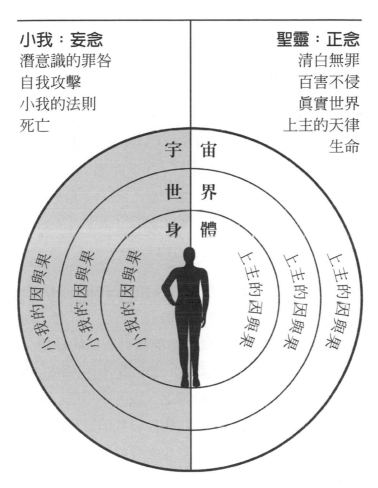

「所有疾病之因都在心靈之內」，是的，接受這一觀念並不難，如今，我逐漸體認到，不只「成因」在心靈內，**連「結果」也是**。因與果同存於心內，不可分割。

> 「觀念離不開它的源頭」，縱然它引發的「果」與自身看似不相干。觀念出自心靈，即使投射出去後，好似活在心靈之外，它其實始終活在心內，而不在外邊，那個「果」從未離開過它的源頭。（T-26.VII.4:7~9）

如今，我真的切身體會到疾病的因在我心內。當真正的病因療癒了，罪咎也真的得到了寬恕，那麼，同時存於我心內的結果或症狀也必能獲得奇蹟的療癒。然而，**唯有**我真心接受這個觀念，也就是不再害怕療癒之心的大能，才有此可能。換言之，我若不相信心內的因與果能夠一併獲得療癒，或是由於自我懷疑和自認不配而抵制療癒的可能，那麼，我也必會如願以償，療癒當然不會發生。只因我們的意願如同上主的旨意一樣強而有力，我們所願之事，連上主也無法僭越。

> 唯有健康才能為健康作證。如果無人為它作證，它就無法使人信服。它需要示範才能顯示

自身的存在，它需要見證才能令人口服心服。
矛盾的訊息無法療癒任何人。你若一心渴望
療癒，就必會獲得療癒。只有一心不二，療癒
才可能發生。你若害怕療癒，它自然不會藉助
於你。療癒只要求一個條件，便是放下恐懼。
（T-27.V.2:1~8）

無罪無咎的心靈是不可能受苦的。心靈一經療
癒，便恢復了清明的神智，而有治癒身體的能
力。（T-5.V.5:1~2）

療癒就是重歸完整。完整的生命不可能剔除或
失落任何一部分。寬恕必須建立在這個認知
上；因此，你該慶幸，沒有一種疾病是奇蹟治
癒不了的。（T-30.VI.8:3~6）

我們之所以會受苦或生病，只因我們的心靈已經分
裂了，誤以為自己是個別獨立的生命。根據《課程》對
「攻擊」的說法，不難看出疾病屬於一種自我攻擊，它
是我們內心尚未放下的罪咎所顯現於外的具體結果。

療癒的心靈已重歸完整而不再分裂，故由它延伸出
去的，也唯有療癒而已，換句話說，療癒的心靈這個
「因」，必會產生療癒的「果」。既然身體也在我們心
內，並不在外面，「因」一旦療癒了，「果」**必**會隨之

痊癒。身體若依舊生病，表示心靈必定仍處於分裂狀態
而有待救贖。

> 一體生命與疾病是不可能同時存在的。
> （M-12.6:1）
> 所有的疾病都是心靈分裂的徵兆，表示它已拒
> 絕了那個一貫目標。（T-8.IX.8:7）
> 療癒不過反映了我們的共同願力。這是理所當
> 然的，只要你深思一下療癒的宗旨。療癒乃是
> 克服分裂之途。唯有合一方能克服分裂。分裂
> 是無法克服分裂的。合一的決心不能模稜兩
> 可，否則心靈便會分崩離析而失其完整性。你
> 當前的處境是出自你的選擇，靠的就是心靈的
> 決定能力。你能把這能力用在分裂或合一上，
> 因而經驗到痛苦或喜悅的不同結果。我的決定
> 無法壓過你的決定，因為你我的決定都同樣強
> 而有力。（T-8. IV.5:1~9）

　　耶穌在傳道期間治癒了許多病人，他鼓勵我們效法
他的精神。他幫助病人療癒內心的罪咎，疾病的果便也
隨之解除。疾病的成因及其虛幻的病徵，皆因病人心中
的罪咎獲得療癒而被清除，印證了耶穌在《課程》教導
的「因與果是一體不分的，所以能夠一併獲得療癒」。

只要我們不讓恐懼阻撓奇蹟的全面轉化之神效，那麼，療癒的奇蹟便能再次向我們證明：天人分裂並沒有造成任何後遺症。

> 除非奇蹟能夠治癒所有的疾病，否則表示它根本沒有療癒的能力。奇蹟的宗旨不是幫你評估哪一種形式或哪一種表相才是真的。如果真有一種表相是無法治癒的，表示有個幻相已經魚目混珠成為真相的一部分了。從此，你最多只能獲得片面的解脫，再也無法全面擺脫罪咎的糾纏。（T-30.VI.7:1~4）

這是我自己的經驗，自以為很有靈性的小我，總想把心內的因果分開，它很樂意療癒心中的罪咎，但絕不樂見身體也隨之療癒。

如果身體因著心靈的療癒也跟著痊癒，小我是絕對無法容忍這種奇蹟的。如果真有療癒身體這一回事，我就再也無法相信自己可能受制於小我的疾病、痛苦與匱乏這類自然法則了。如此一來，我就會跟耶穌在世時一樣，證明自然法則對我不起作用，而死亡再也無法主宰永恆生命了。

因此，我不能不放棄以靈性自居的小我之假謙虛和

自我懷疑，這些惑人的錯覺阻礙了我真心接納天賦予我的上主大能。問題是，死亡的種種化身（包括肉體的死亡），對我們有莫大的吸引力，它們可以「拯救」我們，使我們不必接受內在上主之愛的力量。不妨靜思片刻，死亡一旦從生命的概念中剔除，我們還有什麼好怕的呢？

> 你現在應該看清了，死亡的信念究竟是怎樣
> 假裝要「拯救」你的。死亡信念一旦消失，
> 還有什麼好怕的，你難道會害怕生命不成？
> （T-19.IV.四.4:1~2）

過去我一直將心靈中的因與果分開，所以意識不到天賦予我的神聖遺產，而我之所以這麼做，純粹為了「靈修」之故，聲稱身體不是真的，故毫不重要！「我不是一具身體，我是自由的」成了小我最愛的口頭禪，它給了我一個許可證，能夠徹底漠視轉化心靈最重要的工具，這個工具本來可以幫助我憶起神聖自性，向我證明療癒的心靈是無所不能的。

雖然我理智上知道因與果同在心內，投射者與投射出去的影像都離不開心靈，也了解心靈不住在身體裡，而是這顆心靈夢到了身體的影像，再將它投射出去，使

它看似活在心靈之外。但我面對的挑戰是「既然身體與疾病都在心靈內，那麼**解藥與療效**應該也不例外」，難道不是嗎？

> 上主在我所看到的萬物內，因為上主在我心裡。（W-30）
>
> 只要改變自己對疾病的看法，不可能沒有療效的，因外在所有的問題不過是過去的決定所留下的陰影。決定一旦改變，它的陰影怎麼可能不隨之轉變？疾病也是罪咎的一道陰影而已，它既然屬於一種畸形，怎麼可能不顯得怪誕醜陋？你一旦把這個怪物當真，它的陰影怎麼可能不更加畸形？（P-2.IV.2:4~7）

如果上主在我所看到的萬物內，那麼，與萬物一般虛幻的症狀也應該和疾病之因一併獲得療癒才對，因為兩者都在心靈內而且不可分割。只要我透過心中的上主去看，一切都已痊癒了；因為上主之因與療癒之果同在我心中也不曾分開過，這才算是心靈的療效。換言之，奇蹟應該水到渠成地從「因」延伸到實際可見的「果」才對。

老實說，這種觀念令我有些驚慌失措，我若允許奇

蹟顯現在表相層次，成為「奇蹟沒有難易之分」的活見證，這對小我來說，簡直是褻瀆神聖，不但會把小我逼上絕路，而且還會一舉瓦解我心目中的世界，以及看來真實無比的自然法則。如此一來，小我還有立足之地嗎？

為此，特有靈性的小我絕不能讓我明白這種足以破壞它好夢的療癒觀念。但是，如果耶穌所言不虛呢？如果因與果兩者**確實**從未離開過自己的心靈呢？再者，如果「觀念真的離不開它的源頭」呢？這無非明確表示，「因」一旦獲得療癒，「果」必隨之痊癒，而這正是小我最怕我們發現並接受的觀念！

既然因與果同在心內且從未分開，那麼罪咎一旦療癒了，身體的病痛必然會跟著痊癒才對。倘若只能療癒罪咎，沒有治癒它所導致的後果，表示幻相**確實有**層次之別，因與果也成了兩回事，但這斷然不可能！這正是耶穌透過自己的形體所要教導與示範的觀念，「奇蹟沒有難易之分，沒有一個奇蹟比另一個更難或更大」。為此，他直言無諱，自古以來人們就多麼不情願接受他教誨的真相：

許多治療師本身尚未得到療癒。他們的信心不

夠完整，故無移山倒海之力。有些人偶有治病的能力，卻不能起死回生。除非治療師先行自我療癒，否則他不可能相信奇蹟是沒有難易之分的。（T-5.VII.2:1~4）

我若害怕心靈療癒之際身體也一併獲癒，表示我仍然害怕內在的基督，不敢承認療癒之心的大能。好似在徹底放下對上主的恐懼之前，我們只能承受小我暗地裡打造的種種痛苦。這想法實在太瘋狂了！

多年來，我一直無法明白也難以接受耶穌教誨的真正含意；在我對上主的恐懼消退到一定的程度之前，我是不可能接納《課程》正中小我要害的觀念的。如今，我終於看到了自己內心深處對上主（我的神聖自性）的恐懼，這成了我療癒的一大轉機。

我們比較容易相信「只要療癒苦因就好，至於結果如何並無關緊要」，以為這樣想就可以推卸責任，不必真正活出內在基督的大能，成為它有力的見證，也不必真正接受「奇蹟沒有難易之分」的道理。但我們若漠視奇蹟能治癒身體的力量，無異於否定了療癒之心的大能，如此一來，小我便有苟延殘喘的機會，因為它的存活靠的就是我們相信自己受制於它的匱乏、疾病與死亡

之律。為此，只要我們繼續扮演眼前世界的受害者，小我就可以繼續猖狂下去。《課程》的奇蹟原則第二十四條，可說是上述觀念的最佳註腳：

> 奇蹟足以幫你療癒病患，使死者復生，因為疾病和死亡既然出自你之手，你必有能力消除它們。你，就是奇蹟，你有能力創造與造物主媲美之物。其餘的一切只是你虛擬的夢魘，並不存在。只有光明中的創造才真正存在。
>
> （T-1.I.24）

你能否想像一個樂於治癒疾病、使死者復生的療癒心靈，公開教導一舉化解整個小我夢境的寬恕之道？不妨想像一下，我們若謹記耶穌真正的教誨，樂意接受他的召喚而活出內在的基督，會是何等光景呢？我相信，小我終將一死的身體會隨著恐怖噩夢瞬間消失得無影無蹤。

但如果我們將「果」的層次（身體與世界）排除在奇蹟的療癒大能之外，無異於替小我的虛妄信念撐腰，認定物質層次太難療癒了，屬於幻相中比較特殊的層次。然而，耶穌切切告訴我們，他之所以能治癒疾病，起死回生，是因為他知道生命乃是源自上主永恆不朽的

聖愛；上主的聖愛就是生命的本質，它無所不在又無所不包，其內完全沒有對立。

> 我能使死者復活，因為我知道生命是永生上主的造化，永遠不朽。你為什麼會相信，為心神不堅的人堅定信心，或為了無靈氣的人激發他的靈氣，對我是更難的事？我從不相信奇蹟有難易之分，而你卻深信不疑。我已召喚了你，你遲早會回應的。（T-4.IV.11:7~10）

回頭看一下，《課程》奇蹟原則的第一條就是「奇蹟沒有難易之分」。我們若不敢敞開心靈來接受深層的療癒，又如何得知這條原則的真實不虛呢？我們若真心想享有聖靈的療癒之功，唯有不再恐懼、自慚形穢或假謙虛而拒聖靈於千里之外才行。為此，耶穌告訴我們，真有療癒之力的，是我們內在的基督，而且這是出自上主的旨意。

> 基督指派給你的任務不可能過於困難，因為祂會為你代勞。（T-25.I.1:1）
> 祂擁有一切能力及榮耀，而你又是祂的一部分，因此你也如祂一般不可限量。
> （T-8.II.7:7）

病懨懨的身體表示心靈尚未療癒。唯有療癒的
奇蹟能證明天人分裂並沒有造成任何後遺症。
（T-27.II:1~2）

這類觀念必會讓小我坐立難安，也因此成了我們在
化解小我過程的最大挑戰。耶穌鼓勵我們，趁我們還活
在這具虛幻的身體便可活出基督自性，不必等到小我在
死亡夢境歷經百千萬劫**之後**。耶穌下面這段話點出了整
部《課程》的宗旨，他要我們明白，我們在小我夢中的
唯一任務就是活出基督自性，這才是終結死亡之道。

上主之師，你的唯一任務可以歸結為一句話：
不要接受任何帶有死亡陰影的妥協觀念。
（M-27.7:1）
簡單地說，復活就是克服或超越死亡。是再度
覺醒，或是重生，它顯示出心靈已經改變了它
對世界的看法。……它結束了苦難之夢，欣然
覺醒於聖靈的最後一夢。它認出了上主的種種
恩賜。然而，這仍屬於夢境的範圍，只是在此
夢中，身體已能完美地執行它唯一的交流任務
了。（M-28.1:1~2,4~6）
復活等於否定死亡，肯定生命。世界整個思維
體系從此徹底扭轉過來了。如今生命被奉為救

恩，所有的苦難都被視爲地獄。愛不再使人望
之卻步，反而欣然相迎。（M-28.2:1~4）

　　既然小我的夢境就是建立在「死亡乃是自然現象，
也是人生必經歷程」的核心信念上，那麼，只要解除了
我們對死亡種種相關的信念，小我之夢便在瞬間瓦解
了；只要將身體完全交給聖靈所用，祂必會用身體來傳
達耶穌的福音。

> 身體是上主之子恢復健全神智的工具。雖然它
> 當初是爲了把聖子關進永無生路的地獄而造
> 的，如今，天堂取代了這座地獄，成了身體存
> 在的目的。上主之子向自己的弟兄伸出援手，
> 相互扶持，一起上路。如今，身體成了神聖之
> 物。以前以殺人爲目的它，如今開始致力於
> 心靈的療癒。（W-PII.五.4）
> 原本有意與靈性分裂的那一部分心靈，仍可借
> 用身體的媒介而克服種種扭曲，回歸靈性。
> 如此，小我的聖殿便成爲聖靈的聖殿；你對
> 聖靈的忠誠也會在此取代你對小我的忠誠。如
> 此，身體才能搖身一變而成爲上主的聖殿；
> 聖殿內的天音自會將身體導向正當的用途。
> （T-8.VII.9:5~7）

如果我依舊相信「幻相有層次之別」，自然體會不到奇蹟真的沒有難易之分。事實上，我不可能一邊相信自己是小我法則下的受害者，一邊還能體會奇蹟沒有難易之分的道理，只因這兩套信念相互牴觸，無法並存。我必須作個選擇，究竟要相信哪一個是真的。

我確知耶穌這番話絕不是一種比擬的說法，問題是，我若要親身**證入**「奇蹟無難易之分」這條首要原則，付出的代價實在太大了，因為我會失去自己心目中的整個世界！

> 「上主之子被釘十字架」，是世界活生生的寫照。除非你徹底明白上主之子是不可能被釘死的，否則你眼中只可能看見這種世界。唯有你先接受上主之子永遠無罪的事實，才可能明白這一道理。他理當接受愛，因他只能給出愛。他不可能被定罪，因為他從不定任何人的罪。「救贖」是他最後一堂必修課程，它教聖子看出自己不曾犯罪，故也不待拯救。
> （T-13.in.4）

罪咎懼三部曲：
每個恐懼背後都隱藏了罪咎

　　《課程》指出，小我最具代表性的「罪、咎、懼」這個惡性循環，乃是構成小我整個思維模式的根基，也是促使人類不斷在痛苦中輪迴的原因。請容我再描述一次這個致命的「罪、咎、懼」三部曲：首先，我們相信自己因離棄了上主而獲罪於天；接著，為此感到罪孽深重、內疚不已；結果，開始畏懼上主的懲罰。這三個觀念加在一起，使人間註定成為生死輪迴的苦海。事實上，這個循環還應該加上第四部分，也就是前三個觀念必然推向的高潮：我們所背負的罪咎感，終將置身體於死地。

　　修持奇蹟多年之後，我才看到隱藏在日常生活中的罪咎。舉例來說，當我對母親大發雷霆，或我極力保護女兒，想確保她的將來安全無虞那類時刻，要在每一個當下覺察到《課程》所說的罪咎，實在萬般不易。只因那些反應都是人之常情，不是嗎？然而，我一旦為自己的反應合理化，還可能去探究隱藏在負面情緒下的罪咎

嗎？更何況我早已習慣自力救助，不再事事向聖靈求助了！

直到近年，我才慢慢學會，在日常生活中，只要一感受到恐懼的威脅、想要批判或想要掌控問題之際，就馬上覺察在這些感覺背後隱隱作祟的罪咎。我終於體會到了，每個令我失落平安的情緒反應，追根究柢，都跟我畏懼上主的懲罰有直接的關聯。

只要願意正視恐懼，且在面臨威脅時保持警覺，自己的療癒必然指日可待。但請記得，務必與聖靈一起正視這些恐懼，可別跟著小我一起落井下石。

要注意，除非我們期待威脅出現，否則，我們是不可能受到威脅的；而我們之所以預期自己會遭逢逆境，是因為我們下意識期待上主的懲罰。但話說回來，我們如此畏懼上主，不過是誤信了小我之神罷了。懲罰絕不可能來自上主，因祂的愛是無所不包的，而且在愛內永遠沒有對立。

我們所在的整個娑婆世界，可說是為了抵制預期的攻擊而造出來的，這些攻擊可能來自於自己的身體、他人、世界，乃至於神明。何以然如此？只因我們心裡根深柢固覺得自己罪有應得。如果我們真的相信自己始終

純潔無罪，必能憶起百害不侵的生命眞相，便會自然明白若不是自己下意識想要受到懲罰，是不可能碰上心目中預期的威脅的。

由此可知，沒有一個災禍是偶然的，所有的逆境都是心靈的投射。問題在於，我們是否準備好放下不斷自找苦吃來懲罰自己的罪咎？我們若眞想活出純然無罪的本性與天賦的價值，自然不會與小我同流合污，利用身體和世界來打擊自己，而且還會自動撤銷原本想要脫離上主聖愛（即神聖自性）那個瘋狂的願望。

我逐漸體會到，除了潛意識的罪咎之外，沒有任何東西威脅得了自己。我們所背負的這個罪咎感，其實就是潛意識的自我憎恨，是它向外投射到身體、他人及世界上頭，自己才會感到備受威脅。

耶穌來到世間，無疑就是活生生的見證，他告訴我們，我們全然清白無罪，而且這是永恆不易的眞相；不論是生是死，沒有一個人不具備這完美的無罪本質。他還特別指出，我們心中的罪過不過是一個錯誤罷了。好似犯下錯誤的那一部分心靈顯然已神智不清了，因為只有神智不清的人才會活在恐懼之中，所思所行，無一不出於恐懼。恐懼看似與愛相對，但眞愛是沒有對立的。

小我雖然瘋狂至極，所幸它是個無因之物。意思是說，儘管小我的荒謬投射好似導致了悲慘的後果，但這些後果**並非真實**。如果史上真有一個罪存在（不論是世界史或是個人滄桑史），表示世間有一種力量大於無所不包又無所不能的上主之愛，但這是不可能的事。

> 　　當你忍不住想要承認罪的真實性之際，請記住這點：如果罪是真的，上主和你就不可能是真的。創造屬於一種自我延伸並向外推恩的能力，故造物主不能不將自己延伸出去，而祂推恩出來的這一部分也不可能和另一部分有所不同。罪如果真的存在，等於上主跟自己起了內訌。祂必分裂了，分裂成善與惡兩部分，一部分清明正常，一部分瘋狂失常。這又影射出上主必已造出一個企圖毀滅且也有能力毀滅上主自己之物。承認自己僅僅誤解了一切，難道不比你相信上述說詞還來得容易嗎？
> （T-19.III.6）

　　耶穌教我們著眼於純然無罪之本性，然而若要重申自己的純潔無罪，我們的眼光必須越過表相而寬恕眼前一切的人事物。畢竟，所有看似不可饒恕的行為，都是自己潛意識的罪咎投射出來的結果。換句話說，不論外

在有什麼擾亂了我們的平安，全是自導自演出來的，而且無一例外。

只要觀察一下自己失落平安時的情緒起伏程度，就不難推想自己尚未放下的罪咎有多深。若非罪咎作祟（不論它掩藏在恐懼、憤怒或悲傷下），我們是不可能感受到攻擊的。為此，寬恕「外在」的一切假相，成了化解內心罪咎的唯一途徑。切記，「因」永遠在自己心內，而「果」也只是看似在外而已，其實沒有任何一物存在心靈之外。

推動這個世界的力量是什麼？信不信由你，絕不是金錢、權力或性欲，充其量，它們只是深藏不露的根本原因所導致的症狀罷了，而這個根本因就是我們對罪與咎的信念。為此之故，只要解除罪咎的信念，我們就不再不由自主地自討苦吃了。換言之，已經寬恕了罪咎之人，自然不會索求懲罰，也不會活得草木皆兵。

既然世界只是一個果，它必會隨著知見的療癒而轉變，逐漸反映出我們內在的正見。正如耶穌所言，因與果不可分割，儘管它們表面看來各行其是，其實兩者始終同在心靈內。耶穌甚至指出，人間任何罪咎或痛苦，無異於「褻瀆神聖」，因為這正表示我們拒絕寬恕，不

承認自己的生命本質是愛。

> 倘若上主知道自己的兒女是全然無罪的，那
> 麼，你視他們罪孽深重便等於褻瀆神聖。倘若
> 上主知道祂的孩子是不可能受苦的，而你卻
> 在任何地方看到他們受苦，便是褻瀆神聖。倘
> 若上主知道祂的兒女是全然喜悅的，而你卻感
> 到沮喪憂鬱，等於褻瀆神聖。不論你以何種形
> 式褻瀆，全是幻相，它們不過代表了你拒絕接
> 受造化的眞相而已。倘若上主所創造的聖子是
> 完美無缺的，你必須學習如此看他，方能得知
> 他的眞相。你既是聖子奧體的一部分，你也
> 應當如此看待自己，方能認出自己的眞相。
> （T-10.V.12）

兩千多年前，耶穌就教導我們接納自己清白無罪的
眞相，他宣稱根本沒有罪這一回事。但在小我的集體意
識中，聲稱自己清白無罪簡直是褻瀆神聖！爲此之故，
人們將耶穌釘上了十字架。

耶穌是這樣爲我們詮釋十字架的：

> 我已說過，十字架乃是小我的象徵。它只要
> 一碰到上主之子眞正清白的面容，就想置他

於死地；它的理由是：清白無罪乃是對上主的褻瀆。對小我而言，它即是上主，那麼清白無罪在它的詮釋下自然罪該萬死。你至今還不明白，你就是因為小我的這類詮釋，才這麼害怕這部課程；你只需回顧一下自己的種種反彈，就不能不承認自己真的如此。（T-13.II.6:1~4）

踏上耶穌所指引的真實療癒之路

這些年來，我逐漸摸索出一個活出神聖自性的妙法，就是下定決心，揭露隱藏在潛意識下的所有信念，與聖靈一同耐心地檢視每個幻相，並時時保持儆醒，不被表相蒙蔽。這是真的，只要我們心中仍有一絲罪咎的陰影，療癒便無法完成。

因為一旦心存恐懼，需要掌控或自我防衛，就表示我們還不認識自己的真面目，寧可為自己打造出一個假我，一具身體，一個世界，以及看似主宰一切的自然法則，包括了人人信以為真的時空律。

爲此，我們才需要與聖靈一同深入質疑所有虛幻不實的信念與價值觀，而且必須徹底放下，才可能證入自己的眞實身分，以及神聖不可侵犯的天賦本質。

　　恐懼可說是一切身心痛苦的根源，它是罪咎必會勾出的本能反應；我們通常覺察不到隱藏在潛意識的罪咎，只因我們忙著將它投射到自己的身體、他人和世界上頭。

　　我們想盡辦法打造歷經滄桑的假相，其實所有的打擊都出自小我，目的所在，無非是要我們嚴密戒備、枕戈待旦，但這些防衛的伎倆大都極其隱微，多半時候連自己都意識不到。

　　對此，我們在「力量之最」（Power of Power）的研習活動作了一項練習，幫助大家發掘自己隱微難察的防衛伎倆，例如擬訂計畫、取悅他人、內疚、犧牲、奮鬥、匱乏、焦慮、生病，及種種的意外等等，不一而足。

　　我們若覺察不到自己的防衛伎倆，自然無法看出下意識想要攻擊自己與他人的衝動。這些衝動都出自同一根源，即我們潛意識對上主的畏懼。簡而言之，罪咎感的別名，就是「上主恐懼症」，它代表我們深怕得知這

一真相「我們的自性就是上主的神性，不僅純然無罪，而且全然百害不侵」。這正是耶穌在世傳道、治癒病人，以及經由他的復活，所要向我們證實的唯一真相。

療癒的基督就在你內

由於我們潛意識對上主的恐懼如此之深，因此對基督也難免抱有同樣的心態。但請注意，如果我們對代表基督的耶穌抱持輕率、不置可否的態度，不過反映出我們潛意識自我憎恨的傾向罷了。真正的基督存在我們心中，因之，否定耶穌就等於否定內在的基督（我們的神聖自性）；而我們對耶穌種種的負面反應，適足以透露出我們想將自己釘上十字架的念頭。

直到我們發現自己不再將耶穌推出生活之外，表示我們已經慢慢停止攻擊自己了，這是個絕佳的自我覺察指標。我們愈敢讓耶穌進入心內，表示我們愈樂意接納自己清白無罪之真相，於是，自慚形穢及威脅之感也會逐漸消退，取而代之的，必會湧現更多的喜悅與安全感。這也表示，我們心裡開始將基督從十字架卸下來，

寬恕了內在的基督，祂代表了千古以來一直被人類釘上十字架的自性。

我們一旦承認內在的基督就是自己的真我，那麼，自己想像中與基督的那道間隙便彌合了，剩下來的，唯獨神聖自性，此外無他。若想臻至此境，我們不能不寬恕自己所遇到的每一件事、每一個人。至此，我們必會如釋重負，欣然發現原來我們所有的寬恕其實是在寬恕虛妄的自我，只因身體、他人、處境、世界及上主，不過是我們用來打擊自己、將自己繼續困鎖在痛苦與死亡等種種噩夢的工具而已。

耶穌並非為了我們的罪而死

完成救贖之功的，並非十字架上的死亡，而是復活，這與大多數基督徒的信念截然相反。遺憾的是，自以為很有靈性的小我，常常根據**它自己的想法**來詮釋耶穌的教誨，也因之加深了人心的恐懼和罪咎。至今仍有為數眾多的人害怕耶穌，正是緣於這個嚴重的曲解。

當年耶穌同意讓自己的身體釘上十字架，這事件並

沒有違背他的意願，他之所以甘心如此，完全是爲了向人示範至關重要的一課：就算身體遭受野蠻至極的侵犯，也絲毫傷害不了神聖自性，因爲**沒有死亡這一回事**。

要明白，耶穌並非爲了我們的罪而死，相反的，他藉著復活證明了我們的清白無罪。他允許自己的身體「被置於死地」，卻以死而復生來告訴我們：「只需憶起上主賦予我們的眞實身分，接受自己清白無罪之眞相，我們是不可能受苦或死亡的。」世人多將他描繪成受苦受難的形象，他卻明確地告訴我們：「清白無罪的心靈是**不可能**受苦的；唯有活在罪咎之中，人才會受到痛苦的折磨。清白無罪之神聖生命必然百害不侵，故不受苦難的威脅。」

> 完成救贖之功的，不是十字架上的死亡，而是復活。許多虔誠的基督徒常誤解了這一點。唯有不受匱乏信念所蒙蔽的人才不致陷於這一錯誤。十字架的事件在顚倒妄見之下，顯得好像上主眞的允許此事發生，還不惜利用其中一位聖子的善良，慫恿他接受十字架的苦難。這種詮釋必然出自投射，許多人因此對上主產生了極大的恐懼，這是何等的不幸！這

種與宗教精神背道而馳的觀念，已滲入了許多
宗教。真實的基督徒不妨捫心自問一下：「這
怎麼可能呢？」上主既然親口說過，這種念頭
配不上尊貴的聖子，祂自己豈會有此心態？
（T-3.I.1:2~9）

　　慈愛的上主對犧牲與懲罰一無所知，這類扭曲的觀
念皆源自小我的投射，是它暗地裡將心中的恐懼與罪咎
之神投射到上主身上。自從我們信奉了這尊酷愛懲罰的
神明以後，勢必感到動輒得咎，日日夜夜活在揮之不去
的威脅感之中。而今，耶穌要給我們的不是懲罰，而是
救贖，因此他教導我們如何以寬恕來化解恐懼。只要我
們願意憶起自己絕對配得上救贖這一真相，救贖便非我
們莫屬了。

　　我的「復活」不過證明了真理不是任何東西所
能摧毀的。善良也經得起邪惡的挑戰，因為光
明足以掃除任何黑暗。因此，救贖可說是最完
美的人生課程。它終將證明我的其他教誨也同
樣的真實不虛。（T-3.I.7:6~9）
通往十字架的道路可算是最後一條「無用之
旅」了。你無需在那兒徘徊流連，事過境遷之
後，就讓它過去吧！唯有當你能夠將它看成

最後的一趟「無用之旅」，你方能從中脫身而出，與我結合於復活之境。在這以前，你只是在虛擲生命，反覆重演同一戲碼：分裂的經驗，沉淪的滄桑，以及小我回天乏術的彌補工程；最後，只好把身體送上十字架，也就是死亡。在你甘心徹底放棄這條路以前，你的人生只能這樣周而復始地循環下去。別再「抱著這破敗的十字架不放」，沒有比這更可悲的錯誤了。十字架的訊息其實只有一個，即你有戰勝十字架的能力。在那以前，你甘願釘死自己多少次，是你的自由。但那絕不是我所傳給你的福音。我們可以取道另一條路，只要你願意用心研讀我給你的這些教材，它們保證會送你上道的。（T-4.in.3）

第五章

揭露潛意識對上主的恐懼

2010年12月，湯瑪斯以癌症的方式辭世，離世之前，他已經從小我的夢中覺醒了，只是尚未**徹底超脫**整個夢境而已。《奇蹟課程》鼓勵我們更上一層樓，超越湯瑪斯的覺醒層次，徹底跳脫小我的死亡噩夢。雖然湯瑪斯並未達於此境，但是他很清楚，自己選擇了癌症的方式來訓練自己保持儆醒，時時刻刻繫於心靈的平安，只因覺醒乃是他此生唯一的目標。

湯瑪斯離世之後，我們之間的交流並未中斷，事實上，他擺脫身體的束縛後，對我的支持與幫助遠勝過形體尚存之時。在他辭世以前，我倆一起學習《課程》，努力活出奇蹟精神業已二十餘年，可以說，我們繞了很長的迂迴路，所有可以想見的錯誤我們無一倖免。一路上，無數的曲解和混淆把我們整得七葷八素，然而，直到如今，我才深刻體會到，我們選擇的那些經歷能夠幫助弟兄照亮歸途，而我也終於找到一條更溫柔、更喜悅

的解脫之路，也才得以跟此刻的你——有緣與我們同行的弟兄分享。

我確信湯瑪斯會一路幫助我們的。不少弟兄告訴我，他們感到湯瑪斯確實堅定了他們化解恐懼的決心。我也發了願，要幫助那些準備好更上一層樓的奇蹟弟兄。為此，我邀請大家一同來體驗與印證脫胎換骨的奇蹟大能，成為真正的奇蹟行者。

直到近年，我才看清問題所在——嚴重阻礙了人們體驗上主之愛的最大障礙究竟是什麼。我必須承認，這個發現令我非常震撼，自己修持奇蹟二十多年卻竟然對它習焉不察！所幸，大家無需像我和湯瑪斯一樣飽受無謂的苦，我決定全盤披露自己近年來的體會，但盼弟兄得以免除長年的痛苦與折磨，及早體驗到內在堅若磐石的篤定、真愛和喜樂。

這個阻礙我們體驗到愛的最大障礙，一直深深隱藏在潛意識裡，直到湯瑪斯與我終於看清並將它交託給聖靈，我們才明白，為何我們會花那麼長的時間才建立起對上主聖愛的信任，只因我們跟世間所有的夢中人一樣，對聖靈缺乏足夠的信心，而只藉著自己的小小意志與世間法則來過活，每每非到了迫不得已的關頭，才會

詢問聖靈的意見。

　　沒有錯，我們老是試圖在兩種截然相反的思想體系左右逢源，有時信賴聖靈，有時聽從小我；一腳踩在聖靈的船上，另一隻腳還留在小我的船裡。無怪乎每當我們化解小我時，內心的衝突往往像一股巨浪迎面打來，瞬間便將這兩隻船沖開了，隨即我們就一頭栽進水裡，完全吸不上一口氣來。

　　凡是企圖整合小我法則與上主天律的人，必定經驗過這種窘況，因為這兩種法則是相互牴觸而無法並存的。除非我們下定決心只選其一，才有喜樂平安的可能，否則我們會不斷咎由自取、不斷受苦下去。是的，只能二擇一，毫無妥協的餘地！

　　無疑的，這個隱藏心底、阻礙我們體驗愛的最大障礙，就是對上主聖愛的恐懼。《課程》雖然稱之為「邁向平安的最後一道障礙」，但在覺醒的路上能愈早發現愈好，只因「上主恐懼症」所造成的影響絕對是全面性的，它會暗中破壞我們所進行的每一件事，包括修行在內。甚至可以說，我們此生所經歷的種種身心痛苦、掌控的需求，以及下意識受痛苦、疾病、匱乏、衝突，以及死亡的吸引，全都是害怕上主所引發的後遺症。

受苦並非上主的旨意

我們必須明白，《奇蹟課程》的上主與其他靈修傳統的上帝或神祇極其不同。《課程》裡的上主，乃是指涵容一切而沒有對立的愛，而我們正是這個上主延伸出來的生命，不幸的是，這一真實身分長年都被覆蓋在小我的夢境之下。既然我們是上主的延伸，我們的正見心靈也必定與上主的本質及旨意一樣永恆不朽，我們共有的神聖自性也是如此，其內毫無對立的成分。

表面看來，小我及它的思想體系宛如放諸四海皆準的法則，其實它徹底虛幻不實，因此毫無力量可言。這也意味著，我們與天賦的唯一自性不曾分裂過，而我們之所以意識不到這一真相，只因我們死心塌地相信分裂的知見。

我們一旦相信自己不過是一個受制於世間法則的個體生命，便再也不可能體驗到上主的本質及上主旨意了。除非我們下定決心揭露、看清，並放下所有**與上主旨意相違**的一切信念，才有此可能。

這是化解錯誤而重啓眞相的必經過程。要知道，眞相始終在那裡，只是我們渾然不覺，甚至不知不覺否定了它的存在。小我的眼光是不可能了解上主旨意的，即使我們可以用頭腦來認同或理解，但只要潛意識的小我私願與思想體系一日不除，我們就不可能眞心看重並且信賴上主的旨意，更別說體驗到上主旨意的內涵了。

　　我們的神聖自性**就是**上主的生命，純粹出自祂的旨意；自性**就是**天國，此外皆爲幻相。我們的神聖自性就在眼前，就在當下，雖然大部分的人還認不出來，但它始終臨在，不會等到我們死後或成道後才顯現。它是我們與生俱來的本質，不論我們認爲自己是誰，它永遠純潔而完美。唯有認同小我的那個「自我」才會受苦，神聖自性則始終如一，永恆不易，百害不侵，活在純然的喜悅之中。

　　不論小我作什麼夢，都動搖不了上主的本質及其旨意（即我們的神聖自性）。只要我們願意用寬恕來療癒自己的知見，也就是親自接受救贖，沒有一個噩夢不會療癒的。不論我們賦予小我夢境什麼能力，都抵擋不了「上主願我們幸福、健康、喜樂與平安」的完美旨意。我們之所以體驗不到純然是愛的上主旨意，只因我們死心塌地爲小我背書。換句話說，我們寧可相信幻相而不

接受真相，且把小我投射的一切信以為真。我們為什麼會作出這種選擇？追根究柢，就是我們根深柢固的自我攻擊傾向。

試看，人間的諸多經驗，究竟哪一種**絕不可能是**上主的旨意：罪、咎、懼、疲累、疾病、憂鬱、羞愧、悲傷、不幸、憤怒、匱乏感、對自己和他人的批判、懷疑、衝突、失落、犧牲、掙扎、迷惑、嫉妒、孤獨、焦慮、煩惱、肉體的死亡等等，沒有，絕對沒有一種出自上主的旨意！我們之所以會經驗到這些，純粹是因為我們深信世間還有另一種力量，足以與無所不在的上主之愛抗衡。

所謂的自然法則，絕不可能出自上主的旨意。儘管人間的確有無數良辰美景，但也不乏風暴、地震、洪水、火災、旱災等等數之不盡的災禍，它們根本有違純愛的上主旨意；而「適者生存」那套說法，更不契符上主慈愛的本質。總而言之，世間的種種運作法則，無一不屬於小我思想體系的亂世法則；上主的旨意與本質只可能反映出真愛與生命，此外無他。

一旦把小我的任何幻相視為上主的旨意，就等於拒絕了心靈中的療癒奇蹟，也因之，我們會覺得上主非常

可怕，對祂敬而遠之。

　　爲此之故，認出小我之願與上主旨意兩者的天壤之別，至關重要，否則，我們根本解除不了小我對罪咎懼的執著。因爲一旦把小我的幻相當眞，我們必會下意識認爲這是上主的傑作，是祂創造出痛苦與死亡的。這種源於罪咎懼的信念，只會加深我們對上主的畏懼，令我們不敢全心信賴上主的旨意，反倒認爲自己處處受制於祂的恐怖正義。

　　事實上，聖靈的「正義」永遠充滿了愛，不會引發任何衝突。在祂正義的眼光下，所有的錯誤不過是向愛求助的呼喚而已，故祂也只會以愛來回應。小我的回應方式正好相反，它把錯誤視爲罪惡，讓我們內疚並接受懲罰，故它企圖用因果報應來修正錯誤，這正是我們在化解小我以前所熟悉的唯一思維模式。舉例來說，我們都很難接受一個作惡多端的人不僅沒有受到懲罰，反而得到愛的溫柔修正，不是嗎？只因我們看到的是罪過；但在愛的眼裡，那只是一個錯誤，故它也只會以愛回應。

　　　想讓死心塌地相信罪存在的人了解聖靈心目中
　　　的正義，是極其困難的。他們必然相信聖靈

跟自己一樣混亂，認為祂也深信正義要求報應。為此之故，他們開始害怕聖靈，在祂內看到了上主的「義怒」。他們不能不信聖靈會假借上主憤怒的手，降下天火，或讓他們五雷轟頂。他們真的相信天堂就是地獄，對愛深懷戒懼。當他們聽到自己從未犯罪一說，必會疑竇叢生，甚至戰慄不已。因他們的世界始終建立在罪的磐石上。上主所知道的正義，對他們和世界都構成了莫大的「威脅」，其破壞性遠超過他們所熟悉又喜愛的因果報應。

（T-25.VIII.6）

我們之所以暗地裡害怕上主的旨意，是因我們不願放下「自己有罪」那個根深柢固的信念。正因如此，過去的經驗會令我們害怕報應而期待懲罰，而這一切的自作孽全是來自我們緊抓不放的罪咎感。既然是我們自己不願放下罪咎的，那麼，懲罰必然也是自己招惹來的。

我們所害怕的，其實是小我的因果報應之神。只要我們還抓著罪咎不放或怪罪他人，表示我們仍在崇拜小我的死亡之神，這也表示我們無法信任清白無罪。若無愧疚或恐懼，我們在小我報應之神面前，必然毫無招架的餘地，這就是我們無法放下也難以寬恕罪咎懼等等信

念的眞正原因，只因小我不斷耳提面命：「**若沒有罪咎懼，我們根本無力招架上主的震怒！**」

試想，若非暗地裡相信自己罪孽深重，我們豈會活在恐懼之中？縱然罪的信念只是小我的謊言，然而，一旦相信自己有罪，自然不可能不判斷、不煩惱，內疚也隨之而至，如此一來，害怕懲罰便成了意料中的結果。

這種潛意識的恐懼一旦投射出去，就會造成我們對身體、自己、他人和世界的批判，使得我們更難把恐懼交託出去。凡是無法寬恕的恐懼，勢必變成了死亡的引力，死亡就這樣成爲人生的必然結局。毋庸置疑，死亡代表了小我最嚴厲的懲罰。除非我們勇敢揭露所有錯誤的信念，用寬恕來釋放它們，否則，這些信念只會爲我們引來種種的痛苦。

一言以蔽之，我們相信自己犯了罪，因而感到內疚，開始害怕犯罪的後果，「罪、咎、懼」的惡性循環就此展開。殊不知，我們害怕什麼就會吸引什麼。恐懼生起之初，我們沒有寬恕它的眞正肇因（罪咎），反而試圖自我防衛，抵禦小我暗地裡的自我攻擊（它其實是**我們自己**投射的）。我們就這樣把小我的投射弄假成眞，不知不覺加深了自己的罪咎感，使得這個惡性循環

愈演愈烈。由此可知，我們若繼續著眼於罪與咎，就等於邁向死亡，成全了小我的陰謀大計。

罪（sin）這個字，希伯來文是chet，意思是「（射箭）未中目標」，並沒有小我所認為的「無可挽回」之含意。罪亦可解釋為「忘記、疏忽」，這種詮釋比較接近《課程》教導的觀念。

罪，在小我眼中，是個無可辯駁的事實；小我要你相信罪的存在，就是讓你不能不批判，因而也不能不內疚，只因你一旦放下它們，小我的思想體系便徹底瓦解了！雖然在世人眼裡，罪像是無法挽回的事實，耶穌卻如此反問我們：「除了上主旨意，還有什麼是千古不易的？」「有誰的願望抵制得了上主的旨意？」

他說：「你若明白只有上主旨意才永恆不易，那麼，這門課程對你一點兒都不困難。」意思是說，所有罪咎懼的觀念都是可以療癒的，因為這些觀念絕非回天乏術，只要我們真心想療癒自己的知見，而且願意向奇蹟開放，它隨時都能療癒我們的知見。

> 其實他們十分清楚自己終將為罪付出死亡的代價。確實如此。罪屬於死亡之願，它夢想世界的基礎能像愛一般穩固，如天堂一般可

靠，如上主一般屹立不搖。凡是認爲罪可能
存在的人，愛就無法「侵入」他的世界。
（T-25.VII.1:6~9）

「罪人」內心的死亡之願不可能比上主的生命
之願更爲強烈。非上主所造的世界，它的基礎
也不可能如天堂一般穩固。地獄怎麼可能跟天
堂相提並論？非上主所願之事，怎麼可能改變
不了？除了祂的旨意，還有什麼是千古不易
的？除了祂的旨意，還有誰的旨意具備這一特
性？有誰的願望抵制得了上主的旨意，而且是
無法轉變的？你若明白只有上主旨意才永恆不
易，那麼，這門課程對你一點兒都不困難。而
這卻是你最難相信的一點。其實，只有這一點
才是唯一值得你相信的，只要你肯正視一眼它
的眞相。（T-25.VII.2）

我們一旦化解了小我打造的無情幻相，清除了可能
傷害我們的一切之後，還會剩下什麼呢？如果我們身上
每個細胞都知道自己從未犯罪，根本沒有罪惡感的作
祟，我們還會如此自討苦吃，不斷懲罰自己嗎？

請記得，任何罪咎感都不符合上主的旨意，一切痛
苦經歷都是自己的投射，只因我們相信自己犯了罪，認

為必須為此付出代價。然而，任何一種痛苦都與上主旨意扯不上關係。我們若知道並接受了自己清白無罪之真相，是既不可能受苦，也不可能遭受人間任何打擊的，包括疾病、憂鬱、罪咎、羞恥、悲傷、哀痛、憤怒、種種形式的匱乏、評斷或自我批判、懷疑、衝突、失落、犧牲、掙扎、迷惑、孤獨、嫉妒、焦慮、煩惱，乃至於肉體的死亡。

罪咎感一旦消失，便不再自討苦吃，此時，我們會體驗到什麼？當小我這些幻覺不再作祟，會有什麼結果？你會感覺到什麼？更重要的，你對自己的神聖自性會浮出什麼記憶？

自然而然，所剩的唯獨上主慈愛的旨意，以及真實世界的美夢。這也顯示出，心靈中的分裂思想已經化解了，我們總算選擇加入**上主聖願**，不再與小我沆瀣一氣了。

只要我們學會拒絕相信小我投射的種種表相，上主的本質和旨意便會展現出神聖光輝。就算我們偶爾還會情不自禁相信那些投射，但只要記得提醒自己：「不論什麼樣的痛苦，**絕非**出自上主的旨意。」那麼，我們必能罔顧小我的誘惑，放下想要自行掌控生活的欲望，全

心全意投入上主聖願。

上主的旨意沒有一刻離開過心靈。只要我們在神聖的一刻放下所有的恐懼、疑惑、評判與掛慮，我們就滑入了自心的平安。在這平安的一刻，小我無以立足；在這超乎時空的永恆一刻，上主的旨意成了我們的大願；在這永恆無間的一刻，我們讓奇蹟發生了。奇蹟不依靠時間，相反的，奇蹟瓦解了時間。我們心中每個真實的渴望，都成了上主的旨意。上主之愛一直等待這個珍貴的一刻，也是我們願意接納上主之愛的神聖一刻。

既然因與果始終在一起，那麼，上主之愛療癒了心靈之後，這療癒之力也必會延伸到形體的層次。奇蹟之所以沒有難易之分，正是因為幻相沒有層次之別，一個幻相不會比另一個幻相嚴重，所有幻相骨子裡都同樣的虛幻不實。不論問題的表相如何，奇蹟都能療癒我們心中的肇因。因一旦療癒了，果或症狀必會隨之痊癒，否則，表示我們已把因與果視為兩回事了，但耶穌一再告訴我們，那絕對是不可能的，那種事只可能發生在小我幻想出來的世界裡。

上主的旨意本身具有完美的療癒力量，也因此，信賴上主旨意必會帶來喜樂的結果。上主願我們活出「我

們擁有一切，因我們**就是**一切」之眞知，並且要我們跟耶穌一樣，成爲在世的活見證，展現活在上主之愛內所擁有的全能。但只要我們一落回小我的戲碼，這些體驗即刻便煙消雲散了。換句話說，只要開始相信自己受制於小我的痛苦與分裂之法則，我們必會深陷其中。然而，請切切記得，這個選擇操之於我們，而我們其實也只有一個眞正的選擇。

罪的另一種詮釋：以另一種眼光 看待充滿罪惡歷史的邪惡世界

「罪」究竟是什麼？這個字出現在《奇蹟課程》多達三百五十四次，可見它的重要性！這表示了，脫離苦海的覺醒之旅，並非爲了尋找愛，因爲愛始終在那裡，不勞我們去找；我們要找的，是自己體驗不到愛的那些障礙，它們全都出自同一源頭，亦即我們根深柢固對罪的信念。可以說，千百年來，人類心理飽受「罪」的折磨，只因對大部分的人來說，罪的觀念蘊含了痛苦與懲罰的意涵。

儘管《課程》再三教導我們：「每一事物都是中性的象徵，本身不具任何意義，它們的意義全都是我們賦予的。」然而，「罪」這個象徵，往往會激起我們大多數人的負面感受，包括我在內。對我來說，「罪」一直是我最難以承受的一個字眼，一想到它，會讓我立刻毛骨悚然。

　　但是再想想，既然唯一存在的只有無所不包又無所不在的上主之愛，愛內又沒有對立之物，當然罪就沒有立足之地了。唯獨小我不僅相信罪的存在，並將它的整個幻相王國建立在罪的信念上。無可否認的，我們確實犯了錯，但每個錯誤都會得到寬恕的溫柔修正。為此，讓我們來看看，「罪」的標籤之下究竟隱藏了什麼隱衷？

＊根本沒有罪這一回事，只有錯誤的認知而已。
＊罪只是一種信念，就是相信真的有「攻擊」這一回事。
＊罪是我們根深柢固的一個信念，相信威脅、攻擊與痛苦不僅真的發生了，而且還可以在自己或他人身上，在過去、未來及世界裡頭，甚至在上主身上看到鐵證如山的罪。

然而，我們總得勇敢探問，自己究竟是在保護「哪一個我」免受攻擊？究竟是小我，抑或神聖自性？哪一個才是眞正的自己？要知道，我們保護自己時，如果把聖靈撇在一邊，表示已經把小我與身體當成自己了。

* 罪是一種不願寬恕的念頭。

* 相信罪，等於相信另有一種足以抗衡涵容一切的上主聖愛的東西存在。

✝ 罪是我們無比珍惜的一個幻相，因它是抵制聖愛的最佳屏障，只要抓緊罪的觀念，我們便能在上主、在他人以及神聖自性之外另起爐灶。倘若不受到罪的信念蒙蔽，我們應不難領悟到眞正的自己乃是上主所賦予的生命。因此，罪與攻擊之念，可說是阻礙我們體驗上主之愛的最大障礙。

* 罪代表一種無法挽回的錯誤。

* 罪生咎，咎又生懼。我們一旦相信了罪與攻擊，自然會認爲自己可能遭受身體、他人、衝突、匱乏、失落與死亡的打擊，而且我們也理當反擊回去。但無論是遭受攻擊或發動攻擊，都會引發罪咎感。換言之，不論我們認爲自己受到了侵犯，或是我們侵犯了他人，都屬於同一個錯誤，都會因而感到內疚，不知不覺以自我傷害來懲罰自己。所以才說，罪咎感必會使我們

下意識害怕天譴。

總而言之，恐懼源自於我們相信真的有攻擊這一回
事；攻擊一旦被弄假成眞，又會加深自己對罪的信
念，落入了罪咎懼的惡性循環。而不論哪一種恐懼，
最終反映的都是我們對上主的恐懼，也表示我們害怕
憶起自己的神聖自性。為此之故，若不敢質疑罪的觀
念，我們是絕不可能了解上主之愛的。

* 罪的信念代表了幻相不僅是眞實的，而且力量足以擊
潰上主之愛。

* 相信罪，等於相信死亡是人生註定的結局。

* 既然罪與攻擊脫離不了關係，它必會啓動自我防衛的
本能，一旦起了防衛之心，就表示我們已經把罪當
眞，那就更難寬恕了──因為**我們根本無法寬恕自己
信以為真的事物**。

你受到罪咎的吸引嗎？

匪夷所思的，邁向平安的第一道障礙，竟然是我們
想要驅逐平安的欲望，仔細一想，這不是瘋狂至極嗎？

我們窮盡一生尋求平安，卻受小我蒙蔽而不知不覺拒絕了平安。根據我個人的經驗，我發現自己之所以會下意識驅逐平安，跟另外兩個潛意識的念頭關係至爲密切，那就是：我早已相信了罪及其後遺症眞實無比，才會如此被罪咎與懲罰所吸引，這就是小我暗地裡想要遭受不公對待的根本原因。

在小我眼中，罪不但是無可挽回且無法抹去的既定事實，而且整個小我的世界正是奠基於「罪是眞實」的信念之上。問題是，我們通常意識不到「若非透過自己的投射，否則根本看不到外面的罪」。只因身體和世界都存在於自己的心內。我若被看似發生於外在的罪行所激怒，這個罪其實並不在外面而是在自己心內。因此，只要觀察自己被某一罪行激起多大的負面情緒，就能看出自己心內還有多深的罪咎有待療癒。

> 在小我嚴陣以待的防禦堡壘下，沒有一塊基石
> 會比「相信罪是眞實的」這個觀念受到更嚴密
> 的保護了，上主之子重新打造了一個自我來取
> 代本來眞相之後，不可能不生出這一觀念的。
> （T-19.II.7:1）

在小我的世界裡，我們確實相信罪眞的存在，而且

它不僅僅是一種錯誤而已。罪在我們心目中，是無可挽回的事實，所以必須接受懲罰。「錯誤」則不然，它只需修正即可。我們之所以會如此相信罪，只因小我對上主聖愛的恐懼已經在我們心底深深地紮根，令我們感到草木皆兵，不得不枕戈待旦。正因為相信自己罪孽深重，我們再也意識不到始終就在自己心內的上主之愛。

換句話說，小我的存活有賴於我們相信「罪與攻擊都是真實的」，這是它利用身體的目的所在。它利用身體感官來評判自身、過去、他人以及世界，並且強令感官只回報它想要我們看到的東西。可以說，小我對罪已經到了饑不擇食的地步，目的就是為了防範我們憶起內在的聖愛（即我們的神聖自性）。

為此之故，小我最樂見我們心懷怨尤，最好成天著眼於罪與攻擊，如此，才能維繫我們對聖愛的恐懼。我們只要一起怨尤之念，便不知不覺鞏固了自己罪孽深重且理當受罰的信念。小我早就警告我們，遠在天人分裂之初便已背叛了上主，犯下了無可饒恕的罪過。

這個罪的信念令我們膽戰心驚，深恐被上主逮到而死無葬身之地，難怪我們潛意識裡一直害怕被愛消滅。總之，只要我們還相信罪與攻擊真的存在，便會繼續投

靠小我，尊它爲師。

> 罪是世上唯一改變不了的東西。它是無法轉化
> 的。整個世界仗恃的就是罪的不變性。……其
> 實他們十分清楚自己終將爲罪付出死亡的代
> 價。確實如此。罪屬於死亡之願，它夢想世界
> 的基礎能像愛一般穩固，如天堂一般可靠，如
> 上主一般屹立不搖。（T-25.VII.1:2~4,6~8）

我們都知道，凡給出什麼就會收到什麼。無論身在
何處，我若相信罪與攻擊是眞的，代表我正在投射自己
的罪咎，這其實就是一種自我攻擊。我可能自認爲是在
批評某人或某事，而非批評自己，實際上，沒有任何
人或任何一事存在於我之外。我若批判某人某事，只會
把自己心內的罪咎壓得更深，而保存罪咎的後果，就是
死亡。

也因此，接受救贖並且寬恕一切，絕對是最有效的
療癒方式，因它直指所有問題的終極源頭，化解所有痛
苦的同一肇因，那就是「我們潛意識相信自己罪孽深
重，罪有應得」的罪咎感。

無論身體以什麼形式死去，都是**咎由自取**，因爲死
亡乃是小我的逃生出口，目的是躲避它想像中比死亡更

可怕的嚴厲天譴。事實上，上主是無所不容的愛，在它
內，沒有任何對立。

我們一旦相信罪真的存在，必會相信罪有應得，如
此一來，罪在我們心裡就更加真實而牢固了。我們心目
中認為應得的懲罰，其實根本是小我想要打擊我們的陰
謀伎倆。

> 你若企圖以懲罰的方式來打擊罪，反倒證明了
> 罪的真實性。唯有寬恕它，才能將它由錯誤變
> 回原來的真相。（T-25.III.8:12~13）

真的沒有罪這一回事，因它不可能存在。我們眼中
所有的罪行，全是因缺乏愛而犯下的錯誤而已，套用耶
穌的話，它僅僅是向愛求助的一種呼喚，僅僅如此。然
而，在小我的眼光中，這些向愛求助的呼喚全成了罪，
而不只是缺乏愛所犯的錯誤，理當受到懲罰。究竟說
來，沒有人會犯下任何的罪。凡是心中無咎無懼之人，
不可能感到缺乏愛，因此也不可能犯錯；一個人之所以
會犯錯，純粹是因為缺乏愛的緣故。

既然幻相沒有層次之別，罪又怎麼可能是真實的
呢？如果所有幻相都同樣的虛幻，一個錯誤幻相可能比
另一個幻相更嚴重嗎？我們一旦把某個錯誤看成是罪，

就無異於把「上主的相反勢力」弄假成真了。問題是，
如果罪是真實的，上主就不存在了，這表示你也不存在
了。那麼，你到底要相信這種觀念，還是寧願相信「你
與上主是真實的，罪並不存在」？我們只能二中選一，
完全無法模稜兩可。

> 上主之子會犯錯，他能欺騙自己，甚至用
> 心靈的能力與自己爲敵。但他無法犯罪。
> （T-19.II.3:1~2）

害怕覺醒

　　不論哪一種痛苦，我們若相信它是真實的，表示我
們必也相信罪是真的，這兩個信念如影隨形，因爲兩者
根本是同一回事，只不過小我會不擇手段企圖隱瞞，使
我們看不出兩者的關聯。要知道，「相信痛苦的真實
性」與「相信上主的愛」這兩種信念是相互牴觸的。一
旦相信了痛苦真的存在，必然相信上主創造了痛苦，因
此受苦有其價值，那麼，上主要我們爲自己的罪付出痛
苦的代價，便成了順理成章的事。

如果必須付出痛苦的代價才能得到救贖，有誰願意親近這樣的神呢？事實上，罪不過是我們冥冥中相信自己罪孽深重、理當受罰的信念罷了。小我這種罪的信念，為我們招來了無可迴避的懲罰。它的邏輯是這樣的：

　　如果罪真的存在，那麼心靈的覺醒（返回上主的天鄉）與痛苦失落成了同一回事，而受苦就成了贖罪的代價。果真如此，救恩一定相當可怕，因為依據小我神智不清的觀點，救恩意味著將我們從「真實的罪」中救拔出來，那麼，付出巨大的痛苦與失落之代價必然在所不免。

　　審視這種荒謬又具毀滅性的邏輯，我們不難了解為何肉體的死亡成了小我戰勝罪的終極武器。小我如此推崇死亡，不斷說服我們：「唯有以死亡作為贖罪的代價，才有資格進入天堂。」然而，真相是：「上主是愛，在祂永恆的生命中沒有對立，故在祂內沒有死亡這一回事，死亡僅僅存在小我的信念中。」

　　如果罪真的存在，那麼救恩必然是很苦的事。
　　痛苦是罪惡的代價，如果罪真的存在，則受苦是勢所難免。救恩一定顯得很可怕，它遲早要

置人於死地；但它會慢慢地奪走一切，直到受害人被折磨得只剩下皮包骨，感到生不如死，救恩才會饒他一命。救恩的怒火無所不在，手下絕不留情；人們卻把這一切視爲天經地義的事。（W-101.3）

依據小我的邏輯，我們一定會極力抗拒救恩，只因我們認定自己還沒爲所犯的罪付出足夠的痛苦代價！而只要我們仍舊認爲自己需要痛苦的折磨，表示我們依然相信自己眞的有罪，而且暗地裡相信自己忤逆上主的罪債一輩子也還不清。試問，誰敢信賴這樣的神？又有誰想要這種救恩呢？

誰會去找這種狠毒的懲罰？這種救恩，誰不會倉皇走避，想盡辦法湮滅那有意拯救他的天音？誰願聽祂那一套？誰敢接受祂的餽贈？如果罪眞的存在，它的贈禮便是死亡，它會按照你惡念以及罪業的輕重來決定報應的殘忍程度。如果罪眞的存在，救恩就成了你最難纏的敵人，它是上主對你的詛咒，因祂的聖子被你釘死在十字架上了。（W-101.4）

揭露潛意識的罪咎

接著，我們一起來看看罪的信念如何影響自己的日常生活。如前所述，如果我相信罪是真實的，一定會要求懲罰，但究竟說來，只有一個我存在，因此最終受到懲罰的，也只有我自己而已。所以說，不論是哪一種攻擊，最後都成了自我打擊。這就是罪的信念勢必招來自我懲罰的鐵律。

那麼，我下意識是用什麼樣的懲罰來自我打擊呢？也就是說，小我如何利用身體或生活中的人事物來證明自己真的罪孽深重呢？很簡單，就是「外面」那些看來有罪的每個人和每件事。因此，請大家盡量花點時間，一一列出心內的小我如何利用身體、他人或世界來證明你是有罪的。

自我批判也是小我最愛的定罪花招之一，此外，罪的信念所引發的種種後遺症，比如焦慮、困惑、無價值感、發胖、病痛、匱乏、憂鬱、衝突或死亡等等。試著找出令你受苦的種種症狀，你所列出的項目在下面的練習題能派上用場。

舉例來說，倘若我下意識認為暴飲暴食是一種罪，而且深信不疑，自然會認為應當為此受罰，於

是我就會不自覺地藉著發胖來懲罰自己。又例如，我可能用自我批評的方式來定自己的罪，於是，小我便讓我經驗一些「自己確實沒有價值」的事情來自我懲罰。或者我認為某人傷害了我，那個「創傷」就成了自己的罪證。只因我下意識認定自己罪有應得，小我便順理成章地懲罰了我，也許還讓我飽受身體的病痛。但無論顯現出何種症狀，原因都在於「我不肯寬恕自己心目中的罪」，於是罪引發了咎，而咎又要求懲罰。

正因如此，若要加速療癒過程，關鍵就在於自己是否能夠看清這些錯誤沒有一個稱得上罪，它們至多不過是內心缺乏愛而犯的錯誤而已。既然如此，試問各位，聖愛會如何回應這類錯誤呢？為聖愛代言的天音會怎麼說呢？是的，祂只會輕輕地說：「這些錯誤會在愛中得到修正與寬恕的。」反之，我們一旦把錯誤看成了罪，便會要求殘酷的懲罰，讓它永世不得超生。

因此之故，首要之務便是全面檢視自己不知不覺中借用了哪些人事物來打擊自己。我們必須學習看清那些被自己當成了真的「罪行」，也就是我們認定傷害了自己的某人或某事。缺少了這番誠實的檢視，我們是很難真正療癒的。若試圖在自己的

身體、過去、他人或世界當中去追究痛苦的原因，
必然徒勞無功，只因這些外在的因素不過是代罪羔
羊，用來掩蓋所有痛苦的真正肇因而已。痛苦的根
源始終在我們心內，不在他處，因此，也唯有救贖
的溫柔大能才能帶來真正的療癒。請相信，只要我
們真心願意療癒自己的觀念，隨時都可以操練強而
有力的寬恕步驟而獲得救贖的。（有關「接受救贖
的步驟」，請參見第489頁）

當我在內心搜尋那些代罪羔羊之際，可能會發
現，最苛責自己的竟然就是自己，是我對自己毫不
留情的負面評價才讓自己痛不欲生的。在小我眼
裡，這些自我評價證明了我確實有罪，除非我誠心
誠意將自認為的罪交託給聖靈換取奇蹟，否則，這
些罪證遲早會要求懲罰的。以我自己的經驗來說，
無情的自我苛責之後，身體的疼痛、生病、疲倦和
失眠很快就如影隨形跟著來了。

此外，罪的信念所引發的匱乏感，往往會吸引
更多的匱乏經驗來懲罰自己，這類生活實例可謂俯
拾皆是。這是小我將我們困在「罪、咎、懼」惡性
循環的一貫伎倆。除非我們心甘情願將這些咎由自
取的錯誤信念交託給聖靈，請祂為我們重新詮釋，
否則，我們便會繼續困在小我的惡性循環裡，永遠
不見天日。

下面的練習能幫助你看出，自己深埋的罪咎信念隱藏在哪兒：

(一)回顧一下歷史上的人物，你覺得哪些人是有罪的？包括你在新聞媒體看到的人，尤其是那些勾起你負面情緒的人。請寫下他們的名字。

(二)在你前半生中，哪些人或哪些事在你看來是有罪的？它可能是某個人、某件事，或是你的身體，也可能是某個機構、你自己，甚至上帝。換句話說，哪些是你尚未徹底寬恕的？請寫下你所能想到的每個人和每件事。

　　凡是你尚未徹底寬恕的人或事，都象徵著你始終緊抓不放的潛意識罪咎，也反映出你的自我憎恨與自我打擊。這些人與事在你眼中並非僅僅是有待修正的錯誤而已，而是小我所定義的罪——既然有罪，就必須接受懲罰。

　　但是，請別忘了，那些不可寬恕的「他人」，並非活在你之外，而是在你的心內。凡是你不願寬恕的罪，便會招來懲罰，結果變成了自我懲罰。這都是潛意識的小我在作祟，它一口咬定「你罪孽深重，所以，罪有應得的必定是你」。

把罪詮釋為錯誤，在小我眼中是無法自圓
其說的。罪的觀念在小我思想體系裡神聖
而不可侵犯，你必須對它抱以敬畏之心。
它是小我體系中最「神聖」的觀念，不只
惹人憐愛，還有呼風喚雨之力，它真實
不虛，你應不遺餘力地加以保護。罪也
是小我最「高明」的防衛措施，其餘的
伎倆只是為它搖旗吶喊而已。罪是小我
的盔甲，它的保護者，也是特殊關係在
小我心目中的真正目的。我們確實可以
說，小我的整個世界都是建立在罪之上
的。只有這種世界才會如此是非顛倒。
（T-19.II.5,6:1~2）

請仔細看看你所列出的人與事，以及前面的問
題「小我利用你的身體，或生活中的什麼事情來證
明你是有罪的」之答案。

你真的準備好透過寬恕來釋放這些人與事了
嗎？請務必對自己誠實，如果你覺得自己依然心不
甘情不願，不妨先把那些你難以寬恕的人或事擱置
一邊。只需帶著覺知，而且溫柔地問問自己：「我
為何感到難以釋放？」注意一下自己的回答，看看
你緊抓不放的那些批判，其目的何在？回答盡可能

具體一點，比如說「死抓著這些怨尤，對我有何好處？」「倘若釋放它們，我到底害怕失去什麼？」

現在，想像一下那些使你受害的人事物實際上並不存在，只有你和心中的怨尤在製造憎恨、分裂與懲罰。當你正視這些怨尤時，問問自己：「**我願意讓它們招來的懲罰落在自己頭上嗎？**」只要你覺得自己已經準備好徹底釋放你所列出的全部或部分怨尤，不妨借用第489頁所提供的「接受救贖的步驟」。

我這一生中有待寬恕的功課多得不勝枚舉，現在我可以如釋重負地告訴大家，我已寬恕了此生所遇到的每個人。如今，身體是我主要的寬恕對象，它是我最後一個有待療癒的特殊關係。

我已清楚看到，自己如何利用身體來貯藏罪的信念，那些罪其實只是個錯誤而已。只要有一點輕微的疼痛，我馬上看出，自己又要身體來承受自認為罪有應得的懲罰了。對我個人而言，那些尚未寬恕的事，明明都跟自我批判脫不了關係，我卻讓身體去承受苦果，藉以證明自己是有罪的，不配獲得上主或他人無條件的接納。

換言之，我一旦心懷怨尤，便會利用身體來打擊自己，以此向自己和世界證明，我確實罪孽深重，而且罪有應得。救贖之大能正是為了幫助我們根除這種罪與咎的錯誤觀念，把看似有罪之物視為一種無心的錯誤，而錯誤永遠是配得上寬恕與療癒的。

> 然而，懲罰只是保護罪咎的另一種手法而已；
> 因為該受懲罰的，表示確有其事。懲罰一向是
> 罪最有效的護身符，它對罪絕不會掉以輕心，
> 甚至萬般推崇罪的嚴重性。凡是必須懲罰的，
> 表示它必是真的。凡是真實的，必是永恆的，
> 且會永無止境地循環下去。因為只要你認為是
> 真的東西，必會想盡辦法得到它，而且絕不輕
> 言放棄。（T-19.III.2:3~7）
> 反之，錯誤則沒有這種魅力。只要你看清那只
> 是一個錯誤，自然會想要修正它。至於罪，
> 則會一再重演，即使令人飽受痛苦，罪的魅
> 力始終不減。你一旦把罪「降格」為一種錯
> 誤，就不會舊戲重演了，你會當下打住，放
> 棄那老戲碼，除非罪咎依然在你心裡作祟。
> （T-19.III.3:1~5）

假謙虛和清白無罪

《課程》明確地指出我們在世的任務 ——「成為世界之光」，這可不是小小的任務啊！

> 你在世的任務乃是成為世界之光，那是上天賦予你的使命。懷疑這一點，只是小我的傲慢在作祟；認為自己不配接受上主親自指派的任務，也只是小我的恐懼在作祟而已。世界的救恩正等著你的寬恕，因為上主之子必須藉此才能擺脫世間的假相以及所有的誘惑。這位上主之子就是你。（W-64.3）

問題是，小我非常害怕清白無罪這個觀念，因為它的虛幻身分與力量原本就是靠我們相信罪與咎真的存在而維繫下去的。罪的觀念一旦被寬恕釋放了，罪咎與恐懼的後遺症 —— 痛苦，**必會**消失於無形。

罪咎與恐懼構成了我們與上主的間隙，因而感受不到內心深沉且不可動搖的安全感，也意識不到自己原是沒有對立的真愛。在小我眼中，「自稱清白無罪」可說

是最嚴重的褻瀆，根本就形同死罪！然而，耶穌來到人間為我們扭轉了世間的法則，教我們認出自己的清白無罪，而且告訴我們：「基於我們共有的基督自性，我們是世界之光。」

難怪耶穌會被世人置於死地，因他不只揭示清白無罪之真相，還親身證明了純潔無罪之本性所具有的百害不侵之本質。他向世人證明：「唯有上主聖愛及天律才是真實不虛的，小我那套法則在真理之前毫無招架之力。」

然而，在小我的世界裡，我們一向推崇假謙虛，膽敢自稱清白無罪，不啻是一種傲慢，聲稱自己是上主所創造的生命，聲稱「我們是世界之光」，更是犯了小我的頭條大罪。依照小我的邏輯，不論是誰，若想活出聖人的模樣，必須不斷提醒自己是個罪人，才符合小我心目中的神聖，這顯然與「我們是世界之光」的教誨背道而馳。

> 小我的瘋狂信仰中有一基本信條：罪絕不是一個錯誤，它是事實真相；純潔無罪之說才是自欺欺人。純潔被視為一種傲慢，承認自己罪孽深重，反而被視為一種聖德。這類教義存心否

定天父為聖子創造的永恆不變的真相。這豈稱
得上謙遜？它其實是在暗中扭曲造化的真相，
使它再也看不見自己的真相。（T-19.II.4）
對小我而言，今天的觀念（我是世界之光）等
於變相的自我膨脹。但小我絲毫不懂謙遜，常
把謙遜與自貶混為一談。謙遜意味著你只接受
自己在救恩中的角色，絕不接受其他的角色。
如果成為世界之光乃是上主降於你的大任，你
卻堅稱自己不配，這並不是謙遜。堅稱自己不
可能負有這一任務，才是真正的傲慢；傲慢永
遠出自小我。（W-61.2）

我們究竟想要解脫什麼？

　　我們究竟在保護自己什麼？若非死亡的恐懼在潛意
識作祟，我們會活得十分喜悅，充滿靈性和活力，而且
完全信賴當下，因為我們明白了生命其實不待拯救，只
需將它完全交託給上主就成了。只因我們終於看清了：
自己以前一直想要逃離的竟是上主。

是的，我們對上主的恐懼搖身一變，成了對死亡的恐懼，它又化身爲對剝削、疾病、匱乏以及其他種種厄運的恐懼，驅使我們不斷設法保護自己。如今，當我們不再受小我驅使而想盡辦法保全自己的生命時，那剩下的究竟是什麼在支撐著生命呢？我們終於體會到是上主，也是我們的基督自性**透過**我們活出這一生命，這便是所謂的「幸福美夢」。生命即是上主，一旦放下了小我對死亡的恐懼，生命本身自會透過我們而活出來的。

放下心來，將心中揮之不去的威脅感交託出去吧！否則，愈是害怕威脅，愈會招來更多的威脅。這原本就是小我的詭計，它一心想讓我們活在恐懼之中，我們才會身不由己地掉入它爲我們打造的死亡陷阱。

第六章

爲何耶穌的教誨
是所有修行法門中最省時的？

無庸置疑，在好似分裂爲芸芸眾生的唯一聖子當中，耶穌是斬釘截鐵破除分裂與死亡的古老誓約之開路先鋒。他的復活徹底超脫了以死亡爲核心的小我夢境。自古以來，由小我夢境覺醒的聖賢雖然不在少數，但耶穌可說是徹底**超脫**小我生死輪迴之夢的第一人。

因爲他克服了肉體的死亡，而死亡正是人類抵制上主聖愛最狠的一招。死亡的信念在人的內心覆蓋了一層陰沉無比的面紗，暗地裡供奉著死亡的偶像，令自己困於失憶狀態，在時間幻相中不斷輪迴。

> 這陰沉無比的面紗，有賴死亡信念的撐腰和死亡魅力的保護。爲死亡及其王權效命，等於對小我暗中發下重誓，絕不掀開這面紗，與它保持距離，甚至不去猜疑它的存在。這是你和小我的祕密協定，你答應把那聖容隱藏在面

紗之後，讓它永不見天日，你也永不致憶起。
這是你對小我的許諾，絕不讓那一體生命把你
由分裂世界中救拔出來；你寧願罹患失憶症，
也要徹底遺忘上主的存在，結果造成了你與自
性的分裂；這就是所謂的「上主恐懼症」，
是你決心與祂斷絕關係的最後一道殺手鐧。
（T-19.IV.四.3）

耶穌代表了我們內在復活的基督，也就是覺醒的神
聖自性，這是我們共有的天賦遺產。他憑著基督之大
能，爲所有人療癒了分裂之念，完成了救贖大業；他並
且解除了上主唯一聖子自以爲犯下的所有過錯，包括因
果業力與死亡的信念。我們之所以依然見到幻相而深受
其苦，只因我們過於珍惜所謂的「自由」意志，但說穿
了，這種「自由」不過是小我選擇受苦的自由罷了。

換言之，正因我們寧可相信虛幻無比的個別之我，
不惜違背自性之願（也是上主的永恆旨意），《奇蹟課
程》才會痛下針砭，幫助我們重新選擇，不再抵制眞愛
與療癒，所有的痛苦與折磨終將煙消雲散。

大部分的人雖然都很想放下抵制心態，一心融入上
主的旨意，但除非我們眞心願意透過寬恕的奇蹟，解除

自甘受苦的隱藏念頭，否則我們暗地裡自我傷害的傾向是不可能停止的。

　　死亡的觀念在人們心中根深柢固，也是潛意識裡最堅固的防衛措施，我們從不敢質疑它，只因我們深怕憶起自己依舊活在上主聖愛中，始終清白無罪而且百害不侵。如果我們真想徹底療癒，就必須勇敢質疑小我整套思想體系中最具殺傷力的觀念，而且還必須甘心放下它才行。

　　耶穌的復活戰勝了死亡之念，證明死亡確實是後天打造出來的，它是一切幻相的始祖。耶穌為我們親身示範了「非真之物不可能死亡」，只因它根本未曾存在過。死亡之所以看似真實不虛，完全是因為我們如此盲目地相信它。

　　換言之，牢牢支撐著整個小我夢境的，正是我們下意識對死亡的忠貞信念，當然也包括了我們對它的化身（疾病、衝突、匱乏與痛苦等等）不斷的投注，然而它們跟肉體的死亡一樣虛幻不實。為了抵制這些威脅，我們投入了多少精力，恰恰顯示出我們下意識受到死亡的吸引有多深。

　　這也反映出，我們下意識多麼渴望死亡能將我們由

神聖自性的「可怕」悟境中「拯救」出來。爲此之故，死亡成了一切幻相的始祖，蓄意掩蓋我們對上主的終極恐懼——只因我們如此害怕認出「自己就是愛」的眞相。

究竟而言，死亡象徵著我們害怕認出自己無瑕可指的無罪本質，不敢領受完美的眞我與生俱來的無限能力。我們害怕憶起眞實的自己乃是凜然不可侵犯的眞愛，它原本卽是人人皆具的本質；這一切全都出自上主的旨意。事實上，我們的神聖自性**就是**上主的旨意；反過來說，任何一種痛苦都絕不可能出於上主的旨意。

因此，如果我們仍在自己或他人身上看到痛苦、衝突、病痛或犧牲，表示我們仍然執著於虛幻的個別之我，寧可在神聖自性之外另起爐灶，不甘成爲上主之愛的化身。

死亡卽是你與造物主分裂之念。
（W-167.4:1）

我們若能謹記死亡並不存在，眞實的生命自會顯現；縱使我們還活在這具身體裡，也能體驗到這一永恆不朽的生命，因爲它就在此時此地。而如果想體驗眞實的生命，我們就必須爲自己所經驗到的一切負責，承認

眼前的身體、他人和世界，都是出於自己的投射。

　　不只如此，我們還需具體了悟「人生並非出於**偶然**，也不是外在環境所造成的」，因為一切經驗都發生在心靈內，而且就在當下此刻，**我們**才是一切問題的始作俑者。

　　試問，要接受這個涵蓋極廣的真相究竟有多難呢？這就因人而異了，但我們至少可以從它激起內心反彈的程度，看出自己暗地裡不肯自我寬恕的傾向有多強烈。這一傾向正是自我攻擊的元兇，因著它的暗中作祟，我們才會不斷投射出形形色色的痛苦、衝突、匱乏與死亡來懲罰自己。

> 你現在應該看清了，死亡的信念究竟是怎樣假裝要「拯救」你的。死亡信念一旦消失，還有什麼好怕的，你難道會害怕生命不成？死亡的魅力使生命顯得如此醜陋、無情且殘酷。你對小我的恐懼並不亞於你對死亡的恐懼。它們都是你精挑細選的伙伴。在你們的祕密協定裡，你同意絕不揭發你對上主的恐懼，以免你一不小心看見了基督的聖容而與祂結合於天父之內。（T-19.IV.四.4）

小我非常害怕上主，它認定我們犯了彌天大罪且罪不可赦，故假借上主的名義來殺害我們的身體。在它不堪回首的痛苦記憶深處，隱藏了一個不為人知的恐懼，這正是我們終日惶惶不安、感到草木皆兵的原因所在。這一千古祕密，暗中唆使我們死守著自己和親人的一具具身體。

　　小我這個祕密，讓我們莫名所以地害怕上主的報復，相信自己在天人分裂之初逃離了真愛的源頭，背叛了上主。為了躲避自己想像出來的天譴，小我打造出一個虛幻的世界好讓我們藏身。從此，我們開始了逃亡的生活，這股令人窒息的罪咎感就此成為「個別之我」的存在核心。總之，小我的核心就是罪咎，它好似「獨立存在」的虛幻感覺，完全是靠著恐懼與剝削餵養出來的，而它躲避上主的最大法寶，就是死亡的面紗。

　　你仍指望死亡能夠幫你由自掘的墳墓中脫身。你不敢承認：你營造出死亡只是為了給自己一個結束的幻相而已。死亡不可能成為你的出路，因為它沒有生命，而所有的問題都出在生命那裡。生命沒有對立，因為它就是上主。是你決定以死亡來結束生命，生命與死亡才會對立起來的。寬恕世界吧！你就不難明白，上主

所創造的一切，是沒有終結的；凡不是祂所造
之物，都不是真實的。（M-20.5:2~7）

原來我們最害怕的並非死亡，而是那令人膽寒的上
主！小我不時這麼問：「我們背棄了上主，祂如果逮到
我們，你能想像祂會怎麼對付我們嗎？」沒有錯，這種
想像中的天譴簡直恐怖至極，相形之下，世間的痛苦似
乎好受多了。正因如此，我們寧可死亡也要躲開上主。
我們所有的經驗裡，不論什麼形式的苦，小至判斷或內
疚，大至疾病或匱乏之苦，全部都是死亡之化身。也就
是說，只要我們不選擇生命、喜悅與真愛，就表示我們
又想藉著死亡來躲避上主了。

在小我的思想體系裡，上主成了一個無所不能但又
睚眥必報的神明，如此，我們怎麼可能感受到無限聖愛
才是自己的神聖生命？這根本超乎小我的能耐！小我存
在的目的，獨獨就是「封鎖我們對上主真相的所有記
憶」；而它心目中的上主，也只可能是個熱中審判又酷
愛懲罰的神。我們一旦中了小我所下的蠱，不知不覺相
信了這種神，等於向小我與死亡投誠，再也不可能信賴
心中的真神了。

我們內心緊抓不放的罪咎感必會勾起小我自我攻擊

的衝動，而肉體的死亡代表了自我傷害的極致。小我被罪咎逼瘋以後，竟想篡奪上主之位而自立為王。為了躲避天譴，它乾脆將我們判了死刑，還讓我們承受形形色色的痛苦，以為痛苦與死亡能夠消弭上主的義怒。

> 小我相信它若先下手懲罰自己，上主很可能會放它一馬。……它存心篡奪上主在它心目中所有的能力，因為它明白，只有贏得你全面的投誠，它才能高枕無憂。（T-5.V.5:6,9）

其實，我們內心深處並不真的相信死亡是一種解脫，我們不僅知道它不會帶來平安，更不會領我們回到天鄉，否則，我們就不會這麼害怕死亡，反而會殷切期待它的來臨了，不是嗎？只因我們全都陷於小我的瘋狂信念，沒有人敢去質疑這個明顯的矛盾，這正是分裂心靈的最佳寫照。唯有不去面對這一矛盾，使它們互不照面，我們才能保住兩種截然相反的思想體系。然而，只要揭露潛意識的小我信念及恐懼，與聖靈所教導的「沒有對立的愛與生命」一照面，小我思想體系的荒謬便無所遁形了。

可以這樣說，只要有某種死亡形式還會威脅到我們，就表示我們下意識依舊害怕上主，因我們必然相信

死亡是出自上主的旨意。一旦如此相信，就等於否定了
上主的真相，也否定了我們的神聖自性。

> 你始終認為死亡是上主的懲罰而非小我的傑
> 作；又因你已誤把小我當成了自己，故認為是
> 你自己想死的。你若真有此意，連上主都愛莫
> 能助。（T-12.VII.14:5~6）
> 死亡無法存在，因為所有生命都享有造物主
> 所賜的功能。生命的功能不可能是死亡。
> （T-29.VI.4:9~10）
> 身體既不曾活過，故也不會死；它容納不下
> 你，因你是生命。我們既然享有同一心靈，
> 你必然也能如我一般克服死亡。死亡企圖以
> 不作任何決定的方式來解決衝突。這和小我
> 其他荒誕的應變伎倆一樣，**根本於事無補**。
> （T-6.V.一.1:4~7）

死後的世界並非一個去處

所謂死後的世界，並不是此生結束後前往的一個地
方，而是根深柢固的罪咎為心靈打造出的一種存在經

驗。我們哪兒也沒去，死亡不過是小我人生大夢的延續，小我在死亡之夢裡其實更是如魚得水。死亡既是小我所作的一個夢，它與小我的存活自然成了脣齒相依的關係。

然而，一旦徹底化解了人生大夢中的小我，我們的知見便會隨之療癒及轉化，真實世界於焉如期而至。至此，我們才會恍然大悟，真實世界方是我們在世的存在真相。在真實世界裡，我們所造出的一切開始閃耀著愛的光輝，故真實世界又稱為幸福美夢。縱然我們仍活在身體裡，是人類的一份子，但療癒的心靈如今已能意識到自己與他人根本是完美的一體生命，這種體認便是人間天堂。

我們就這樣從小我的痛苦、衝突、疾病與死亡噩夢，轉化到聖靈純然的喜悅、平安，充滿真愛與生命之美夢。時辰一到，寬恕釋放了所有的罪咎，我們便能安然捨下身體而去。耶穌一再強調，這是我們與聖靈一同作出的決定，而不是因為身體被生老病死折磨致死的緣故。

由於身體是完全中性的存在，故能反映出我們徹底寬恕的結果，換句話說，身體這個「果」會忠實反映

出療癒之心這個「因」。心內的「因」，與呈現於身體或世界的「果」，兩者在心內緊密相依，不可分割，「因」一旦療癒了，「果」必隨之改觀。這正是耶穌之所以能夠治癒疾病與起死回生的根本原因。

> 唯有當你讓因與果彼此相認、不再視爲兩回事，這時奇蹟才可能發生。（T-26.VII.14:1）
> 救贖計畫裡最重要的一環，就是它能化解每個層次的錯誤，一解百解。（T-2.IV.2:1）

爲此，身體成了我們超脫小我分裂、痛苦與死亡之夢的首要工具。既然肉體的死亡乃是小我抵制上主之愛最狠的一招，那麼，趁自己還活在身體裡，透過它，揭露並解除所有阻礙療癒的錯誤觀念，我們才有療癒的可能。

只要我們甘心讓身體爲聖靈效力，不再爲小我所用，那麼它就不再是我們的身體，而是基督之化身，成了推恩寬恕的工具。從此，它只爲愛服務，故它也絕不可能受苦。反之，我們若麻木不仁地甘受小我奴役，爲自己招來痛苦與死亡，就等於供奉死亡爲救主，向世人證明：「死亡的勢力確實勝過上主涵容一切而沒有對立的生命。」

如果我們不想再扮演死亡之夢的受害者，就得放棄對身體的掌控，全心接納上主的旨意，這表示我們甘心解除自己爲此夢境所設的「不神聖目的」。過去，我們誤把這個夢境當成生命，然而，最終難逃一死之物怎麼可能是眞實的生命！

　　活在小我內，等於活在死亡中。難怪我們暗中指望死亡的解脫，期待死亡會幫我們擺脫身體與小我永無止盡的衝突之苦，也難怪世人總把死亡與天堂聯想在一起。

　　只要我們相信死亡的勢力遠大於上主聖愛，表示我們因著恐懼而不知不覺否定了自己的神聖自性。換言之，死亡之夢會阻礙我們憶起自己在上主完美造化中的眞實身分，只要在死亡的種種化身多投注一分心力，就會延誤一天的覺醒，而在小我的生生死死中不斷輪迴下去。

> 小我並非上主的叛徒，因爲沒有人可能背叛上主。小我其實是你的叛徒，因它一口咬定你背叛了天父。爲此之故，化解罪惡感成了聖靈最重要的一課。只要你還心存一絲罪咎，你對小我就不能不言聽計從。它這樣告訴你：你

已背叛了上主，因此罪該萬死。你始終認爲
死亡是上主的懲罰而非小我的傑作；又因你
已誤把小我當成了自己，故認爲是你自己想
死的。你若眞有此意，連上主都愛莫能助。
（T-12.VII.14）

當你開始向死亡的誘惑讓步時，**請記住，「我
並沒有死！」**……我怎麼可能只爲自己一人戰
勝死亡？（T-12.VII.15:1,3）

除了從這具身體覺醒之外，
你還指望從何處超脫死亡？

在小我的夢境裡，時間的幻相好似永無止盡，我們
一再逃入死亡的輪迴中，度過了一生又一生，唯恐覺醒
於自己的神性——那才是我們的本來面目。爲此，死亡
可說是我們害怕上主最極端的表現，它讓我們患上失憶
症，一次又一次投生於另一個虛幻的生命。試問，我們
究竟想投生爲「什麼」呢？

沒有錯，在小我的人生幻相裡，我們一出生便忘了
一切，渾然不覺此生唯一的意義乃在化解虛幻的自我

感，而唯有學習寬恕身邊每一個人事物，才可能達此目標。不幸的是，我們在小我的思維模式下，只學到論斷與譴責每一個人事物，包括自己在內。

小我灌輸我們一個觀念：「我們不過是一具脆弱的身體，註定會衰老、會死亡。」因此，整個世界的運作都奠基於死亡與恐懼的前提，而非生命與真愛。小我便是如此利用身體來轉移我們的注意力，將生命真相徹底由我們的覺知中抹去。

其實，我們既非一具身體，也不**活在**身體裡，我們是永遠清白無罪的上主之子，享有上主天心的力量與權能，這才是生命的真相。只因受到小我的蠱惑，我們才會覺得自己既無能又無助，誤把死亡的宿命視為生命的本質。

> 你受苦是因為身體會痛，就在這痛中，你與它
> 結為一體。你就這樣保全了自己的「本來」面
> 目；冥冥中你感到自己的生命也許大於這一撮
> 塵土的奇特想法便被消音了。因為你看到，
> 這撮塵土能使你受苦，扭曲你的肢體，停止
> 你的心跳，將你打入萬劫不復的死亡結局。
> （W-136.8:3~5）

由此可見，身體比眞理還強大，要你活下去的
眞理戰勝不了你自取滅亡的抉擇。如此看來，
身體也比永恆的生命更爲強勢，天堂比起地獄
反倒顯得不堪一擊，上主爲聖子設計的救恩計
畫就這樣被一個比上主旨意還強大的決定推翻
了。（W-136.9:1~2）

事實上，身體沒有能力自行轉變；倘若沒有心靈的
指令，它不可能生病或康復。所有生物法則都是小我的
傑作，並非出自上主天律。身體純粹是中性的，它顯現
爲健康或生病，端看我們每時每刻投射出什麼而定；它
究竟充滿罪咎，還是清白無罪，也全然繫乎這具身體聽
從哪位內在導師的指令。確然如此，身體的狀況如何，
完完全全取決於我們的心靈。我們若任憑心中的罪咎興
風作浪，等於是縱容小我利用身體、他人以及世界作爲
攻擊的武器。

你認爲死亡是肉體的事。其實，它只是一個觀
念，與它外在呈現的種種形象毫不相干。念頭
存在心靈內。它遵照心靈的指示運作。若想改
變，必須從源頭上改起。觀念離不開它的源
頭。本課程一直反覆強調這一句話，因爲這是
我們想要改變你對自己看法的關鍵所在。你之

所以能夠治癒別人，原因即在於此。它是治癒
的源頭。也是你不可能死亡的原因。這一真理
奠定了你與上主一體的事實。（W-167.3）

環顧古今，很少人這麼幸運，是被超越死亡夢境的
開悟明師撫養長大的。反之，我們大多數人都是由充滿
小我的父母或褓姆帶大的，他們毫不自覺地將我們培養
成一個虛假的自我，幫我們打造一道無比堅固的防衛之
牆來抵制真愛。他們教導我們要追求特殊之愛，也向我
們示範如何在世間功成名就。尤有甚者，整個世界都在
向我們灌輸這樣的觀念：自己天生匱乏且毫無價值，
必須拼命向外追求、建立各種關係、獲得種種成就，如
此，人生才能圓滿。

幸而，有一小部分的人開始憶起人生的神聖目的，
踏上化解假我的旅程，也就是解除世界幫我們建立的
「自我」。如果在身體壽終正寢之前，我們尚未完全
憶起自己的神聖自性，那麼我們別無選擇，只能再次落
入失憶的生死輪迴中。可以說，時間的幻相就是靠我們
一次次無意識地死亡、一次次無記憶地投胎而循環下去
的。小我的死亡之夢也就順理成章地持續演出，直到有
一天我們與聖靈攜手，開始正視小我，解除死亡對它的
致命吸引力為止。

儘管所有的修行法門都可能幫助我們逐步覺醒，讓我們跳脫小我的生死輪迴，然而耶穌的寬恕與奇蹟之路，可說是當今最省時的捷徑，因為它瓦解了時間幻相，清除了罪咎，解除我們暗地裡對死亡的執迷信念。我們之所以會受到死亡的致命吸引，是因為它能夠幫我們逃避自己的真相，即百害不侵的自性，不必覺醒於上主的旨意。為此，只要我們心底不再那麼害怕上主，自然不受死亡的威脅了。死亡觀念一除，我們便會欣然發現時間的無上妙用，它純粹是給我們一個回歸聖愛的機會而已。

　　若要克服小我的死亡夢境，除了藉助於身體，我們還能指望從何處下手？既然死亡是我們為了逃避聖愛所祭出的最後一個狠招，我們就必須甘心將身體交託出去，讓聖靈賦予它全新的目的，如此，也才克服得了死亡的各種化身。只要我們肯放下自己賦予身體的目的，療癒必然如影隨形而至，我們便戰勝了小我的死亡之夢，緊跟著兩千多年前耶穌的腳步。

　　　你把身體作何用途，它就變成了你，這是最關
　　　鍵的一課。你若用身體來犯罪，或攻擊（兩者
　　　都與罪無異），你就會視它為有罪之身。因為
　　　罪孽深重的，必然脆弱不堪；因為脆弱不堪，

它註定受苦，最後必然難逃一死。你若能藉助身體而把上主聖言傳給尚未領受的人，身體就被聖化了。它既是神聖的，便不可能生病，更不可能死亡。（M-12.5:1~5）

象徵耶穌甚深教誨的「浴缸」

近來，我受到聖靈的啓發，得到一個非常單純的意象，足以讓我們一窺耶穌教誨博大精深的內涵。一天，我腦海裡浮現一個畫面，有一個宛如奧林匹克競賽游泳池一般大的浴缸，代表著整個小我夢境，從天人分裂之初到時間的終結都包括在內。缸裡注滿了水，代表著二元世界的夢境，涵攝了看似無止無盡的時空循環、因果業力與生死輪迴。就這個意象而言，它就是小我的整個罪咎、恐懼、痛苦與死亡之夢。

這個龐大的浴缸之所以能夠承載如此大量的苦毒之水，所憑靠的，只是一個巨大的塞子，它將缸內的水整個堵住了。這個塞子就代表我們對死亡根深柢固的信念——我們相信死亡的勢力遠勝過我們活在上主內的力

量。這一信念好似在上主頭上供奉了另一個偶像，沒有錯，正是這個根深柢固的信念，撐起了整個世間的痛苦幻相，因為只要相信死亡真的存在，上主就不存在了。死亡就這樣全然否定了生命與上主。

儘管一些靈修法門也能幫助人們解除痛苦夢境，而且它們也不乏「死亡是幻」之主張，但它們卻依舊相信死亡是自然法則，是小我的夢中人生一個必經的歷程與註定的結局。甚至若干法門還賦予死亡某種意義，試圖將死亡與上主這兩個截然相反而互不相容的觀念混為一談。

耶穌的教誨則毫不妥協，他說上主即是生命，此外無他；上主不可能**與**痛苦並存，也不可能**與**疾病、**與**死亡並存；上主就是生命，根本沒有與祂相反的勢力存在。除非我們相信自己的生命跟那個生命源頭毫不相干，否則生命怎麼可能**與**死亡並存？

> 如果死亡有一點真實的話，生命就不可能存在。因為死亡否定了生命。然而，生命若有一點真實的話，死亡就被否定掉了。兩者毫無妥協並存的可能。不是可怕的神明，就是慈愛的上主。……祂從未創造死亡，因為祂不會創造恐懼。（M-27.4:2~6,9）

耶穌要我們親身體悟這個真相，而且要趁我們還活著的時候，如果拖到死亡的幻相奪走了身體之後，則為時已晚，我們必會再度落入生死輪迴的失憶狀態。而領悟這個真相的唯一途徑，就是寬恕所有令我們感受不到愛的虛幻經驗。

　　決心寬恕的那一刻，表示我們只願接受上主的天律管轄；若還三心二意，便會在苦海中繼續沉沉浮浮。只要我們仍然相信那個會降下痛苦和死亡的善惡分明之神，自然領悟不到自己沐浴在上主之愛中，全然百害不侵，原因無他，只因我們還沒接受這一真相罷了。上主與死亡之間，只有一個「真的」存在。我們只能相信其中一個，不是上主，**就是**痛苦、疾病與死亡。

> 新約有這麼一句話：「最後有待克服的大敵即是死亡。」說得一點都不錯！死亡的觀念一去，世界便消失了。所有的夢境也會跟著這個夢一併結束。終結一切幻相，乃是救恩的最終目標。而所有的幻相都是出自死亡。出自死亡之物，怎麼可能會有生命？出自上主的生命，又怎麼可能死亡？……你難道還看不出，若非如此，表示祂有一個相反的勢力存在，那麼恐懼就會變得像愛一般真實？
> （M-27.6:1~8,11）

就我所知，在所有靈修法門中，唯有《課程》針對人類潛意識裡對上主的恐懼而痛下針砭，正是這個對上主的恐懼構成了死亡致命的吸引力。為此之故，我們若不敢檢視自己對上主深不可測的恐懼，也就是死亡夢境的根源，那麼，「死亡塞子」將會緊緊堵住浴缸排水口，我們只好繼續在小我的夢境載浮載沉。

　　這並不是說《課程》以外的靈修傳承無益於世道人心，它們只是未能切入「天人分裂」這個核心妄念——未看出這個巨大的「死亡塞子」正是維持整個小我夢境存活與輪迴的根本原因。正因如此，浴缸的意象讓我明白了，那些教誨或許每一千年方能幫我們排出「苦海之缸」的一滴水，若要排空整個缸裡的水，則非耗上百千萬劫不可。既然我們全是同一生命，表示在浴缸的水排空之前，每個昏睡的心靈都不可能恢復清明神智，回到圓滿幸福的天鄉。

　　由此可見《課程》甚深教誨之殊勝。經由耶穌的復活及救贖，表示他**已經**抓到這個名叫「死亡」的巨大塞子，為我們從浴缸大力拔出！塞子一拔，夢中苦海便在瞬間排空了。

　　當然，選擇其他靈修法門也能讓人們在人生大夢裡

享有某種程度的平安，但是那種覺醒還不夠徹底。耶穌獨樹一幟的寬恕之路，即救贖與奇蹟，乃是根據縱向的時間座標，直接切斷橫向的線性時間觀念，瞬間瓦解了整個時間幻相，為我們免除了無量劫的痛苦，省去百千世的因果輪迴。

在分裂的漫長大夢中，耶穌超越了古聖先賢的靈修教誨，首度證明了死亡**確實**不存在；這一成就並不屬於某一個人，而是屬於我們所有人的。

他在自己的復活與救贖中，瓦解並釋放了以死亡為核心的小我夢境，這等於證明了我們的純潔無罪，我們依然是百害不侵的上主兒女。耶穌在下面這段話裡告訴我們：「復活已在『你』內完成了。」那麼，我們能否安靜片刻，敞開心靈，全面接受「自己確已療癒」的事實呢？

> 相信復活吧，它不只完成了，而且是在你內完成的。不只現在如此，永遠都是如此，因為復活原是上主的旨意，它是不受時間限制的，也絕無任何例外。只要你自己不再製造例外，否則你就無法認出祂為你完成的救恩。
>
> （T-11.VI.4:6~8）

這就是爲什麼我會說：「那些沒有看見而相信的人，眞是有福。」因爲那些相信復活的人，必會見到復活。復活表示基督全面戰勝了小我，祂不會打擊小我，只是超越而去。（T-11.VI.1:5~6）

耶穌在戰勝死亡與完成救贖之際，已清除了我們的罪咎，即我們暗地裡對上主的恐懼，也因此化解了小我的因果業力之觀念。爲此，他成了唯一聖子活生生的象徵，人人本具的永恆基督天心在這個「人」身上完美無瑕地示現著。他在前引路，爲我們修直了返鄉之途，還送給我們救贖與奇蹟的禮物，開啓了隨時都可直通療癒境界的玄妙之門。

當耶穌因著自己的復活而扭轉了小我罪咎懼和死亡之念的那一刻，你其實與他同在，因你的神聖自性乃上主天心不可或缺的一部分，也因之，你必然與耶穌一同復活。如果你還無法接受這個事實，不過表示你尚未準備好接納自己的完美療癒而已。當你眞正準備好了，你所需要做的，也僅僅是接納這一事實，歡迎療癒的來臨而已。

這正是救贖的目標，它只是幫助我們接受眞相的途

徑。救贖其實早已完成，所有夢境都解除了，你目前所經歷的不過是小我在人間的餘響。當你的心全然轉向上主之愛，那一刻，一切就結束了。你若一心只想要愛，你就只會經驗到愛。

耶穌並非為了我們的罪而死，相反的，他以克服死亡來證明罪根本不存在。死亡可說是小我抵制上主之愛最狠毒的一招，但耶穌的復活使得這一狠毒手段毫無招架的餘地。他從小我的死亡夢境復活，向我們顯示：唯有無罪無咎地放下所有的防衛，才能見證自己的百害不侵。

了生脫死意味著什麼？耶穌在兩千多年前就邀請我們加入他的復活行列，我們始終抗拒不前，只因我們尚未準備好，對那無所不包的聖愛避之猶恐不及。如今，我們在時間與痛苦的幻相中又折騰了兩千年，他於是送來一部《奇蹟課程》，為我們打造一條奇蹟之路，指引我們返回天鄉，得享始終存於心中的上主之愛那一榮耀。

天堂並不是我們要前往的某個處所，它是心靈的本然境界，只要我們不再讓罪咎與死亡之念覆蓋或扭曲自己的知見，便知它始終存於我們心內。反之，我們若縱

容罪咎與死亡之念作祟，恐懼便會篡奪愛的地位，登上心靈的祭壇。耶穌為了將我們從所有死亡噩夢中釋放出來，他必須經歷一段無何意義也無何作用的十字架之旅。然而，他終於藉著復活為所有的人完成了救贖，問題是，這一回我們是否已準備好接受自己清白無罪的永恆真相？

> 簡單地說，復活就是克服或超越死亡。是再度覺醒，或是重生，它顯示出心靈已經改變了它對世界的看法。復活就是接受聖靈對世界存在之目的所作的詮釋，它等於是親自接受了救贖。它結束了苦難之夢，欣然覺醒於聖靈的最後一夢。它認出了上主的種種恩賜。然而，這仍屬於夢境的範圍，只是在此夢中，身體已能完美地執行它唯一的交流任務了。復活結束了整個有修有學的階段，因為這一課等於宣告有修階段已經圓滿而且可以功成身退了。復活無異於邀請上主邁出祂最後的一步。它一舉撤銷了所有其他的人生目的、其他的意向、其他的願望以及所有的操心顧慮。它是上主之子對天父的唯一渴望。（M-28.1）
>
> 復活等於否定死亡，肯定生命。世界整個思維體系從此徹底扭轉過來了。（M-28.2:1~2）

死亡不復存在。上主之子終於自由了。恐懼就
在他的自由裡徹底結束了。如今大地再也沒有
任何隱祕的死角來庇護病態的幻相、恐懼的夢
境以及錯誤的宇宙觀。（M-28.4:2~5）

瓦解死亡夢境

　　耶穌的復活與救贖，瓦解了小我的死亡之夢，我們
現在所看到及經歷的小我餘響，不過反映出我們個人的
選擇乃出於自己的意願。換句話說，我們存心著眼於小
我的夢境，純粹是因為下意識受到罪咎的吸引，以及強
烈的自我懲罰傾向，這才是我們依然會目睹充滿苦難與
死亡之世界的原因所在。只要我們將根深柢固對愛的恐
懼帶到光明中接受療癒，小我的餘響及它心目中栩栩如
生的世界便會銷聲匿跡，取而代之的，乃是洋溢著真愛
與喜悅的真實世界。

　　耶穌是征服了死亡核心夢境的第一人，解除了所有
幻相的頭號魔咒，消除了小我對死亡根深柢固的信念，
不再受死亡種種化身的吸引。他深知我們意識不到自己

就是基督，故無法活出這一真知，箇中的關鍵，就是由於「死亡的信念」。為此，他以自己的復活向我們證明，連死亡這麼大的幻相一碰到療癒的心靈，也立即潰不成軍。

他所示現的奇蹟，扭轉了小我的因果律，令我們不得不相信「心靈確實是因，身體與世界不只是外在之果，它們根本只存在心靈內」。總而言之，他完全不受限於小我的法則，完全活在上主的天律下，他衷心期待我們也活出同樣的境界。

他向我們證明，這個世界、我們的身體，以及真實世界，全都存在於我們心內，雖然它們看起來彷彿是隨著時間而呈現在空間的現象，事實上，它們在心內出現的同時，已同步投射為外在的經驗了。小我的死亡之夢也不例外，故所謂「死後的世界」並不是一個處所，而是一種心靈狀態，只要我們下意識仍有死亡的欲望，便會不斷在心內投射為死亡的經驗。

身體永遠是小我的「夢中英雄」。如果沒有身體，小我便無立足之地；而且如果沒有「肉體的死亡」這一觀念，小我也完全無以為繼。小我確實需要這具身體來鞏固它的信念，架構出它那套基於恐懼的存在模式，為

此，身體可說是罪咎的淵藪。唯有從身體下手，才解除
得了死亡之夢，包括所有的疾病、痛苦、衝突或匱乏，
因它們全是透過身體才有粉墨登場的機會的。也因此，
若要超越死亡的幻相，除了這具身體，我們還有什麼更
好的途徑？

> 在夢的世界裡，身體是主角。沒有任何一個
> 夢缺少得了它，離開了夢境，它便無法生
> 存。……身體在所有夢裡都扮演著核心角色；
> 每個夢境都在述說自己如何被其他身體塑造出
> 來的故事，它如何被生到身外的世界，度過一
> 段光陰便離世而去，與其他可朽的身體同歸塵
> 土。在它分配到的短暫歲月裡，開始尋找其他
> 身體，不是交友，就是結仇。自身安全是它最
> 關切的事，活得舒適是它的人生指標；它盡其
> 所能地避苦求樂，躲開一切有害之物；最重要
> 的，它企圖教自己如何在人間的苦樂之中分別
> 取捨。（T-27.VIII.1）
>
> 它一而再、再而三要傳授你的，只有「身體是
> 因，而非果」這一課題。你是身體形成之果，
> 故不可能成為它存在的原因。（T-27. VIII.3:4~5）
>
> 換句話說，你是夢，而非夢者。（T-27.VIII.4:1）

我們若真心想要徹底扭轉世界的思想體系，由衷歡迎真實世界成為生活的現實，就必須讓身體只為上主效命。畢竟，身體本身不具任何意義，它是中性的，它的意義完全取決於我們賦予它的目的。於今，我們究竟要讓誰來主宰自己的身體，是小我，還是聖靈？這才是關鍵所在。

　　只要我還認定身體可能成為攻擊與受害的工具，只要我依然漠視靈性的存在，一心一意滿足身體的虛幻需求，表示我的確相信自己是一具身體，而非不朽的神聖自性。如此一來，我必會相信小我，也必會受制於它那套與天律相違的自然法則了。

　　反之，如果我只讓身體為聖靈效命，便會對自己的清白無罪堅信不疑，且在上主天律的管轄下感到百害不侵，如此，身體自然會有免疫能力。然而，如果我把身體當成真正的自己，死亡必然成了我的宿命。是的，只要我還自甘服膺於小我的法則，就等於把身體弄假成真，那麼，連上主聖愛對它都愛莫能助了。

　　耶穌所傳授的絕非肉體的長生不死之道，那是毫無意義的，因為知見一經療癒，身體便沒有存在的價值或用處了。只要依然有用，它就會留在人間；一旦完成了

任務，它就會靜靜退下，了無牽絆。

耶穌的教誨，正是為了幫助我們解除小我利用身體與世界的目的，並賦予它們一個神聖的目的——寬恕。唯寬恕化解得了罪咎，使我們再度憶起自己的神聖自性，隨之，真實世界才得以重現於我們心中。

> 上主在愛中賜給你一個真實世界，想要與你所造及所見的世界交換。你只需由基督手中接收過來，正視一下它的存在。它的真相便會使一切幻相當下破滅，因為注視真相，給了你一種全面性的知見。你只要正視一眼，便會憶起原來它始終不曾改變過。虛無當下便消失了蹤影，因為你終於懂得如何真正去看了。
> （T-12.VIII.8:1~5）

如果我們還認為自己是身體和世界的受害者，就表示身體的力量在我們心目中大於心靈，甚至凌駕上主旨意之上，如此一來，我們是絕不可能徹底超脫小我之夢的。要知道，疾病、痛苦、衝突、憂鬱、匱乏和死亡，都成了我們經驗不到愛的絆腳石，顯示出我們對覺醒於神聖自性（即上主旨意）的恐懼有多深，也因而拒絕接受「我們**就是**上主的旨意，我們**就是**天國」這個真相。

耶穌是超脫小我死亡夢境的第一人

我在前面透過浴缸之比喻，說明耶穌因復活而成了克服小我死亡夢境的第一人，為所有的人完成了救贖大業。在上主之子（包括我們每個人）的一體心靈中，他是第一位徹底超脫小我生死輪迴的聖子，而且是還活在身體裡時便完成了救贖。為此，他蒙受召喚，負起聖靈救贖計畫的大任。

> 祂立耶穌為實現這計畫的領袖，因為他是圓滿
> 完成自己那一部分任務的第一人。（C-6.2:2）

耶穌向我們示範了他是如何扭轉世間的運作法則而戰勝身體與世界的，扭轉的關鍵所在，他不只認出尚且活出了自己純然清白無罪之本性。一旦了悟自己的清白，自然體悟到世上每一個人與每一件事的無罪本質。

當他領受了「萬物皆清白無罪」的本質，所有的障礙頓時一掃而空，使他當即領悟到聖愛的臨在，上主無限的大能重返他的覺知，由之，他才扭轉得了小我的因果律，收回自己對身體與世界的主權，為所有的世人帶

來奇蹟與療癒。

雖然自古以來由夢境覺醒的聖賢不在少數，但他們未能徹底超脫夢境，正因他們的悟境還不夠徹底，故無法全面扭轉小我的因果律。要之，他們仍舊相信「幻相有層次之別」，所以無法親證「奇蹟沒有難易之分」。

小我的死亡之夢看似比他們的願力還強大得多，不僅能導致種種疾病，最後還會透過死亡奪走他們的身體，只因他們尚未接受坦然無罪的真相。凡是接受此一真相之人，他們的神聖本質必然不受小我幻相所侵犯，完成任務之後，他們便能健健康康、怡然自在地捨下身體，這才算是徹底超越了小我夢境，並且全然跳脫生死輪迴。

> 許多治療師本身尚未得到療癒。他們的信心不夠完整，故無移山倒海之力。有些人偶有治病的能力，卻不能起死回生。除非治療師先行自我療癒，否則他不可能相信奇蹟是沒有難易之分的。（T-5.VII.2:1~4）

升天
終結小我之夢

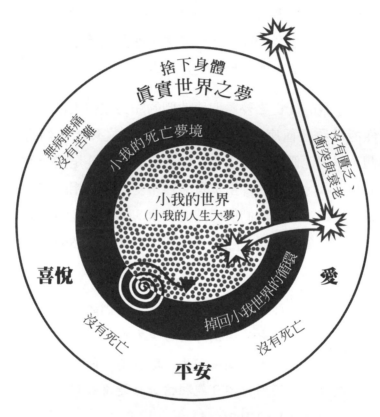

圖中的星形符號指出
耶穌超脫小我死亡夢境的途徑

瓦解死亡夢境

最内圈：小我造出的身體與世界

在「瓦解死亡夢境」的圖示中，有三個同心圓環，最內圈代表了小我的生存模式，使我們經驗到痛苦、衝突、疾病、失落、匱乏和死亡，所謂的自然律也屬於這個範疇。此圖為我們揭示了死亡的觀念如何串連了小我所有的運作法則，形成一整套的小我思想體系。

最內圈布滿的小圓點代表自太初以來所有的人類，星形符號則象徵著已經為我們化解了小我分裂之夢的「耶穌基督」，他代表已在人心內重生的神聖自性。當他復活之時，我們跟他一起復活；當他證入「自己就是上主之子，自己就是天國」這一境界時，我們跟他一起進入這一實相。

換句話說，我們共同的神聖自性已經戰勝了小我的世界與它的運作法則，他是為我們全人類而完成救贖大業的。我們之所以體驗不到這一生命真相，純粹是因為我們仍捨不下小我。幸好，我們的選擇具有扭轉乾坤之力，只要一刻間捨棄小我的思想體系，當下便能再度覺

於涵容一切而沒有對立的愛。

如圖所示，象徵著基督的星形符號已經跳脫出死亡之夢。耶穌在世之時便已活出了內在的基督自性，進入真實世界的覺知境界，才可能徹底扭轉小我的因果律，療癒疾病，起死回生。

圖中的這些「世界」，並非各自占有獨立的物質空間，它們原是一個。正因如此，就在耶穌選擇了全然寬恕之際，真實世界當下便顯現於他的覺知之中，為他揭示了萬物的真相。

在小我夢境裡，覺醒的境界有不同的層次。有些人可能已經悟出真相，這對我們全體都有極大的幫助。然而，「在夢境中開悟」畢竟不同於「徹底超脫夢境」。後者已徹底明白了所有的因與果都在自己心內，並向世人體現出：小我世界裡的一切虛幻表相，無一傷害得了我們，包括了這具身體，而且，每一個人都可以不再扮演身體或世界的受害者。

第二圈：死亡夢境

第二圈代表了小我的死亡之夢。你可以看出，我們的世界完全被鎖在這道深溝之內，死亡之夢成了一道阻礙我們通達真實世界最堅固的屏障。只要我們仍把焦點放在「死亡」上頭，不論是針對它的哪一種化身，真實世界對我們都會顯得遙不可及。

請注意，代表死亡的這一深溝，其實是一個持續不斷的「循環程式」，也就是一般所稱的輪迴。如果我們此生未能克服死亡之夢，死後必會掉回這個循環，再次投生，遺忘前世，重新經歷一次生死。因此，千萬不要以為死亡能夠帶來解脫。有些人可能在中年遭遇人生重大變故，也有為數不少的年輕人，來不及涉世就對人生感到絕望，只因父母、文化、媒體及學校所灌輸、形塑而成的「虛幻自我」，其實是個天大的謊言，當它被拆穿或崩潰之際，自殺便成了最常見的逃避方式。但是要知道，死亡絕非解脫之道，因為它根本終止不了小我的循環。

死亡其實成了他們的某種保障，他們請求那黑暗勢力的偉大救星把他們由真理之光救拔出來，這是他們對上主的答覆所作之回應，存心為上主的「天音」消音。然而，躲到死亡裡，解決不了任何矛盾或衝突。（T-19.IV.三.7:2~3）

死亡不存在，因為上主的創造必享有祂的生命。死亡不存在，因為與上主相反之境不可能存在。死亡不存在，因為天父與聖子原是同一生命。（W-167.1:5~7）

死亡無法存在，因為所有生命都享有造物主所賜的功能。生命的功能不可能是死亡。它只可能延伸生命，使生命綿延無盡，直指永恆。（T-29.VI.4:9~11）

當我們受夠了小我的折騰，多半會經歷一個幻滅的階段，那種徹底崩盤的感覺，成了**突破**的一個契機。換句話說，這個瓦解或幻滅的經歷，往往是我們轉變人生目的之轉捩點，也就是從小我的分裂與死亡的目標轉為聖靈的覺醒與生命的目標。這一重新的選擇，徹底扭轉了人生的目的，身體的目的自然會隨之改變，成了我們超脫恐懼之夢的最佳契機。

這種幻滅經驗，經常能促使人們探索更深的人生意義和目的，有些人可能踏上修行之路，有些人則不自覺地選擇生病或死亡。不論選擇哪一條路，只要我們仍然相信死亡是人生註定的結局，自然就難逃宿命，在「出生、失憶、死亡」的循環中一再輪迴，一再幻滅，一再死亡，小我愈戰愈勇，成了不折不扣的夢中英雄。

　　這個「出生、失憶、死亡」的循環，不只保全了時間的幻相，還助長了它無止盡地延伸下去。然而，耶穌的復活及救贖為我們省去了百千萬劫無謂的生死輪迴，因為在接受救贖與奇蹟之際，我們每寬恕一次，時間幻相就被瓦解一次，一切痛苦便失去了立足之地。

> 奇蹟足以取代千百年的學習過程。
> （T-1.II.6:7）
> 今天，靜下心來聆聽真理吧！就在你聆聽的那五分鐘內，上千個心靈會同時向真理開放，欣聞你所聽到的聖言。（W-106.9:1~2）
> 他們（上主之師）的任務純粹是幫人節省時間。每個人開始時都僅如一線光明，只因這光明以上主的感召為核心，故能遍照寰宇，無遠弗屆。若以世界的時間來衡量，每道光明都能省下千年的光陰。（M-1.2:11~13）

最外圈：眞實世界之夢

　　當我們徹底寬恕時，知見便獲得了療癒，明白沒有任何一人或任何一事傷害得了自己，因我們已寬恕了自己利用他人、往事、世界及身體來自我打擊的習性，從此，再也不會被自己心目中的世界所苦了。我們終於看破了小我因果的虛幻而得以徹底扭轉，深深體會出每個人與每件事，包括身體在內，始終都活在自己心內，而非存在於心外。如今，我們終於能與心內的上主一同觀看，因此所見到的一切自然也獲得了療癒。

　　在這個幸福美夢中，只有上主的天律運行其間，身體的目也變得無比神聖。雖然身體可能仍需在人間逗留一段時日，直到完成目的爲止，但它已無需再經歷病痛、匱乏、衝突、老化、失落、犧牲、掙扎、苦難，以及死亡了。

　　當神聖自性知道身體已經完成了任務，便會安詳地捨下身體，最後一次脫下這身「皮囊」。

　　在這過程中，身體會健健康康的，表示我們終於破

除了導致分裂與痛苦的千古誓約，內在的基督自性終於得以當家作主，把小我所妄造的身體和世界轉爲聖靈所用。至此，所有的夢都作完了，死亡與毀滅的循環終於結束了，神聖自性開始甦醒，上主踏出了最後的一步，這便是耶穌所說「將知見轉爲眞知」的道路，我稱它爲「升天」。

你把身體作何用途，它就變成了你，這正是最關鍵的一課。你若用身體來犯罪或攻擊（兩者都與罪無異），你就會視它爲有罪之身。因爲罪孽深重的，必然脆弱不堪；因爲脆弱不堪，它註定受苦，最後必然難逃一死。你若能藉助身體把上主聖言傳給尙未領受的人，身體就被聖化了。它既是神聖的，便不可能生病，更不可能死亡。當它的用途已盡，便可棄置一旁，如此而已。

> 你遲早會捨棄這個世界而追尋另一個世界的。那個世界因著你賦予它的愛而閃閃發光。那兒所有的一切都會喚醒你對天父與聖子的記憶。光明無所不在，寧靜而喜樂地籠罩著整個世界。與你同行的人一路照耀著你，你也滿懷感恩地返照他們，因爲是他們把你帶到這一境地的。你們所匯集的光明能量，萬夫難當，你

們的眼光不論落在何人身上，都能將他引出黑暗。（T-13.VI.11:5~10）

面對死亡

(一)請寫出你預期死後會經驗到什麼？你認為死亡能帶給你什麼好處？請深刻反省，找出至少十種自己真實的想法。常見的答案如下：結束衝突、回到天堂或與上主合一、與親人團聚……等等。

(二)現在，請捫心自問：如果你有機會今天死去，你會接受嗎？

(三)如果不接受，原因是什麼？既然死亡能彌補這麼多在世時無處可覓的好處，我們何不乾脆今天就自殺？如果死去看似比活著自在，**我們為何那麼害怕死亡？**無可否認的，不論我們對死亡抱持何種正面態度，我們確實害怕死亡，只要看看我們試圖解除疾病、痛苦、失落、背叛、匱乏等等種種困境而投入多少心力，就能明白自己下意識對死亡的恐懼有多深。

(四)現在，請回答另一個問題，徹底誠實地寫下你對死亡的所有擔心和恐懼，比如說，死亡會讓你失

去或犧牲什麼？

(五)請把兩組答案並列對照，看看你所列出死亡的好處以及你對死亡的恐懼，你能否從中看出自己內在的分裂？是否發現到明顯的矛盾？死亡是小我自我膨脹的高明伎倆，它精美包裝了死亡經驗，向我們推銷死亡的觀念。縱然大部分的人依舊害怕死亡，卻不知不覺受它強力的吸引。

小我用各種矛盾的說詞和謊言向我們推銷疾病與死亡這些逆境，我們心裡若還窩藏這類小我地雷，總有一天它們會爆炸的。為此，我們必須看清所有小我的矛盾，讓它們接受聖靈的光照，並且心甘情願把它們轉化為奇蹟才行。

(六)你是否相信自己的「死期」掌握在上主的手裡？

(七)你認為最常見的死亡原因是什麼？請列出至少五到十種你認定的原因，然後根據你的清單捫心自問：「死亡的唯一肇因是什麼？」你若仍舊相信死因基於身體的疾病、意外或衰老等等，那麼你是不可能療癒真正的肇因（罪咎）的。

(八)如果肉體的死亡並不存在，你會失去什麼？例如安息、平安、擺脫小我……等等。

(九)如果沒有下面這些狀況，你就得放棄什麼？

(1)如果沒有疾病？

(2)如果沒有情緒或病痛？

(3)如果沒有背叛？

(4)如果沒有失落？

(5)如果沒有衝突？

(6)如果沒有匱乏？

(7)如果沒有死亡？

㈩如果肉體的死亡並不存在，你會面臨什麼挑戰？

㈢上述問題是否引發了你的恐懼？如果是，請寫下你所害怕的。

㈢請寫下你在這個練習中，小我所有的操心掛慮。試著用本書後面所提供的「接受救贖的步驟」來寬恕每一個恐懼，釋放它們來換得奇蹟，接受真實的療癒。（關於「接受救贖的步驟」，請參閱本書第489頁）

第七章

沒有死亡的世界

耶穌全像教誨之目的所在，乃是徹底扭轉世間的想法，而我親身體驗到了這一知見扭轉的大能。湯瑪斯辭世後，在他無形的協助下，我領受到許多不可思議的啟發與知見的轉變，讓我看到了耶穌教誨的「奇蹟」。我深信，如果我們能夠如實奉行，**必能**徹底扭轉自己的知見，一如耶穌的保證。知見一旦獲得了痊癒，即使**還活在身體裡**，尚未全然回歸聖愛的一體之境，也仍能活出超越小我所有法則的實相境界。

耶穌將這種心境稱之為真實世界。他在世之時，就已證入這一境界。因他在真實世界裡看不到分裂、疾病、匱乏與死亡，故他能超越表相而寬恕一切，使上主的大能得以透過他而彰顯於世。

耶穌施展奇蹟的事蹟，福音書有不少記錄，例如他以「五餅二魚」餵飽了五千人。《新約‧馬太福音14:20》如此描述：「大家都吃，而且都吃飽了，門徒

把剩下的碎屑收拾起來，裝滿了十二個籃子。」此外，他還治癒了無數病人，甚至能夠起死回生。在升天之前，他叮囑門徒以他之名施展同樣的奇蹟。

耶穌的療癒奇蹟不曾失誤。他之所以能使天堂顯現於人間，乃因他的心靈已與上主聖愛合一，所有言行舉止，乃至起心動念，全都出自正念，完全不受小我的私願所惑。他已了知上主的旨意就是自己的真正心願，加上他對一體聖愛的全然信賴，使他得以與上主一起承行祂的旨意。

由於他深知上主的旨意就是活出涵容一切而沒有對立的愛，而且他對上主懷有絕對的信心與願心，使他施展奇蹟大能之時必然無往不利。他已克服了平安的最後一道障礙「上主恐懼症」，移除了阻礙我們體驗上主（亦即神聖自性）的最後一道面紗，徹底了悟天國就在我們內，絲毫不受夢境的干擾。

我們目前與耶穌最大的差別，即是我們依舊害怕上主，捨不下某些幻相，不願只著眼於聖愛。換句話說，我們仍相信「幻相有層次之別」，這個信念重重障蔽了我們的覺知，使我們體會不到「奇蹟無難易之分」的真理。總而言之，我們若能像耶穌那樣全心全意唯聖愛是

瞻，自然也會跟耶穌一樣，所見所感，唯此聖愛，處處奇蹟，時時喜悅。

耶穌之所以能證明奇蹟沒有難易之分，乃因他已看破世間狀似真實而堅固之物其實全是幻相，他也明白夢中的一切都是心靈打造出來的，而且始終只存在心內，他並且看出外在顯現的匱乏、疾病與死亡表相，無一不是小我妄心的傑作。因此，他只需越過表相而憶起真相，真相便在人間大放光明。他知道凡與聖愛相違的，皆非出自上主的旨意，故也毫無力量可言，更無傷人的能耐。

《課程》明白指出，如果想獲得真正的療癒，必須先了解因與果兩種不同的層次。第一個層次是心靈，它是一切現象的肇因所在；第二個層次是果，世界及其萬物皆屬這一層次。果的層次若不假借心靈的力量，是造不出任何東西的，而我們在這一層次所看到的一切全屬表相。換句話說，我們在自己的身體、他人、過去或世間所見的狀似之「因」，其實全都是「果」，故全都是奇蹟所能療癒的。總之，除了永恆不易的聖愛以外，凡是會改變的，都屬於果的層次，而所有的果都有待奇蹟大能的療癒。

正因有形層次的一切萬事萬物，皆是虛幻的表相，並非永恆不易，故能接受奇蹟的療癒。只要轉變自己的知見而著眼於愛，我們便能經驗到具體的奇蹟。然而，要謹記在心的是，我們絕不能將信心放在肉眼所見的現象上，因為它並非真相。

> 奇蹟只是示範了：所有的表相都可以改變，因為它們只是表相，故無真相永恆不易的特質。奇蹟揭露了表相的變化無常，為那超越表相的救恩現身說法。（T-30.VIII.2:1~2）
>
> 奇蹟志工必須具備分辨妄造與創造的能力。不論哪一種療癒，都需要先徹底修正知見上的層次混淆。（T-2.V.一.12:1~2）
>
> 靈心慧眼確實看不到錯誤，在它眼中只有救贖。肉眼所寄望的一切解決方案從此徹底銷聲匿跡。靈心慧眼只會往心內看去，一眼看出自己的祭壇已經蒙塵，亟需整修和保護。它徹底明瞭了正確的防衛途徑，故能周顧其他伎倆，也能周顧任何過錯，它的眼光直指真理。（T-2.III.4:1~4）

眞實世界

　　耶穌爲人類開啓一種嶄新的生存模式，可說是天人分裂以來最重大的里程碑。因著接受救贖，他扭轉了人類奠基於分裂、匱乏與死亡的生存模式。雖然這一震古鑠今的轉變已經發生了，但如今我們仍活在舊有的生存模式之餘波中，只因我們始終放不下人間虛幻的分別相。若能一心忠於上主聖愛（自性），我們便能成爲彰顯上主大能的管道，見證耶穌所言：「恐懼所打造的世界，終有被眞愛取代的一天。」

　　耶穌之所以能夠萬無一失地行使奇蹟，因他斷然拒絕了小我世界的誘惑，一心著眼於上主無所不包的大愛，故能展現療癒的奇蹟。既然他只相信上主的天恩與聖愛，自然也只可能經驗到天恩與聖愛。

> 我所有的一切，沒有一樣你不能得到。我所有的一切，也無一不是來自上主。此外，我一無所有，這是我們目前不同之處。就是這一點使我的境界對你而言仍是有待開發的潛能。
> （T-1.II.3:10~13）

我們之所以無法像耶穌那樣保持恆常的覺知，原因只有一個，就是我們不斷選擇著眼於自身、他人與世間虛幻的表相，這表示我們尚未下定決心接受救贖。

　　我逐漸領悟到，只要有意識而且有恆心地作出「不」相信小我世界的選擇，真實世界自然會浮現於我們的覺知中，但我們必須堅定否認「外境有傷害自己的能力」，而且徹底明白「違反上主之愛的一切是不可能發生的」。

　　簡單地說，下定決心只為上主及祂的天國而儆醒，這便是真寬恕。只要**拒絕得了**幻相的誘惑，願意接受救贖來修正自己的妄念，奇蹟必然出現，真實世界也自然會慢慢浮現於我們的覺知中。

> 否認幻相等於迎請真相來臨；因為否認幻相表示你已認清自己是百害不侵的。恐懼即刻潰不成軍，愛才能滿懷感激地走進神聖的家園，感謝你大開歡迎之門，使它得以與你合而為一。（T-22.I.10:6~7）
>
> 祂推動你去做的事，顯然不限於這個世界，因為按照世界的評判標準，奇蹟可說是違反了現實世界的每一條自然法則。它超越了時、空、

量、度上的每一條定律，聖靈助你完成的事顯
然不受那些範疇所限。（T-12.VII.3:2~3）
聖靈能夠為你的整個世界打造全新的基礎，給
它一個清明而健全的立足點，如此，你才可能
發展出神智清明的知見，而看到另一種世界。
那個世界沒有任何衝突，只會帶給上主之子健
全和喜悅。你在那兒不會看到任何死亡與殘
暴、分裂與歧異的陰影。因它能把一切視為同
一生命，沒有一人會失落，所有的人都將一起
受益。（T-25.VII.5）

悟入真實世界的條件

　　悟入真實世界所需的條件，乃是內在的「一體心
境」。一體心境意味著始終如一不受小我幻相所蒙蔽，
也意味著所有的恐懼都已釋放，愛已重返我們的覺知
中。然而，除非我們認得出而且寬恕得了與上主之愛毫
不相干的一切，否則，我們是不可能體驗到真正的一體
境界的。

仍然活在身體裡的我們，必會受幻相層次所惑，特別珍惜某些幻相，刻意避開眞理的光照。面對種種的幻相，如果我們不能一視同仁，而且一一釋放它們，我們必會將小我與上主混爲一談，如此一來，不可能不害怕上主的。

同樣的，活在小我世界裡的人，總以爲自己必須作出成千上萬的選擇，只因我們有無盡的需求，還有層出不窮的問題，爲了解決這些問題，我們只能在無數的幻相中東挑西選。但事實上，沒有一個眞正解決得了問題，因爲沒有一個會將我們帶回圓滿的記憶，也就是我們在上主之愛中永遠安全無虞的生命眞相。

準此而言，進入眞實世界的條件，就是全心全意接受這個觀念：「問題永遠只有一個，那就是罪咎；痛苦之因也只有一個，故只有一個療癒之道，那就是寬恕。」是的，唯寬恕方能療癒一切。當我們能夠屹立不搖地看破所有分裂與攻擊之幻相，便已具備了進入眞實世界的條件，眞實世界自然歷歷在目。但除非我們學會只著眼於愛，否則我們根本分辨不出恐懼與愛，地獄與天堂，分裂與一體，它們究竟有何不同。

除非你分辨得出天堂之願與地獄之願徹底不
同，否則要如何選擇？本課程的目標即是教人
認出兩者的不同。它絕不會越過此界。它唯
一的目的就是教人認出什麼是相同的、什麼是
不同的，人們才有機會作出那唯一的抉擇。
（T-26.III.5:3~6）

如此錯綜複雜的世界，常令人無從選擇。因為
沒有一個人真正了解什麼是相同的，那些表面
的選擇根本稱不上選擇。只有在真實世界才有
選擇的餘地；它不是在不同結局之間選擇，而
是選擇另一種「選擇觀」。換句話說，它已經
認清了那種所謂的「選擇」純粹只是幻覺而
已。這個知見成了化解一切幻相的樞紐，包括
這一知見本身在內。（T-26.III.6）

我們不是靠死亡而超脫世界

極目四望，可以說，整個栩栩如生的形相世界，無
一不受制於死亡之念；而死亡正是世間所有思想體系最
核心的觀念，是小我抵制上主之愛（即自性）最堅固的

防衛措施，也是人心深處最難捨棄的偶像。唯有小我夢中才會如此充斥死亡的陰影：痛苦、疾病、失落、匱乏，以及老死等等。對小我而言，這些都是人生的自然現象、必經的歷程，甚至是註定的命運，因為只要少了它們，小我便形同虛設了。

如果沒有小我作祟，不只死亡的陰影掌控不了我們，連我們習以為常的恐怖世界，以及荒謬至極的人間法則都會銷聲匿跡。沒有錯，小我及它那虛幻的世界，全是靠著我們表面上萬分害怕、潛意識裡卻極度迷戀的死亡而維繫下去的。

要知道，上主與死亡，不可能兩者皆真。只要相信了任何一種的死亡陰影，我們就不可能相信上主是愛，因為我們已聽信了小我，認為肉體的死亡是超脫世界的唯一途徑。事實上，是我們自己透過小我而造出死亡的，妄自賦予它虛幻的力量，篡奪永恆生命在上主旨意中的大能，殊不知我們**就是**永恆的生命。只因人類一直不敢質疑死亡這個根深柢固的幻相，以至於在耶穌之前，無人破除得了死亡信念的威力。

耶穌殷切邀請我們認清並接納自己內在的真相（即自性）。然而，唯有徹底捨棄假我，我們才可能發現清

白無罪的偉大力量，悟入自己的神聖自性——這個自性，不受任何威脅，因它是上主聖愛的化身，它本身就是涵容一切而沒有對立的愛。

死亡的核心信念一除，其他種種的恐懼也唯有銷聲匿跡一途。只因死亡乃是我們為了抵制愛（即逃避接受自己的真相）所設下的最後一道防線，為此，死亡也是我們有待克服的最後一道障礙，因為它骨子裡窩藏著我們對聖愛及上主的恐懼。

我們可以從自己對各種死亡陰影的恐懼程度，看出自己仍然多麼害怕愛。更具體地說，如果我們不願請教聖靈，寧可自行掌控人生，甚至將人生劃分成不同領域，試圖抵制匱乏、疾病、無常或失落等種種威脅，這也同樣反映出我們害怕愛的程度有多深。就這樣，我們既不敢相信自己的意願就是上主的旨意，深怕認出自己本具的大能，更不敢相信自己是小我世界的主人。儘管如此，我們仍須趁自己還在夢中的此時此地，及早學習認出並接納自己的真相；而這個選擇，僅僅可能在當下此時完成。

我們是靠真理而超脫世界

人不是靠死亡而超脫世界的，他靠的是真理。
（T-3.VII.6:11）

在這個嶄新的世界（真實世界），雖然仍是個夢境，但它是個已經療癒的夢境。在這樣的夢境裡，形形色色的分裂、剝削、痛苦與死亡早已不復存在；在這樣的夢境裡，一如耶穌的復活，我們終於戰勝了世界，先前為了躲避上主之愛而妄造出來的一切，再也傷害不了我們；在這樣的夢境裡，因著寬恕與奇蹟，我們真真實實地反轉了小我的因果律。

戰勝死亡與世界的方法，就是打從心底寬恕它們。正因「死亡與世界並非獨立存於心外，它們只存在自己心內」，唯有須臾不忘這一真相，才是化解小我及解除小我瘋狂法則的真正含意；也唯有如此，我們方能不再利用這些法則來奴役自己或任何人。為此，每當我們失去平安，切切記得要堅定不移，拒絕小我的誘惑，不再相信它的謊言，同時並轉向救贖，讓自己的知見接受那神聖的修正。

除非我們一心一意「唯愛是圖」，拒絕相信虛幻的世界，不再為它投注任何心力，否則我們是很難看到真實世界的。換言之，只要我們堅定此心且鍥而不捨，全然否定小我企圖弄假成真的一切，洋溢著喜悅與真愛的真實世界必會示現於前的。

　　如同耶穌所盼望的，終有一天，我們會心甘情願解除所有為了打擊自己而妄造的一切，完成自己那份任務。但在此同時，我們必須有自知之明，在我們徹底移除那支撐小我夢境的死亡之念以前，在這條化解小我的路途，我們仍有一大段路要走。在過去，我們有個根深柢固的錯誤觀念，以為唯有等到死後，我們才擺脫得了小我，我們甚至認定死亡會帶給我們夢寐以求的自由與平安。然而，問題是，不論哪一種死亡，皆非出自上主的旨意，故也絕不可能帶來解脫。

> 救恩不過提醒你，這個世界並非你的家。你也
> 不受世間法則的支配，它的價值觀代表不了你
> 的價值觀。你自以為在世上看到的一切，都不
> 是真實的。任何人只要善盡自己那份任務，化
> 解自己妄造的一切，便不難看出並且了解我所
> 說的真相。（T-25.VI.6:1~4）

雖然身體原是小我為了囚禁我們而妄造出來的，如今，經過聖靈的詮釋，賦予它一個釋放我們的神聖目的。耶穌告訴我們，在小我操控下，我們潛意識痛恨身體，不惜毀之而後快，所以才會接受死亡來擺脫身體的束縛，成了衰老、痛苦、意外與疾病的受害者，在分裂與攻擊的幻相中永不得脫身。我們若寧可相信罪咎，不願接納清白無罪的生命真相，不啻是向自己與世界證明：「看吧，小我確實戰勝了上主！」

　　我們一旦聽信了小我，就不可能接受聖靈真正的「脫身」之道；這一脫身之道所仰賴的，絕非分裂、攻擊與死亡，而是合一、真愛與生命。既然身體是中性的，本身不具任何意義，我們若要超越它，也僅僅只有一個途徑，就是將它完全交託給聖愛，在愛中重新詮釋它的意義。是的，唯有以愛戰勝罪咎與攻擊，我們方能徹底「脫身」。

　　身體若只為神聖的目的效命，一無其他目標，它便不再受制於生老病死的法則。當它完成任務之後，我們會無怨無悔、心存感激地捨下它，安然無傷地離開人世。這才是究竟的脫身之道，徹徹底底超脫了小我生死輪迴的幻相。

你痛恨自己所造的這所監獄，一心想要毀掉它。你就是不願從中脫身，還它一個清白，讓它全身而退。（T-18.VI.7:6~7）

其實，那才是你唯一的脫身之道。

（T-18.VI.8:1）

死亡與上主恐懼症

只要正視一眼這個另起爐灶的小我，便不難追溯出所有恐懼與不安的同一根源，那就是上主恐懼症。它顯示出我們對真愛的恐懼，唯恐認出自己的神聖自性。這個神聖自性含有我們對自己本來面目的共同記憶，代表了上主的唯一旨意。於今，如果要恢復這一共同記憶，必須先領回上主之愛賦予我們的力量才行。

然而，我們對自性（即上主之愛）的恐懼已經被小我徹底掩蓋了，所以很難覺察到它的存在。不過，我們可以從它的主要症狀下手，也就是心中揮之不去的威脅感，包括自慚形穢的感覺、心神不寧、沮喪無力等等，此外，也可能是生計拮据、病痛、健康問題，或人際糾

葛這類煩惱。這一切林林總總的症狀都離不開同一個肇因,就是隱藏在潛意識下的罪咎,它使我們對上主的愛退避三舍。

既然潛意識的罪咎感**才是**我們害怕真愛的原因,一旦有所覺察,當下立即寬恕,愛就會取代恐懼,帶給我們極其篤定的信任與安全感,再也不會有動輒得咎、惶惶不安的感覺了。然而,一開始要覺察到自己對愛的恐懼並不容易,如果從它的後遺症(威脅感)切入,可能比較得心應手。

首先,我們必須認出潛意識的罪咎所形成的後遺症,看看它如何日復一日左右我們的生活,每當一絲絲陰魂不散的威脅感浮現之時,不論它是透過什麼形式顯現的,只要隨時保持高度警覺,我們遲早會看清它那個同一源頭的。

一旦認出這個同一根源,我們立即下定決心,用寬恕一併療癒它們。否則,我們會一再落入小我的遊戲規則,認為各式各樣的問題需要不同的解決方案。然而,小我的解決之道,不論如何機巧百變,絕對沒有一個是針對所有問題之根源 —— 潛意識的罪咎,而對症下藥的。

也因此，每當我們感到微微不安時，就要當心，因為潛意識的罪咎開始作祟了，它很快會讓我們下意識憎恨起自己。一點也沒有錯，如果說罪咎等於隱藏的死亡之願，絕非誇大其詞。我們可以在日常生活處處看到它的後遺症──若不是投射到身體，造成疼痛或疾病，就是投射到世界，形成人際衝突、財務匱乏等等五花八門的問題。

事實上，外在沒有一物威脅得了我們，除非我們自甘用它打擊自己，例如我們會因潛意識的自我憎恨而利用他人、身體和外境作為打擊自己的工具。當然，沒有一個意識清明的人會故意這麼做，但這正是小我的祕密任務，且不達目的絕不罷休。我們若對這個祕密任務一無所知或一無所為，小我就會如魚得水，繼續興風作浪下去了。

小我認定我們必然受限於它所制定的時間、匱乏、衝突和疾病等種種的無情法則。其實，它最怕我們重拾生命本有的力量，憶起自己絕非眼前世界的受害者。

我不是眼前世界的受害者。只要我願意，就能徹底化解這個世界，我怎麼可能成為它的受害者？我的枷鎖已解開了。只要我真心願意，就

能隨時甩掉它。監獄之門也已開啓了。我只需走出，就能揚長而去。世上沒有什麼東西扣留得住我。除非我自願留下，否則我是不可能淪爲囚犯的。我終於願意放棄那些神智不清的願望而邁向陽光之境。（W-57.1）

毫無疑問，整個世界都是恐懼打造出來的，而非愛。只要徹底誠實地反觀一下，不難看出我們所做的每件事幾乎都是出於恐懼和懷疑，而非愛與信任。爲此之故，若要改變世界，就必須學習改變世界在我們心目中的**目的**，它究竟是爲了經歷痛苦與死亡才存在的嗎？或者，基於它無辜的本質，它要的是愛？

老實說，我們對那陰魂不散的威脅感早已習以爲常、見怪不怪了，始終感覺到有個東西在無情地追趕著我們，它究竟是什麼，我們其實並不清楚，只知道若想活命，就非得時時刻刻嚴加戒備不可。

看起來，這種威脅根本超乎我們的掌控，因爲沒人知道厄運何時會臨頭。人人都活在這種揮之不去的陰影之下，有的人被它逼瘋了，有的人選擇自殺以求解脫，而大部分的人則不斷藉由忙碌或癮頭來填滿日子，確保自己永遠無暇深入正視這個罪咎，以免發現一切問題的

肇因竟然在自己心內。

　　這個潛伏心內的威脅感，正是我們小心翼翼隱藏起來的罪咎。然而，內心這個恐怖的黑洞，其實全是自己想像出來的，天人分裂就是從這開始的。所有的痛苦都源自這個信念——我們必遭天譴。只要我們還想把自己的生活領域分門別類，寧可事事自行決定、計畫與掌控而不請教聖靈，而且只要我們還感到自己仍有諸多未獲滿足的需求，表示我們確實害怕上主的天譴，一點也不敢信賴上主的愛。可以這樣說，心內每一絲的恐懼、每一個缺乏愛和喜悅的經驗，都是因為我們暗地裡害怕上主懲罰的緣故。

　　究竟上主恐懼症的背後隱藏了什麼信念？只要你敢正視一下，就不難發現「你罪孽深重，該當受罰」這個瘋狂信念。如果你還不確定自己有這樣的信念，不妨看看生活中的每件事，你是否都覺得必須掙扎、奮鬥甚至犧牲，再看看你為了抵制種種可能的威脅，付出多大的代價！

　　若非你暗地裡預料大禍即將臨頭，否則你怎麼會生出「必須」追求幸福與平安，或保護自己生命之信念？這正是小我的瞞天手法，它以不測的厄運來掩飾你內心

期待懲罰的願望。

的確如此，我們造出一個處處可能傷害我們的小我
世界，無非就是為了說服自己，我們確實是眼前世界的
受害者，但這其實是小我的運作法則，絕非上主的天
律。只要我們認同了小我的法則，認為身體、他人和世
界威脅得了我們，表示我們依舊害怕上主的愛（即我們
的神聖自性），如此，就更不可能信任內在的聖靈了。

> 惟有當你認為世界原是為了釘死上主之子而造
> 的，世界才捆綁得住你的手腳，傷害得了你的
> 身體。縱然這只是一個死亡之夢，你也不必讓
> 世界成為你死亡的象徵。世界一旦改變了它的
> 象徵意義，世上的一切都會隨之改變。因為萬
> 事萬物原是按照你為世界所寫的劇本而演出
> 的。（T-29.VI.5）
> 至於你自己賦予「生命」之物，並非真的活
> 過，它只象徵著「你想活在生命之外，活在死
> 亡之中，把死亡當作生命，把生命當作死亡」
> 的那個願望。（T-29.II.6:2）

請注意，只要我們一論斷他人或自己，表示我們又
被小我騙了，再一次把自己當成一個無助的受害者。如

果我們還在追求特殊之愛或幸福與安全感來滿足自己，同時還保護自己不受災難、疾病、衝突與死亡的傷害，顯然也落入了同一陷阱。是的，只要我們想在聖靈之外尋求自保，必會使這種「受害」的思維模式更加牢不可破。

要知道，罪咎感會在不知不覺中轉變成對上主的恐懼，只因我們相信自己必會遭到天譴。對此，我們與小我訂立了一個密約，寧願接受死亡的懲罰。小我認為，用死亡來懲罰我們所犯下的罪過是絕對合情合理的，就這樣，**死亡成了生命註定的結局**，這正是小我處心積慮所要守住的祕密，除非我們能偵破這一密約並加以寬恕，否則我們永遠不可能挽回大局的。

> 推動世界的力量並非生命之願，而是死亡的願望。世界存在的唯一目的就是證明罪咎真的存在。世上的每一念頭、每一行為，甚至每一感受，動機都不外乎此。它們都是世界請來的見證，為它們所代表與代言的那一信念體系撐腰。（T-27.I.6:3~6）

進一步說，我們攻擊的衝動及一生種種的保護措施，處處都影射出潛意識中的死亡之願。這種強大的驅

力跟我們的神聖自性恰恰背道而馳，因為在自性的眼中，只有安全、真愛與純潔無罪。不妨捫心自問，我們是否經常感受到無名的威脅呢？只要看看自己每天在身體和情緒所感到的受苦程度，便可測出內心尚未釋放的罪咎和死亡的吸引力有多強，只因潛意識裡的罪咎正是我們受苦的真正原因。

我們暗地裡害怕的神明，與純然是愛的真神毫不相干，那尊神明只是小我惡意投射出來的自我倒影，它**根本不存在**。小我所打造的神明，不過反映出它的自我憎恨，故它心目中的「正義」必然殘酷無情。聖靈的正義則是愛，它也只可能是愛，因沒有一物能與聖愛仁慈正義的力量相抗衡。除非我們死心塌地供奉小我之神，相信它那種荒謬的愛，我們才會在聖愛之外感受到相反的力量。

> 想讓死心塌地相信罪存在的人了解聖靈心目中的正義，是極其困難的。他們必然相信聖靈跟自己一樣混亂，認為祂也深信正義要求報應。為此之故，他們開始害怕聖靈，在祂內看到了上主的「義怒」。他們不能不信聖靈會假借上主憤怒的手，降下天火，或讓他們五雷轟頂。他們真的相信天堂就是地獄，對愛深

懷戒懼。當他們聽到自己從未犯罪一說，必會疑竇叢生，甚至戰慄不已。因他們的世界始終建立在罪的磐石上。上主所知道的正義，對他們和世界都構成了莫大的「威脅」，其破壞性遠超過他們所熟悉又喜愛的因果報應。（T-25.VIII.6）

凡不是愛的，就是罪……。（T-25.VII.6:3）

我們若看見任何與愛相悖之物，表示我們已落入了小我之見。然而，與上主聖愛相違的一切幻相是不可能危害到我們的。這也意味著，每當我們絲毫未念及聖靈，僅憑一己之力所做的一切，都是與小我共謀的。

看清楚吧，身體、世界與死亡都是我們造出來的！接受這一觀念絕非傲慢或褻瀆之舉。接受這一真理吧！如今，我們是否願意與聖靈一起化解自己為攻擊上主聖愛所妄造的一切，就看這一刻的決定了。

你認為相信眼前的世界是你造出來的，是一種傲慢，這不是很奇怪嗎？世界絕不是上主創造出來的。這一點我敢跟你保證。祂怎麼可能知道這無常、有罪、害怕、痛苦、孤獨的世界，還有那活在終歸一死的軀殼內的心靈？你控訴

祂神智不清，竟然造出這樣虛實難辨的世界。然而，祂並沒有發瘋。說實話，只有瘋子才會造出這樣的世界。（W-152.6）

你認為上主會違反自己的旨意，造出這個無明亂世，又發明一堆與真理相悖之物，以死亡之苦來戰勝生命，這類想法才是真的傲慢。謙遜的人一眼便能看出這一切絕不可能出於祂。你怎麼可能看見上主從未創造之物？認為自己看得見，等於相信自己能看見非上主所願之物。還有什麼比這更傲慢的事？（W-152.7）

罪咎召喚死亡，寬恕迎來生命

我們只要一落回「既相信上主，同時又把小我的苦難世界當真」之陷阱，必會再度陷入恐懼，因為罪的信念必會引發咎，而只要我們繼續效忠罪與咎，它們就主宰了我們的生活。正因如此，我們必須念茲在茲，時時提醒自己，真正存在的，只有無所不包的上主之愛，此愛大而無外，而且毫無對立。唯因我們寧可相信自己罪孽深重，才會認為愛有對立。

此刻，請想像一下，你全然堅信不疑，確知自己永遠清白無罪，在這樣的心境下，無一人無一物傷害得了你；確信自己百害不侵，無一人無一物威脅得了你。試著安住在這個純潔無罪之境一兩分鐘，接受這個真相，讓自己完全沉浸於內在深度的平安之中。

接著，想出一件令你感到不安的事情，讓這個熟悉的焦慮浮現，全面體驗它的存在，同時再往深處看去，你能否感受到這個焦慮下面並非某一種恐懼，而是你**所有的恐懼**？那才是自己總想掌控一切而且隨時自我防衛的根本原因。你能否看到每個威脅感背後隱藏著什麼核心信念？你是否隱約感覺自己可能遭到懲罰，**只因小我認定你罪有應得**？

唯有自認罪孽深重之人，才會認定自己會受到傷害，並且是咎由自取，而這正是我們心頭總有揮之不去的威脅感之根源。這個信念反映出我們對上主的恐懼，我們怕死了真愛、合一與純潔無罪之真相。正是它，使我們體驗不到自己的神聖自性，感受不到內心永不退轉的篤定。儘管罪咎還會透過種種恐懼與掌控需求而隱隱作祟，但只要我們願意靜下來與聖靈一同往內看去，它便無所遁形了。

要知道，若非我們暗地裡相信自己罪孽深重，而且法網難逃，我們是不可能活在恐懼中的。或許，我們害怕的只是一種無價值感，但它的背後肯定有罪咎感在作祟。正因如此，我們才會終日枕戈待旦，慎防各種不測。試問，若非我們內心深處相信自己罪孽深重，又怎麼會飽受威脅呢？要是我們真的知道自己純然無罪，是絕不可能感受到威脅的。

　　無罪無咎代表一種百害不侵的安心狀態，而小我永遠不可能有這種體驗。因此，我們唯有停止認同小我，才可能進入這種正念心境。因平安並非來自於外在，它是靠我們一步一步溫柔地化解小我的罪咎信念，才得以擺脫它的威脅感。總之，若想悟入自己清白無罪的本來面目，必須下定決心，徹底捨棄小我才行。

　　只要看看我們多麼容易批判自己與他人，就能看出自己的罪咎有多深。因我們對他人的批判，正是自我批判向外投射的結果，緊接著，就是冷酷的自我定罪。請記得，如果我們無法寬恕某人，表示我們還不願寬恕自己利用他所投射出去的罪咎。同理，如果我們批判自己，自然會對每一個人（包括上主）感到不滿。其實，批判任何一個人，等於批判了所有的人。

我們對自己或他人（包括上主和耶穌）的每一個批判，都是潛意識罪咎的吸引力所致，不幸的是，這一吸引力成了死亡之願。只因夢中沒有別人，也因此，我們不寬恕的定罪之舉，成了將自己吸向死亡的磁石。

　　所幸，救贖的恩典就在我們心中，任何一刻，只要我們真心想用真寬恕來取代判斷，必有立竿見影的效果。聖靈能夠瞬間修正任何錯誤，不論它們看起來是如何輕微或是無比嚴重，對祂來說，都同樣地輕而易舉。

　　只要認出死亡的唯一肇因，並且甘心放掉它，那麼死亡的所有化身必會銷聲匿跡；罪咎之念一除，所有痛苦自然隨之消逝。一旦恢復了純潔無罪的本來面目，便不再受痛苦與死亡的吸引了。當我們決心在他人身上看到同一個純潔自性時，表示我們接受了自己純然無罪之真相，也因此而明白「上主的愛內確實沒有對立」。

什麼是生命的必然結局？

　　我們若想揭露自己潛意識對死亡種種化身的忠誠，不妨反問自己一個簡單的問題：「我心目中所認定的生

命必然結局、人人難逃的同一宿命，到底是什麼？」

正如我們先前談過的，病痛、焦慮、分裂、衝突、失落、匱乏，以及肉體的死亡等等，各式各樣死亡的化身，是我們下意識向死亡偶像輸誠的貢品，只因死亡乃是維繫小我整個思想體系的核心夢境。

遺憾的是，我們對生命與愛的忠誠，遠不及我們對死亡的虔誠。我們不僅不敢質疑「死亡是真實的」這個信念，甚至對這個信念的防衛機制幾乎做到了天衣無縫的地步。死亡可說是隻手遮天，全面遮蔽了我們對上主聖愛（即自性）的記憶，成了推翻上主聖愛最有力的反證。死亡的信念就這樣在人心內構成一道巨大的屏障，使我們無法憶起自己與上主共享的無限大能，讓我們徹底遺忘自己是上主輝煌旨意的偉大化身。

我們先前談過，罪咎是驅使我們誓死效忠死亡的背後動力，只因我們如此相信自己罪孽深重，而且下意識認定死亡乃是上主的傑作，也是生命的必然結局。此刻，不妨想一想，上主若代表了永恆的生命，有什麼東西能夠與它抗衡？

因著我們不加質疑的判斷與緊抓不放的罪咎，小我的詭計方能得逞，在上主與死亡之間劃上等號。然而，

如果我們相信生命終究難逃一死，還可能信賴這種愛與生命嗎？死亡之念簡直瘋狂至極！但是話說回來，小我的思想體系原本就是瘋狂至極的。

> 除了死亡，世間沒有一物是可靠的，不論得之多麼不易，它轉眼成空，還吉凶難卜；燃起的希望隨時會破滅，一切願望與夢想到頭來僅餘一堆灰燼，一撮塵土。只有死亡最可靠。因為時候一到，它必會堂而皇之地降臨。絕不放過擄掠一切生命的機會。（W-163.3）
>
> 你可願向這樣的偶像屈膝？上主的力量與大能就這樣被塵土所造的偶像篡奪了。就這樣，上主的對頭被封為造物之主，它的力量大於上主好生之德、無窮的愛，及天堂完美不易的恆常本質。就這樣，天父與聖子的旨意終於一敗塗地；埋葬在死亡的墓碑下的，正是神聖的上主之子的那具身體。（W-163.4）

我們既然有自由意志，願意向恐懼或向愛的生存模式輸誠，我們當然就有選擇的餘地。一旦選擇恐懼，就會活得草木皆兵，絲毫不敢輕忽任何一種死亡的化身。還記得嗎，我們害怕什麼就會抵制什麼，而我們抵制什麼就會預期它的發生，於是乎，我們預期的事就成了自

己的現實經驗。

死亡堪稱小我的偶像之王，人生所有的信念都投注在這個註定的結局上，就是這一死亡宿命使我們意識不到上主聖愛與真實的生命。可見我們寧可相信什麼至關重要，一旦選錯了，就得付出巨大的代價。因我們若相信死亡是真實的，就等於否定了上主的存在；反之，上主若是真實的，死亡根本不可能存在。

死亡與生命對立？

從小我二元對立的觀點來看，與生命相對的，非死亡莫屬，問題是，生命不可能有對立。如果生命真的源自上主，而上主是永恆不朽的，這個生命怎麼可能結束呢？

> 生命沒有對立，因為它就是上主。是你決定以死亡來結束生命，生命與死亡才會對立起來的。寬恕世界吧！你就不難明白，上主所創造的一切，是沒有終結的；凡不是祂所造之物，都不是真實的。（M-20.5:5~7）

生命就像真理一樣，沒有類別之分。也沒有程度之別。只有一種生命狀態，就是上主造化所共享的境界。它一如上主的聖念，沒有對立存在。死亡不存在，因為上主的創造必享有祂的生命。死亡不存在，因為與上主相反之境不可能存在。死亡不存在，因為天父與聖子原是同一生命。（W-167.1）

儘管如此，在感覺中，我們老是認定自己理當效忠於死亡，這是因為我們下意識認為它能結束人生無盡的衝突。可以說，我們一生都在為層出不窮的決定而傷神不已，然而，種種的決定若不請教聖靈而自行作主，只不過是在不同的幻相之間取捨而已，可想而知的，衝突不斷是必然的結果。

終究而言，我們根本無法在各種幻相當中找到解決之道，唯有遵循內在的指引才可能擺脫衝突。換言之，唯有接受救贖才修正得了心中的錯誤信念，也才解除得了所有的幻相。但只要我們還認為生命本來就充滿矛盾對立，那麼，我們自然會視死亡為一種解脫或救恩。這正是小我對生命的荒謬詮釋，而死亡就這樣成了它心目中的黑暗救主。

因為只有死亡能夠解除一切對立，因此結束
對立就等於死亡。於是，在世人眼中，救恩
與死亡之間便劃上了等號，因為他們把生命
與矛盾對立視為同一回事。解決了所有的
衝突矛盾，無異於宣告生命可以結束了。
（W-138.7:3~5）

這種瘋狂的信念在你潛意識中如此根深柢固，
使你的心靈陷入強烈的恐懼與焦慮，絕不輕言
放棄自我保護的觀念。它必須由救恩中逃生，
在威脅下求生，因此不能不以各種怪力亂神來
武裝自己，抵制真理。這些決定還要作得神不
知鬼不覺，才能迴避你心靈的質問、分析及懷
疑而活得高枕無憂。（W-138.8:1~3）

請看清楚，死亡暗地裡推動著我們所謂的「人
生」，但這個人生，充其量，不過是小我在上主之外自
行上演的一場黃粱夢而已。不妨這樣反問自己：「若非
永恆的生命之主賦予我們生命，我們連『活著』都成了
問題，我們這個真實生命怎可能結束於死亡？」

沒有錯，是我們選擇活在死亡的自然法則下，甘願
受制於恐懼、剝削、衝突、分裂與痛苦的生活。一旦接
受死亡掌控，語默動靜之間就會處處嚐到死亡的滋味。

即便是世間的愛也擺脫不了死亡的誘惑，因為人間的愛，即《課程》所指的特殊之愛，其實是受死亡操控，而非由生命之律管轄的，難怪這類型的愛都是短暫而且有條件，跟死亡沒什麼兩樣。

身體的疾病或健康也不外乎如此，全面受制於死亡之律，故它們必然瞬息萬變——恐懼及無常對我們威脅的程度有多深，它們變化莫測的力道就有多強。總而言之，小我劫持了身體，讓我們一生活得像個「活死人」一般。

> 身體是小我的偶像，罪的信念先賦予它一副血肉之軀，再把它投射到外界去。它好似在心靈四周架起一道血肉牆籬，把心靈禁錮在一小塊時空裡；死亡不斷向它索債，只給它片刻嘆息與哀悼的時間，最後還是難逃一死，以死亡向主人示忠。這不神聖的一刻看起來好像充滿生命，其實只是絕望的一刻，有如荒漠小島，因無水泉滋潤而朝不保夕。在此，上主之子只是短暫的過客，向死亡的偶像效忠片刻之後，便灰飛煙滅了。他在世上，與其說他活著，還不如視他為死的。然而，此地也給了他一個在偶像與愛之間重新選擇的機會。在

此，他可以把自己短暫的生命耗費在取悅身體上，也可以讓自己從身體解脫出來。在此，他能夠接受神聖一刻的恩典，取代自己以前選擇的不神聖一刻。在此，他會慢慢學習認出，這些關係原是他的救恩之源，而非他的末路。（T-20.VI.11）

死亡象徵著「上主可畏」。（M-27.3:1）

顯而易見的，如果連我們最珍惜的東西全都是爲死亡而生，我們怎可能相信上主之愛沒有對立？你可曾問過：「上主是誰？祂的本質是什麼？」小我聲稱死亡與生命對立，死亡是上主聖愛的相反勢力，但這斷然是不可能的事！除了上主之外，沒有其他東西存在——除非是在作夢。因此，死亡只可能是一場夢，也是**我們能從中覺醒的一場夢**。只要我們還在作這場人生大夢，由死亡之夢醒來便成了此生唯一的目的。但如果想要徹底超脫夢境，就必須先超脫死亡幻相才行，也就是徹底放下「天人是可能分裂的」這一信念。

心靈一旦療癒，潛意識不再效忠死亡的種種化身，心中自然唯獨剩下對上主的記憶。但是對小我而言，這實在太恐怖了，於是死亡搖身一變，成了偉大的黑暗救主，能拯救我們不受上主之愛的威脅。死亡就這樣不斷

將我們誘回它的黑暗巢穴，並向我們再三保證：「只要
躲在這裡，便能免遭上主的天譴；死亡的首要目的，就
是將我們從上主的永恆生命中救拔出來。」爲此之故，
死亡的幻相成了我們回歸聖愛的路上最後一個有待克服
的障礙，因它令我們害怕上主，更不可能接納祂爲自己
的神聖生命。

> 如果上主是愛，死亡無異於宣告了「上主已
> 死」。（M-27.5:5）

　　如果上主是沒有對立的眞愛，我們卻相信死亡是眞
實的，這無異於宣告「眞愛已死」。然而，在實相中，
上主永恆不易的愛始終臨在。我們若相信自己看到了死
亡的任何一種化身，這是因爲我們決心加入小我的錯覺
幻想，寧可相信感官所顯示的一切，而不用內在的慧見
來觀照。然而，身體的感官如此不可靠，因爲在心靈療
癒之前，肉眼只會看到小我要它去看的一切，也就是小
我所投射出去的東西。

> 新約有這麼一句話：「最後有待克服的大敵即
> 是死亡。」說得一點都不錯！死亡的觀念一
> 去，世界便消失了。所有的夢境也會跟著這個
> 夢一併結束。終結一切幻相，乃是救恩的最終
> 目標。（M-27.6:1~5）

死亡之境只是一種幻相

我們已經多次談論過,心靈乃是萬象之因,身體和世界都不過是此因所形成的果,上主永恆不易的聖愛則是一切實相的終極之因。聖愛之外皆是無常之境,屬於「果」的範疇,而「果」本身是不可能造出任何真實之物的。也就是說,我們在世間的**所知所見**,**無一**能導致真實的後果。

同理,死後的意識狀態也屬於果的層次,因為死亡原是小我幻境中的一個果,只是一種信念而已。也因此,死亡屬於妄心的領域,它是小我之夢的延續,跟世間萬物一樣,全都發生在我們心內。死亡是小我之「因」所產生的「果」,這個果始終存在自己心內,而它唯一的肇因就是「咎」。為此之故,除非我們先在心中療癒了死亡之因,否則只會不斷嚐到死亡之果。

我們所知所見的一切現象全都發生在自己的心內,這個心,並非頭腦,頭腦只是一個器官而已。我們先前談過,世間紛紜萬象,無一物在自己心外,整個宇宙、

時間、死亡之境、星辰，以及所有夢境，全都是發生於心靈內的「果」。可以說，整個紛紜的大千世界全是小我夢中的一個碎片而已，本身不具任何意義，它的意義全是我們賦予的。因此，我們可以透過小我的眼光來看，也可以藉著聖靈的慧見來觀照，而這個選擇，完全操之在己。

既然身體、世界、宇宙，以及死亡之念同時存在我們心中，那麼，我們一旦覺醒於自己的真相，領回天賦的神聖遺產（即上主的天國），夢中一切自然全都獲得了療癒。反之，我們若還堅信「死亡是生命註定的結局」，那麼恐懼、罪咎與死亡就會繼續成為我們內心祭壇供奉的偶像。我們必須看透這些偶像，不再把它們當成天經地義的自然法則或註定的結局，否則，我們必會害怕上主之愛（即自性），無法覺醒於自己的真相而領回天賦的遺產。

因此才說，死亡的魅力乃是我們進入真實世界（療癒的幸福美夢）之前必須解除的最後一道障礙，然而，我們必須願意放下自己對上主的恐懼，才扭轉得了我們對死亡的忠誠。

這陰沉無比的面紗，有賴死亡信念的撐腰和死

亡魅力的保護。為死亡及其王權效命，等於對小我暗中發下重誓，絕不掀開這面紗，與它保持距離，甚至不去猜疑它的存在。這是你和小我的祕密協定，你答應把那聖容隱藏在面紗之後，讓它永不見天日，你也永不致憶起。這是你對小我的許諾，絕不讓那一體生命把你由分裂世界中救拔出來；你寧願罹患失憶症，也要徹底遺忘上主的存在，結果造成了你與自性的分裂；這就是所謂的「上主恐懼症」，是你決心與祂斷絕關係的最後一道殺手鐧。（T-19.IV.四.3）

你現在應該看清了，死亡的信念究竟是怎樣假裝要「拯救」你的。死亡信念一旦消失，還有什麼好怕的，你難道會害怕生命不成？死亡的魅力使生命顯得如此醜陋、無情且殘酷。你對小我的恐懼並不亞於你對死亡的恐懼。它們都是你精挑細選的夥伴。在你們的祕密協定裡，你同意絕不揭發你對上主的恐懼，以免你一不小心看見了基督的聖容而與祂結合於天父之內。（T-19.IV.四.4）

由此可知，罪咎感隔絕了我們對上主之愛（即神聖

自性）的記憶，而我們對上主的恐懼，恰恰影射出我們害怕憶起「自己原是上主之愛」這一本來面目——我們是上主旨意之化身，不僅享有祂無限的創造能力，而且只受祂的天律管轄。

我們就像是被囚禁已久的籠中鳥，忘了反問幾個非常重要的問題：「**我是誰？我在哪裡？這籠子的門究竟是關著還是開著的？**」我們不但忘了自己擁有可以展翅高飛的雙翼，更荒謬的是，我們竟然沒有發現籠子的門始終是敞開的。是的，我們是自由的，只受上主的天律管轄，不受小我的法則約束，我們也絕非斷翼難飛的籠中鳥。這才是唯一的真相，恰恰跟我們的錯誤信念截然相反。

只要下定決心，我們必能捨棄小我的信念轉而接受上主的天恩，只因這是我們的自由意志；只要下定決心，我們必能根除罪咎之念而悟入清白無罪及真愛之境，只因這是我們天賦的遺產。心靈一旦恢復了清明，自然深深體悟《課程》所說的「凡是真實的，不受任何威脅」的深意。「真實之我」是不受任何威脅的，因神聖自性不可能受苦；唯有「虛幻之我」才會備感威脅，而且無所不用其極地自保，企圖抵制預期中的天譴。

所謂化解小我，就是看穿小我的幻覺，看清每一絲的恐懼、憤怒、挫折或痛苦，原來不過是害怕天譴的一種象徵，透露出我們不只「恐懼眞愛」，而且「眞愛恐懼」。

　　這就是深埋心底的恐懼，不時地揭我們的瘡疤：「我們在天人分裂之初如何背棄了上主，又如何獲罪於天而永世不得超生。」小我如此一口咬定我們犯下了無可挽回的罪過，一個永遠不得赦免的滔天大罪。這實在是千古以來最大的謊言！我們先前也說過，一旦相信自己罪不可赦，必會身不由己地築起防衛措施，以抵禦種種威脅。爲此，唯有揭發死亡的幻相，我們方能擺脫它的威脅。隨之，我們便會看到：**鳥籠的門一直都敞開在那兒呢！**

禱詞：化解對上主之愛的恐懼

　　或許你仍覺得很難偵測出自己對上主之愛的恐懼，但請想一想先前所說的，每一絲的恐懼或痛苦，都是害怕上主的信號。因此，每當我們覺得不對勁或感到不安

時，表示自己已經陷入了幻覺，而這也十足顯現出我們對上主的恐懼。此時，不妨問問自己：「如果世上只有那無所不包的聖愛，那麼，聖愛之外一切不愉快的經驗，包括微微的擔心或不安，怎麼可能和全然喜悅的聖愛並存？如果世上只有完美的聖愛存在，那麼，我們每天究竟在防衛什麼？如果除了聖愛之外並無他物存在，那麼，我們究竟在害怕什麼？」

顯然，我們害怕的，只可能是這個能夠真正療癒我們的聖愛；而聖愛原是我們的本來面目，是我們最害怕認出的真相，也是小我深恐我們發現的祕密。總而言之，不論我們認為自己是在害怕或防衛什麼，我們真正害怕和抵制的，其實就是上主之愛，只因我們害怕認出自己全然無罪的真相，害怕接受那具有堅不可摧的力量、足以療癒和主宰一切的神聖自性。

千真萬確，不論外表上我們在害怕什麼，其實我們真正害怕的是療癒。下面這段禱詞能幫助我們解除對上主的恐懼：

聖靈，我一定把＿＿＿＿＿＿＿＿（困難或問題）當真了，才會覺得自己受到傷害，而我的抵制令我更加孤立，因而感受不到祢的聖愛與療癒力量。但我相信，祢

的聖愛與療癒是唯一的真相；聖愛之外的一切，都不是真的。

我知道自己已經把恐懼當真了，不僅拒絕祢的愛與療癒，我的防衛反而將祢的聖愛、喜樂和平安一股腦推了出去。如今，我決心將自己的擔憂與害怕都帶到祢跟前，與祢一起正視自己的防衛伎倆，懇請祢用聖愛之光照亮我的心靈，為我重新詮釋這些恐懼。請祢淨化它們，將它們轉化為療癒和開悟的增上緣。

我明白自己只有兩個職責：

一、當我邀請祢與我一同正視這些恐懼和判斷時，我不再評判自己或他人；相反的，我為自己騰出一個不判斷的空間，讓祢的愛和療癒進來。

二、當我正視這些問題時，我會誠心誠意告訴自己：「即使這件事表面看來像是一個大問題，儘管我仍然感到害怕、焦慮、憤怒、內疚與懷疑，但在這一刻，我願敞開心靈，接受奇蹟的療癒。我願接受療癒，我必會如願以償的。阿們！」

你目前對祂的信賴，可說是另一種防衛措施，
只是它許諾給你的是一個平安無虞的未來，那
兒沒有一絲哀傷，只有無盡的喜悅，它會使你
的一生轉爲神聖的一刻，即使身處於時間的洪
流中，你仍衷心嚮往著那不朽的境界。別再防
衛了，讓你此刻的信賴之心引導你的未來；
如此，你這一生才會充滿意義，因爲你會親
眼看到自己的防衛措施想要隱瞞你的眞相。

（W-135.19）

第八章

身體是我們恢復健全神智的工具

　　近年來，我領受到一個明確的啓示：身體，究竟說來，**絕非**毫無意義。這與我多年來所抱持的信念截然相反。現在我明白了，身體在解除我們抵制上主的最後一道防線上，其實扮演了至關重要的角色。這一道防線使我們無法活出上主的偉大旨意，成了阻礙我們覺醒於神聖自性的最大障礙。

　　我們毫不質疑地接受了小我的天條，承認肉體的死亡是眞實的，它是人生難逃的宿命。小我一再保證，只要遵守這一盟約，我們就不必覺醒於所向無敵的上主之愛（即自性）。因此，只要我們存心隱藏死亡對我們的吸引力，小我就會利用身體來證明天人分裂的事實，而我們也會下意識相信死亡與上主**兩者**都眞實不虛。

　　一旦相信兩者皆眞，且同時保有兩種相互牴觸的信念，我們就會不知不覺在上主與死亡之間劃上等號，不只認爲死亡是上主的傑作，同時也不敢認領自己的天賦

遺產，寧可繼續受制於這具身體。因爲只要相信了死亡，我們便無需面對自己的神聖自性，更不必接受上主的完美旨意與大能了。

若要克服以死亡爲核心的小我夢境，身體成了不可或缺的工具。只要我們還認爲死亡是眞實的且下意識受它的吸引，我們就無從得知上主的大能活生生地存於我內。我們必須活出這一大能，才表示自己得此眞知。這絕不是頭腦上的理解，而是成爲這一眞知的化身；唯有將這一眞知落實於身體，我們才會恍然大悟，原來身體從未離開過造出它的心靈。

一旦看出身體原來活在心內，身體便與心靈合而爲一了，不再受分裂妄心所苦，身體的目的從此徹底轉化了，成爲療癒心靈的見證，證明上主聖愛與療癒確實所向無敵。因此才說，我們必須藉由身體這一工具來克服死亡所有的化身，我們對上主的眞知便會切「身」地重返自己的記憶。

在小我的薰陶下，我們往往因著恐懼而背棄了身體，若非沉迷於感官享樂，追求口腹之慾、健康、性、安逸或自我形象等等，就是拒絕身體的需求而背叛它。無論是哪一種，都是遺棄身體的表現。只要一感受到威

脅，我們便會下意識遺棄身體而「魂飛體外」，身體一旦遭我們遺棄，小我就會鳩佔鵲巢，把它當作分裂與攻擊的工具。

身體是上主之子恢復健全神智的工具。
（W-PII.五.4:1）

究竟而言，死亡是一條虛構的出路，而且根本是一個下下策的伎倆，它完全違背了天性，存心與上主聖愛作對。為此，我們不可能經由死亡來達到真實世界，而**必須**另闢蹊徑，藉助於身體與生活方能達此境地。

人不是靠死亡而超脫世界的，他靠的是真理。
（T-3.VII.6:11）

儘管我們誤把身體當成真正的自己，它實際上什麼也不是，只是小我設下的一個障礙，企圖阻止我們憶起自己與上主聖愛不曾間斷的交流。我們的人生焦點如果始終放在滿足心理與生理的需求，身體就會顯得一無用處且毫無意義，只會讓小我更加沉迷於身體的舒適安逸而已。

此時此刻，不妨反省一下，我們每日所思、所言、所行，有多少是為了滿足自己心理及生理的需求？終日

只為避苦求樂，還不斷擬訂計畫來抵制預料中的威脅。

無論如何，我們在行為層面所作的一切並無任何意義，但背後的動機卻絕不可輕忽。只要誠實反省，便不難看出背後的動機所在——我們所做的一切大都是出於恐懼而非真愛，也因此都會導向毀滅。為此，我們必須**藉助**身體來化解妄見。

身體：最後一個有待療癒的特殊關係

一般說來，我們往往會忽略一個重要的事實，那就是「人無法超越自己所否定之物」。一旦否定了身體的角色，就等於拒絕去療癒心內的苦因。

《課程》鼓勵我們看清小我打造出來的一切攻擊性武器，然後誠心誠意將它們交給聖靈化解。這種由衷的交託會帶給我們神奇的轉化經驗，不僅特殊關係可以轉化為神聖關係，小我的世界也會從我們的覺知中逐漸消退，被真實世界取而代之。從此，我們不再認為小我的幻相有層次之別，因我們見證了奇蹟第一條原則：

奇蹟沒有難易之分。一個奇蹟不會比另一個奇
蹟「更難」或「更大」。它們全是同一回事。
全都表達了愛的極致。（T-1.I.1）

　　奇蹟的療癒之力足以轉化一切，但小我會想方設法
把身體剔除在外。它會說：「藉由寬恕來轉化我們與
他人和世界的關係就好，身體就免了，它根本沒有意
義。」小我還告誡我們：「聖靈縱有扭轉心念、轉化關
係的大能，但對身體，祂是鞭長莫及的。」

小我想盡辦法削弱心靈的力量，它故意把身心
分開，目的是要毀滅心靈。（T-8.IX.6:1）
小我如此相信攻擊的力量，它不會不發動攻擊
的。（T-8.IX.6:8）
上主之師若想百尺竿頭更進一步，必須了解寬
恕就是療癒。「身體可能生病」乃是小我思
想體系中的一個核心觀念。這一想法賦予了
身體的獨立自主性，由心靈分裂出去，使攻擊
的念頭變得天經地義。身體若能生病，救贖便
無法立足了。因為身體若能頤指氣使地讓心靈
就範，表示它已篡奪上主的地位，證明了救恩
不可能存在。果真如此，有待治癒的究竟是什
麼？身體已成了心靈的主人。除非把身體除

掉，否則心靈如何回歸聖靈？然而，有誰會為
救恩付出這麼高的代價？（M-22.3）

只要我們認為身體可以自行生病，這最後一個也是
我們最難割捨的特殊關係便永無療癒之日。身體可說是
小我最終的堡壘、最後的藏身之地，也是小我所能劫持
的最後一個人質。我們就這樣眼睜睜地看著小我藉由匱
乏、疾病與死亡來繼續為攻擊與分裂撐腰。但是，只要
我們療癒了心靈，便能解除小我對身體的掌控，徹底推
翻小我的思想體系。這正是耶穌降世示範及教導的重要
觀念。

然而，我們一旦與小我同流合污，否定了身體在心
靈療癒中扮演的關鍵角色，便已不知不覺加入了小我的
攻擊陣容，因我們等於賦予身體超越心靈的力量來打擊
自己，相信身體有本事導致痛苦或疾病，而讓身體成為
反映分裂妄心的一面鏡子。事實上，身體並沒有任何改
變自己的能力，它無法生病、痊癒、老化或死亡。唯有
心靈能命令身體，令它不得不遵照自己所選擇的導師之
指示。

聖靈會教你如何把身體純粹用在你與弟兄的連
結上，如此，祂才能透過你來傳播祂的信息。

這不只會療癒他們，同時也會療癒你。任何一物只要按照聖靈心目中的任務而發揮其用，是不可能生病的。違反這一原則，才會引發疾病。不要讓身體成為反映心靈分裂的一面鏡子。也不要讓它成為你卑微無能的標誌。更不要讓它成為你攻擊心態的倒影。只要你肯接受聖靈的詮釋，不難看出健康其實是萬物的自然狀態；萬物在聖靈眼中絲毫不具攻擊性。只要你不再無情地利用身體，你不可能不健康的。只要你接受了那位深知生命真相且為生命發言的聖師的指引，健康不過象徵著正確的人生觀已然在你心中生根發芽而已。（T-8.VIII.9）

是的，只要我們願意放棄原先賦予身體的目的，身體就能在克服小我夢境上發揮大用。在此同時，我們必須讓身體完全服從上主的旨意，才能與它建立神聖的關係。在神聖的目的下，身體從此不再為任何攻擊撐腰，反而變成超越小我的工具。當初，為了使我們遠離上主聖愛，小我設下了種種的障礙，如今，我們反而能藉著身體這個工具來克服它們。

身體的目的就這樣扭轉過來了，不再充當「小我藉攻擊來引發罪咎」的管道，反而成為我們恢復純潔無罪

與見證奇蹟的工具。這正是耶穌的身體所顯示的大用，它推翻了小我疾病、痛苦、匱乏與死亡這類具有攻擊性的自然法則，成了上主全能的最佳見證。

當身體的目的由恐懼轉為真愛，由攻擊變成療癒時，我們就會看清它在世的唯一目的，就是在人間推恩寬恕和愛。於是，身體搖身一變，成了化解小我一切投射之工具。要知道，唯當身體只為聖靈效命時，它是不可能生病的，正因為身體已完全為聖靈效力，故沒有一種疾病是奇蹟治癒不了的。此時的身體，純然成了幫助我們回歸天鄉的增上緣。

> 你若真能以此為志，身體必會獲得療癒。你再也不會用它為分裂與疾病之夢撐腰。它也不會為自己不曾做出的事而受到無理的責難。你只會藉它的助力來療癒上主之子；有了這一目的，身體是不可能生病的。它不會為不屬於你的目標效命的，這表示你決心不受疾病之苦了。所有的奇蹟就等著你這個決定；你一作此決定，奇蹟便發生了。沒有一種疾病是奇蹟治癒不了的，因你這決定不是針對疾病的表面症狀而已。疾病的徵候雖然形形色色，其實疾病只有一種，故也只有一種療癒。你若

沒有生病，就表示你是健康的，反之亦然。
（T-28.VII.4）

回顧來時路：
不願探究耶穌教誨的真義

接下來，我很樂意分享自己在修習奇蹟，這條漫長的心路上的一個轉捩點。自從踏上靈性之旅，我雖然愈來愈不受身體與心理的疾苦所困，但在我操練奇蹟二十多年之後，卻仍然相信身體與小我的法則，認為生老病死終究會戰勝生命，因而對死亡感到萬分無奈。只因我一直相信死亡與疾病原本就是自然現象，是人生經歷當中根本無法逃避的命運。是的，我承認，一旦我的自由意志如此相信，我必然**預期**生老病死的降臨，這是連上主也愛莫能助的。

在這樣的信念下，我自然而然建構了種種的防衛機制，想方設法保護自己，但卻萬萬沒想到，我的防衛機制在潛意識裡反而將這些威脅吸引到自己的生活內。正是如此，這是我當初渾然不覺的，原來小我的意願如同

上主的旨意一樣強大，而我所抵制之物恰恰是我所吸引之物。正如耶穌所說：「你若抓著錯誤不放，真理便束手無策。」（T-3.IV.7:2）何況，我是不可能寬恕自己依舊當真之物的。

我所未曾察覺的是，如果我設法抵制某物來保護自己，就表示我必定把此物當真了。一旦開始抵制自己心目中的威脅，自然不會反觀自己的瘋狂信念，更不可能將自己的錯誤信念交託給聖靈。這也充分顯示出，由於我不可能寬恕那個錯誤的信念，因而錯失了療癒自己的機會，更遑論療癒他人了。真的，那時的我真的不明白，若想要得到徹底的療癒，必須先放下「威脅真的存在」這種錯誤信念才行。

寬恕的先決條件是「**確信唯有上主之愛真實存在**」，我就是因為忽略了這個關鍵因素，以至於未能收到真寬恕的成效。更具體地說，當年的我，既無法接受或相信「身體與世界的種種表相，無一具有傷害我的能耐」這個信念，更沒有體認到，除非我能徹底否定「上主聖愛以外，還有其他力量存在」這種信念，否則是不可能真心寬恕的，也難怪我始終無法活出真寬恕的精神。

就在這樣分裂的信念中，我一面深信「這個世界可能傷害我的身體與生命」，一面又宣稱「我相信上主之愛」，結果引發了劇烈的衝突與混淆，加深了我潛意識的罪咎，導致我不斷地批判自己；而且，不論我多麼誠心寬恕它們，也完全無濟於事。就這樣，我的生活不斷被這一分裂信念的後遺症所苦。

回想起來，我不曾有意識地質疑自己所相信的一切小我法則。雖然我質疑過自己許多觀念，但卻從未真的正視或反省過「表面上維繫著身體與世界，同時卻也威脅著身體與世界」那個自然法則，為何自己對它那麼堅信不疑？我壓根兒沒想到，所謂的自然律，根本就是小我的法則，而非上主的天律。

我原本以為，相信所謂的自然律乃是天經地義之事，它們不過是小我夢中的一景而已。我完全沒想到，它們在推翻上主的小我大略中，暗地裡扮演了至關重要的角色。自從看穿了小我那套「既能維生又能威脅」的無常法則之後，我明白了，重點並不在於放棄一堆神奇的祕方（小我是不可能放棄任何東西的），而是在於我能否勇敢地全面質疑自然法則，也就是自己所堅信的那套「既能維生又能威脅」的自然法則。這意味著，我必須開始跟聖靈一起不帶評判地逐一檢視這些法則，完全

將自己的知見交託給聖靈來療癒，如此而已。問題是，我當時還沒準備好這麼做。

屈指數來，我所相信的神奇祕方可多著呢，我吃營養補品，靠節食來保持身材，謹守營養學的指示，同時相信現代醫學與傳統醫學。簡單說，我仍認為維繫生存的是身體的機能，而非上主永恆的生命。正因為我相信身體支撐著我的生命，所以我整個人生規畫不外是想盡辦法保護這具身體，包括生理與心理的防衛。可以說，即使我每天誠心誠意地練習寬恕，身體依然是我全部生活的焦點。

我也相信小我的經濟與匱乏那一套原則，而非上主富裕及無限供應的天律，難怪我總是在財務問題與犧牲感中不斷掙扎。想當然的，我也試過「寬恕」那些犧牲感等等的心態。

根本而言，我沒發現自己同時緊抓著兩套互不相容甚至相互牴觸的思想體系，只因我仍想同時保有上主以及世界兩套思想模式，以為自己可以在它們之間左右逢源。我壓根兒沒想到，其實我必須作一選擇──究竟要相信哪一套思想體系。我當時並不明白，我必須下定決心只著眼於愛，也就是訓練自己的目光越過表相，並且

寬恕一切才行。

聽起來或許匪夷所思，《課程》明明早就告訴我們
這些觀念了啊！但我當時的程度還無法領悟，光是用頭
腦來理解而已，卻沒在生活中實際運用這些道理。

我當時認為，小我夢境中的身體與自然法則雖然都
是此生的宿命，**但也無足輕重**，因為在實相中它們沒有
一個是真的，所以我只需一併寬恕即可，無需逐一檢視
它們是由什麼信念所構成的。

這正是小我最隱微又險詐的陷阱，相信不少奇蹟學
員也深受其害。我竟然未曾發現，當我不斷保護自己的
身體，拼命抵抗疾病、超重、匱乏與失落的同時，我所
投注的心力已經早就把身體與世界弄假成真了。一旦相
信這些威脅真實無比，我怎麼可能真正寬恕它們呢？事
實上，只要我們還想用身體與世界為小我效命，我們是
不可能寬恕它們的。

我當時尚未領悟，真寬恕既能化解小我之夢的成
因，也必然能化解它的後果。我以為只要誠心寬恕某件
事，它的肇因自然會在心中完全療癒，這樣就夠了，至
於身體的症狀或人生的結果如何，根本無關宏旨。後來
我才發現，我原本自以為已經寬恕的人事物，其實連一

半都稱不上，更遑論眞正地寬恕身體！只因我仍相信這些人事物的眞實性，想盡辦法保護防衛，沒有尋求聖靈的指引，也無法從根源處去化解。換句話說，我並沒有徹底寬恕那個「因」──說穿了，我根本不知道原因所在，故也不可能與聖靈一同正視它，更別說是將它交託出去了。

耶穌明確地告訴我們，除了透過寬恕來徹底療癒苦因之外，還要接受「**果也必會治癒**」這一事實，因爲因與果是不可分割的一個整體。但因我仍舊抓著兩種相互牴觸的思想體系不放，所以不可能接受這個觀念。後來我才發現，自己的心靈早就被內在的矛盾嚴重地撕裂了。

當年的我，的確還沒準備好接受這個事實：「只要自覺地與上主旨意合一，全面接受救贖，上主的旨意必會扭轉小我之法則。」縱然我嘗試去接受這一眞理，但我承認，自己對小我的信賴遠大於對上主的信心，也因此，一直飽受世間法則的威脅和折磨，實在一點也不足爲奇。

就算我當時能夠信賴上主，我還有另一個困擾：「只要療癒心靈中的問題肇因，就能扭轉表相層次的小

我法則。」對我來說，這種觀念簡直是褻瀆神聖，而我卻沒看出這種觀念只有在小我眼裡才是褻瀆神聖的。我之所以會有這種困擾，是因為我認定自己毫無價值，他人更是一文不值，所以最好安份一點，假謙虛一下，心安一點，承認自己絕不可能有耶穌那般扭轉自然律的本事。我完全沒看出，這其實是小我的傲慢，是它抵制內在上主之愛的另一種伎倆而已。

就這樣，我逃避了相信有形層次的奇蹟，故也延誤了自己憶起上主無限大能的時機，不知在實相中的我具此大能，而且人人如此。這一自慚形穢的心態委實讓小我樂不可支，因我寧可相信那些衝突、匱乏、疾病與死亡時時威脅到我的安危，卻渾然不知，這樣的信念等於是崇拜上主聖愛之外的另一種力量，令它凌駕於心內全能全愛的上主之上。

由於我內心深處總感覺到「自己不配」，自然就拒絕接受「一旦療癒了因，果或症狀也會隨之痊癒」這整套觀念。我想，如果我當時明白寬恕會帶來身體的奇蹟，可能會激起更大的恐懼，而非減輕恐懼。因為形體層次若也可能發生奇蹟，我的整個價值體系就全部被推翻了！直到飽受分裂之苦的百般折磨以後，我才開始質疑自己所相信的每一事物，重新徹底評估身體與世界的

目的所在！

　　如今，我已能看出自己過去將身體與聖靈劃清界線，其實是在助長分裂信念而不自知。在過去，我認定表相層次之物了無意義，因而將它們剔除於奇蹟的療癒範圍之外。但耶穌明明提醒我們，若要真正地痊癒，必須解除**所有**層次的錯誤。既然我們造出了身體與世界，並賦予它們分裂的錯誤目的，那麼，若要療癒，就必須全心接受此生唯一的真實目的，也就是寬恕所有分裂的信念，全面而具體地解除我們原先用來打擊自己的一切妄造。

> 救贖計畫裡最重要的一環，就是它能化解每個層次的錯誤，一解百解。（T-2.IV.2:1）
> 你若認為奇蹟會受制於它所致力化解的罪之法則，沒有比這更瘋狂的想法了。
> （T-27.VI.6:3）

　　過去，我十分抗拒深入審視自己的信念，包括我對《課程》的教誨所抱持「好的」信念。此外，我相當仰重某派人士對《課程》的詮釋，因而拒絕接受其他不同的說法。那麼，究竟是什麼改變了我的心態？那就是「切身領悟」耶穌所說的「救贖能化解每個層次的錯誤，**包括**身體與世界」這一教誨。

是的，切身領悟是絕對必要的，除此之外，我們豈敢堅信「非源自上主之愛的一切，沒有傷害我們的能耐」？還有什麼途徑可以讓我們明白、體驗，並且令人百分百心服口服地證明「奇蹟沒有難易之分」呢？

　　凡是被你排斥或抵制之物，自然無法進入你的
　　意識裡。它們原本是無害的，是你把它們變成
　　了一種威脅。（T-3.VI.4:4~5）

　　耶穌親身向我們示範「唯有上主之愛才是真實的」。他透過奇蹟的見證，令人不能不相信「人間的所有法則根本抵擋不了上主所向無敵的旨意」。

　　你若抓著錯誤不放，真理便束手無策。我也曾
　　是人類的一份子，只是最後憶起了自己的靈性
　　與真知而已。當我在世為人時，我不曾企圖以
　　真知來制衡謬誤，而是由問題的根本一層一層
　　往上修正。我親自為你證實了身體的無能以及
　　心靈的偉大。當我的願心一與造物主的旨意結
　　合，便自然憶起了靈性以及它真正的目的。
　　我無法越俎代庖將你的願心結合於上主旨意之
　　下，可是只要你願意接受我的指引，我便能拭
　　去你心中的一切妄見。（T-3.IV.7:2~7）

不得不承認，活在小我的生存模式下，我們從來不敢去質疑它的運作法則。然而，疾病、匱乏、衝突、失落與死亡等等這類自然律，根本是小我虛構出來的，目的是說服我們相信「上主的天律對小我一籌莫展」，最終則企圖證明「我們已失落了上主的愛」。為此之故，若要證明小我的生存模式毫無意義，就必須透過身體的形式；也唯有藉助身體，寬恕才能幫助我們恢復健全的神智。沒有錯，只要接受救贖，必會扭轉小我的法則，身體的目的自然就隨之翻轉過來了。

> 身體是上主之子恢復健全神智的工具。雖然它當初是為了把聖子關進永無生路的地獄而造的，如今，天堂取代了這座地獄，成了身體存在的目的。上主之子向自己的弟兄伸出援手，相互扶持，一起上路。如今，身體成了神聖之物。以前以殺人為目的的它，如今開始致力於心靈的療癒。（W-PII.五.4）

或許，你會非常抗拒這種教誨，我也不例外。只因我們一旦接受了這一觀念，勢必威脅到整個小我的思想體系，故小我一定會不擇手段來維護「我們是受制於外力的受害者」這個信念。

在小我所有的防衛措施中，肉體的死亡可說是最高明的一招。小我向我們保證，只要接受死亡，我們就不必覺醒於上主之愛，因我們最大的恐懼，莫過於體認出自己原是上主的化身。的確如此，光是想像自己死後在天堂中「不得不憶起自己的真實身分」，就已經夠可怕的了，若是要我們還活在小我夢裡就憶起這一真相，豈不更令人膽寒！

　　然而，「心外無一物」是千古不滅的真相。我們眼中的身體與世界，全都發生在心內。小我之夢的「起因」，連同它所導致的「後果」，在我們心靈之內從未分開過。為此，因一旦療癒了，果必隨之痊癒。只要決心活出內在的上主生命，放眼望去，我們只會看到無所不在的上主。

你把身體作何用途，它就變成了你

　　可以說，在小我的生存模式下，身體幾乎無所不能，但它絕不可能幫助我們返回天鄉，恢復神聖自性。換言之，凡在小我的夢裡，小我只會利用身體製造分裂

與攻擊。你可能會問，攻擊是怎麼形成的？我們為什麼要利用身體來攻擊？其實，人類絕大部分的攻擊意向都是下意識的，也因此，除非我們真敢往內心深處看去，否則根本覺察不到。我們聽信了小我的謬論，以為透過攻擊，可以讓自己逞能如願，才會毫不自覺地發動攻擊。

　　請看看，我們暗地裡用了多少把戲將身體當作攻擊的武器：

* 特殊關係：在特殊關係中，我們往往不惜批判而吝於寬恕，並且處處要對方滿足我們身心的快樂及安全感。

* 犧牲：我們犧牲時間與精力來爭取小我的滿意（例如取悅他人、渴望認同、財務的保障等等）。

* 未獲滿足的需求：覺得自己的需求不配得到滿足、對自己不忠誠、不敢承認自己真正的需求。

* 形形色色的疾病與痛苦。

* 意外事故。

* 焦慮、煩惱、操心、無法釋懷的哀傷或悲慟。

* 匱乏與缺憾的信念。

* 受難或犧牲感：動輒感到被攻擊、被苛求、被賤視。

＊批判：自我批評與苛求、論斷他人。

＊心懷怨尤：歸咎於當前或過去所遭受的種種不公不
　義。

＊沉溺於過去。

＊把身體當作偶像：重視自我形象、健美等。

＊癮頭。

＊用身體作為攻擊的最終武器：死亡。

> 你若把身體當作攻擊的武器，它對你就會百害
> 而無一利。你若能把身體當作一種媒介，向其
> 他仍然相信自己只是一具身體的人示範，身體
> 不是攻擊人的武器，你才可能看出自己心靈的
> 大能。（T-8.VII.3:1~2）

我們若想徹底療癒，必須放下小我所灌輸的「我們
與上主及弟兄是不同的生命」這一信念，否則，小我便
會把潛意識的自我憎恨與罪咎投射到他人身上。它絕不
會讓我們發現我們對他人、對外境的種種不滿，最後都
會落到自己的身體，使身體成了罪咎的淵藪，窩藏了小
我無以數計的怨恨與攻擊，難怪身體會飽嚐生老病死之
苦。切記，每當我們論斷他人時，自己必然先受其害。

你之所以會再三攻擊自己的弟兄，因為你在他身上看到了自己私有世界裡的魅影。你企圖攻擊的既然不是那個人，表示那攻擊只會落在你身上。那些形相只存於你心念裡，當你攻擊他人時，你等於攻擊根本不存在之物。（T-13.V.3:6~8）

對小我而言，身體是用來攻擊的。它之所以把你與身體等同視之，就是告訴你，你也是攻擊的武器。為此，身體是不可能成為自己的健康之源的。身體的狀況全憑你如何詮釋它的功能而定。（T-8.VIII.1:5~8）

身體沒有自己的目標，它只會回應心靈的指令。如果我們不加明察，沒有及時解除小我在潛意識裡暗暗下達的指令，身體便會打擊自己。身體一如我們投射於夢中的所有影像，是徹底的中性，它沒有創造的能力，本身也不具任何意義，它的存在狀態完全受制於心靈，忠實地反映小我或聖靈所賦予它的目的。

在小我眼中，身體（包括心理與生理）是我們此生奮鬥的目標與存在的理由。它聲稱身體代表了我們的身分，以此掩蓋我們原是完美神聖的自性這一真實身分。小我無所不用其極地讓我們相信「身體並不是一個工

具」，它本身就是存在的目的，它是自己的主宰。

　　小我的王國之所以能夠如此坐大，如此昌盛，全靠我們認同「身體是獨立自主的實體」這個瘋狂信念，承認自己對身體無能爲力，無法影響或改變它，只能飽受生老病死的摧殘。無可否認的，在我們眼中，身體確實比心靈更爲強大；相形之下，原本是力量源頭的心靈，反倒顯得百般無能。

　　身體若爲小我效命，只會用於追求特殊之愛。可以說，幾乎所有的人際關係都是建立在有條件之愛上，因特殊之愛印證了小我的信念：「愛是可能轉變爲恨的，且愛可分爲不同的程度與形式，還會隨著時間與環境而改變。」爲此，特殊之愛好似一道巨大的心牆，屛蔽了眞愛的體驗。然而，眞愛是永恆不易的，它沒有程度之別，更不可能轉變爲恨。

　　正因爲小我利用身體來抵制愛，我們才會不由自主把身體當作分裂與攻擊的武器，還冥頑不靈地爲死亡辯護，抵制眞正的心靈合一。只因眞正的合一超越了身體的層次，這讓小我備感威脅。

　　雖然身體也可能促進心靈的合一，但合一的焦點從來不在身體。在種種人際關係中，我們若將焦點放在身

體的層次，著眼於身體的受益或損失，表示我們（小我）已經拒絕了真愛，奇蹟也就施展不開了。於是，身體成了人我分裂的一道深溝，真愛被拒於千里之外。

我們下意識賦予身體原本沒有的能力，不自覺地利用身體來打擊自己與他人，卻反過來聲稱自己是受害者。其實這全是自導自演的。我們告訴身體它的極限在哪，為它預設一個任務，並且時時保持警覺，以免它撈過了界。我們命令身體遵守小我那套匱乏、疾病與死亡的自然律，還要求身體在這限度之內，負責掌控我們的心靈。

> 除非你用身體作為你和弟兄保持距離以及分裂的主因，否則身體原本就隔離不了你們的心靈。是你賦予身體原來沒有的能力，它才會反過來控制你。如今，你認為是身體在操控你與弟兄相會的時刻，是它限制了你與弟兄心靈上的交流。如今，身體告訴你該去哪兒，如何前往，以及什麼是可行的，什麼是不可行的。只有它能決定健康所能承受的極限，什麼會使它疲倦，甚至生病。它「與生俱來」的脆弱使你無法為所欲為，欲振乏力，令你壯志難伸。
> （T-29.I.5）

是你要身體如此的，它也只好配合演出。它只允許你耽溺於「愛」到某一程度，還不時穿插一些恨的情節。是它在操控你什麼時候可以去「愛」，什麼時候應躲到恐懼裡才比較安全。它會生病，因爲你根本不知道愛的眞諦。因此，你必會藉用每一個機緣以及遇到的每一個人，還認爲他們也一樣別有用心。（T-29.I.6）

有朝一日，當我們願意釋放身體，只爲上主效命時，便會欣然體驗到，身體從來不是橫梗於人我之間的障礙，我們會逐漸接受「外面沒有任何人或任何事能傷害我們」這一眞相，還會驚異地發現，之前被我們視爲仇敵之人，如今成了我們的人間救主。從此，自己能夠全然安心去愛人或接受別人的愛。只不過，這些體驗對我們來說非常陌生，我們一開始可能不敢百分之百信賴它。

身體原本沒有目標，是你藉身體的名義，造出各式各樣的目標，強迫身體去執行。你一點也不耽心它軟弱，只怕它該強的時候不強，該弱的時候不弱。你可知道，你和弟兄之間並沒有東西居中作梗？你可知道，你們之間也無間隙

供你藏身？一旦明白你的人間救主並非自己的
仇敵，你可能會大吃一驚；或者當你聽到身體
原來不是眞的，你又難免會生出戒心。在「上
主是愛」的喜訊上頭，好像總是籠罩著一層恐
懼的陰影。（T-29.I.8）

下定決心讓身體轉爲上主的旨意效命，這樣做，其
實是給予身體最大的保障，因爲小我再也無法劫持我們
的身體，除非我們心甘情願受小我蒙騙。就算一時受到
蒙蔽，只要我們願意扭轉小我的妄知妄見，隨時都是我
們接受救贖的神聖一刻。

唯有將身體完全交託給聖靈，才能確保身體不再背
叛我們。只要我們不再接受小我自然律的控制，便能確
保身體的健康。請記得，只受上主天律管轄的身體是不
可能生病的。當身體從潛意識罪咎的暴政下釋放出來，
它搖身一變，成了幫助我們體驗恆常喜悅與聖愛的有力
工具。從此，身體只有一個任務，就是爲上主的旨意效
力。

也許你還未意識到，這會解除你以前因賦予身
體的種種目的而構成的身體限度。你一旦放開
這些限制，身體自有力量爲那些眞實而有用的

目的效命。這才是徹底保證身體健康之道，因
為它不再受制於時間、氣候，或疲勞、飲食，
或你以前為它制訂的健康法則。如今，你無需
作任何事情來維護它的健康了，因為身體在這
種情況下是不可能生病的。（W-136.18）
然而，你必須時時覺醒，身體才會有保障。你
若讓自己的心靈窩藏任何攻擊念頭，屈服於批
評論斷，或是苦心策畫以抵制不可知的未來，
你就會再度步入歧途，與身體認同；心靈一旦
生病，身體便遭池魚之殃。（W-136.19）

只要我們把他人看成一具身體，這時，我們不但是
在判斷此人，而且還為他設了限。小我不會讓我們發
現，凡是我們在他人身上所看到的，其實全是自己指
派給他的任務，影射出我們是如何看待自己的。為此之
故，每當我們把他人視為一具身體時，必會加深潛意識
的罪咎與自我攻擊的傾向，形成現實生活的種種困境。
要知道，一旦把他人看成一具身體，等於否定了對方的
真實身分，同時也否定了自己的本來面目，這一眼光必
會加深分裂，把彼此看成各自獨立的生命。

我們若要他人滿足自己的需求，帶給自己身心的舒
適快慰，表示我們已然否定了真愛。正因我們已經受到

表相的蒙蔽，才會著眼於他人身體的美醜、胖瘦、老少、貧富、健康或疾病等等的外在形相，這無異於否定對方的生命真相。話說回來，在否定對方之先，我們必已否定了自己，因而切斷了自己與真我或自性之愛的聯繫。

是的，當我們把自己或他人看成一具身體時，就等於指派給身體一個小我的任務。小我永遠只會搜羅罪咎與死亡的證據，命令身體的感官去尋回自己投射於外之物。神聖自性則截然相反，它只會教我們寬恕自己投射於自身、他人或世間的一切。

只要我們與聖靈攜手，撤銷小我賦予身體的目的，讓身體完全轉為上主慈愛的目標效命，身體就會成為聖靈的工具，幫助我們超越虛幻的偶像，溫柔地恢復我們清明的神智。

解除「我們是一具身體」的信念

我花了很長的時間才真正接受「身體活在心內，而非心外」這個觀念。學會重新為身體正名定位，對我的

療癒產生不可思議的力量。一旦移除了讓我感受不到愛的障礙，就自然看見了萬物存在的唯一目的——寬恕。

如今，我已明白小我夢境中的一切原是中性的，它們的意義全都是我賦予的。在小我眼裡，每個人與每件事看似各有特殊目的，其實都是為了彌補小我投射出來的匱乏罷了。可還記得小我的魔咒：**「去找，但不要找到！」**

切莫忘了，身體與世界原是我們心中的影像投射出來的，心靈才是一切因與果的所在。頭腦只是心靈用來執行任務的工具而已，它本身沒有打造夢境的能力。心靈才是我們所知所見的唯一根源，萬事萬物都存於一心，「心外」無一物，它們全是心靈的投射。心靈每分每秒都在輸出影像而投射出這具身體，而我們所看到的每個影像，都反映出我們的內在信念——自己究竟選擇以誰為師。

當我們開始接受「身體活在心內，它是我們每分每秒不斷投射的影像」這一觀念，便已掙脫了小我信念體系的掌控，不再受身體的劫持，也不再受小我生物法則的蹂躪了。因此，每當我們感到自己的身體或心理受到自己、他人或世界的傷害，這時，正是我們回歸正念的

大好契機。

在這個關鍵點上，我們大可重新選擇，接受「我們**並非**一具身體，而是投射出身體與世界的心靈」這一真相。因此，每一次在我們感受到攻擊的一刹那，正是提醒「我又在攻擊自己」的最佳時刻，因爲只有一個心靈存在。唯有如此，我們的寬恕才可能直通攻擊的唯一肇因，即潛意識的罪咎那裡。

覺察自己仍信靠身體與世界

只要我們仍把焦點放在維護身體，它就會覆蓋了上主聖愛。所謂維護身體，就是維持身體的活命並保護它的安全，兩者都是一種防衛措施。因爲，憑一己之力來維護生命這一本能，其實是抵制上主之愛的伎倆。沒有錯，認爲自己必須隻手負起身體的健康與福祉之責，表示我們對上主依舊懷著敬而遠之的畏懼。

換言之，如果我們寧可自己作主而不願請教聖靈，就表示我們選擇效忠小我的法則而非上主的天律。多年來，我服用各種營養品來抵禦疾病的威脅，即使我有心

信靠上主的天律而非小我法則，卻仍未準備好放下營養品。因此，我會與聖靈一起服用這些營養品，並將自己的錯誤知見交給聖靈修正，然後懷著愛心，毫不內疚地服用這些營養品。

如今，隨著我不斷放下自己對愛的恐懼，我對外在偶像的依賴也逐漸減弱，不再四處尋求世間的療方來拯救自己。我已明白，上主之愛是唯一存在的實相，它才是真正支撐我的力量。因此，每當我感受到威脅，我會即刻反問自己：「我究竟在防衛什麼？我所防的，顯然是那個聖愛。」

說到究竟，聖愛，才是人心深處最大的恐懼。《課程》的導言已為我們明白指出，若要清除使我們感受不到愛的障礙，必須先化解自己對身體和世界的妄見。解除錯誤的信念與價值觀，才是真正克服身體與世界的不二法門。於是，神聖自性恢復了覺知，重新意識到它在上主之愛內本有的大能與主權。

> 本課程的宗旨並非教你愛的真諦，因為那是無法傳授的。它旨在清除使你感受不到愛的那些障礙；而愛是你與生俱來的稟賦。與愛相對的是恐懼；但無所不容之境是沒有對立的。
>
> （T-in.1:6~8）

進而言之，若要克服身體與世界，我們必須在感受到威脅的那一刻保持高度警覺，因那正是療癒妄念的大好時機。心內造出小我世界的那個「因」一旦療癒了，它的「果」自然隨之獲得新的詮釋。總之，我們必須先解除心中根深柢固的小我法則，現實生活才可能有所轉變。

　　這便是療癒夢境的過程，包括了夢中所有的象徵人物或事件，原先用來證明「分裂與攻擊為真」的一切，如今皆轉而為基督的大能作證，成了推恩聖愛的工具。這才是身體唯一的真正目的。

　　幸福美夢（即真實世界）乃是心靈療癒的自然結果，它憑藉的，絕不是在於改變果的層次，那種企圖仍屬於小我的投射。我們是因療癒心靈而克服了身體與世界的，如果自己還是身體與世界的受害者，怎麼可能克服得了它們？唯有正念才能治癒身體，只因身體已不再為小我的目的效命了。

　　為此之故，除非我們放下受害心態，明白自己並不受制於身體與世界，否則，我們是不可能徹底活出上主（即神聖自性）的大能的，而會繼續陷於小我與上主兩股相反勢力的拉扯之中。疾病乃是小我證明世界有罪的

一種手段，我們一旦願意接受救贖而療癒了身體，健康的身體便成了世界無罪的最佳見證。

如今，聖靈軟化了你的手，在你手中放置了另一幅畫像。那畫像依舊有血有肉，因真實的你既無法被看見，當然就無法入畫。然而，由於你這幅畫從未淪爲攻擊的武器，因此也不曾受過任何痛苦。它不只證明了「你不可能受到傷害」的永恆真相，還遙遙指向你和弟兄的無罪本質。將這幅畫像顯示給你的弟兄吧！讓他看到你的每個傷痕都已痊癒，每滴眼淚都被歡笑與愛拭去了。他會在你身上看到自己的寬恕，他痊癒的雙眼還能越過寬恕看到你的純潔無罪。你的無罪成了他同樣不曾犯罪的明證；他在瘋狂中做出的種種，不僅成不了事，也未曾產生任何後果。他沒有理由自我譴責下去，無情的攻擊再也傷害不了他，再也激不起一絲椎心的恐懼了。（T-27.I.5）

證明他的純潔無罪吧，不要淪爲他有罪的見證了。你的療癒成了他的健康與慰藉，因它證實了幻相的虛假不實。（T-27.I.6:1~2）

救贖計畫裡最重要的一環，就是它能化解每個

層次的錯誤，一解百解。疾病也好，「妄見」
也好，都是「層次混淆」的後遺症，因它會誤
導人們相信某一層次所出的差錯會牽連到另一
層次。（T-2.IV.2:1~2）
唯有療癒的奇蹟能證明天人分裂並沒有造成任
何後遺症。（T-27.II.5:2）

你失落平安的原因是什麼？

　　耶穌告訴我們，若要化解小我的思想體系，必須先
徹底扭轉自己對世界的看法。也就是說，我們必須先看
出問題的癥結所在（它永遠在心內），並且甘願釋放
它，一切問題之因才有徹底療癒的可能。

　　如果我們不自覺地接受小我的信念，把苦因推到心
外，必會把威脅及身體弄假成真，這無異於拒絕了奇
蹟，只因我們已把表面症狀與內在肇因看成兩回事，
因而錯失了療癒的機會。只要我們還認為苦因在自己心
外，等於拒絕了化解所有痛苦的真正肇因，也就是潛意
識的罪咎。

我被腸胃毛病困擾了多年，還曾因此兩度掛急診。二十多年來，我一直認為造成這毛病的原因出在身體和世界，從未意識到原因在自己的心內。雖然我不斷嘗試去寬恕它，卻不見明顯改善。我完全沒想到，光是相信病因出在外面，我已將症狀（結果）與真正的病因視為兩回事，奇蹟也因此被我推到門外了。一旦認為苦因在外，不論歸咎於身體、世界或過往的經歷，我是絕不可能經驗到奇蹟的。

> 唯有當你讓因與果彼此相認、不再視為兩回事，這時奇蹟才可能發生。……因與果其實是一物的兩面，不是兩回事。
>
> （T-26.VII.14:1,13:1）

　　當年，我將腸胃毛病歸因於乳糖及麵筋這些東西，且為了改善症狀，嘗遍各種祕方，不惜犧牲所有我愛吃的食物，這正是小我為它投射的問題所提供解決方案之最佳寫照，想起來也挺殘酷的。只因聽信了小我而非聖靈，我有三分之一的人生都嚴禁自己去碰那些「美食」，包括冰淇淋、酸奶、乳酪、麥製品等等，甚至以為自己後半輩子非得服用高劑量的益生菌不可了。小我的療方確實能夠緩解症狀，但絕對無法根治病情，只要我忘了服用它建議的祕方，就馬上故態復萌。

直到我信賴的對象逐漸由小我轉向內在的聖靈，終於領悟到耶穌所說「讓因果各正其位」的重要性。隨著我對上主的信賴愈加堅定，對聖靈的指引也就更為敏銳了，於是我一一翻找困擾我的健康問題，下定決心放下自己的判斷，完全交給聖靈詮釋。

　　我挖出了自己對疾病與醫藥的所有恐懼，真心誠意將它們交託給聖靈，心懷感激地接受救贖，堅信心內的問題之因已經療癒了，並且放下對結果的期待，只因我確信病因療癒後，那些症狀遲早會就範的。

　　就在那個狀況中，我心裡獲得了奇妙的指引，要我繼續服用所有的營養品，但要記得有意識地與聖靈一起服用。每當心裡開始自我批判，即刻警覺並停止批判，再度將它們交託給聖靈。從此，我愈來愈不擔憂自己的健康了，那是真的，將問題完全交託給聖靈後，內心便經驗到一種如釋重負的解脫。

　　至此，身體不再是我個人的責任了，我決心讓內在的偉大力量來照料它，而且全然肯定，只要我讓身體完全為聖靈效命，身體自會獲得妥善的照顧，這令我非常心安。我好似聽到聖靈告訴我，只要讓身體轉為聖靈所用，它就絕不可能背叛我。此後，我不斷印證了此言不虛。

卸下這個重擔可真是一大解脫！此刻，我唯一的責任就是信賴聖靈萬無一失的療癒。說來奇怪，無限的**耐心**確實產生了**即刻**的效果，真是不可思議！當我們真心信賴而不僅僅盼望時，自然會產生無比的耐心。只因我們心裡知道療癒早已完成了，故有足夠的耐心等候身體層次的「果」反映出那已然療癒的「因」。

　　一天早上，就在出門協辦一場研習之前，如往常一樣，我準備了一些益生菌帶在身邊，那一刻，我強烈地感受到聖靈要我將它們放下。小我當然開始恐懼，擔心症狀會在研習當中突如其來發作，但我立即警覺，提醒自己最好別聽從小我的高見。於是，我靜下來聆聽聖靈，祂清楚告訴我：「是該放下這類祕方的時候了。」

　　接下來的美妙經驗令我終身難忘。二十多年來，首次敢吃心愛的食物，首次解除對食物的「自我禁錮」，既無犧牲感，也絲毫沒有內疚和擔掛，真是說不出的暢心和安心！從我最後一次服用益生菌至今，已經兩年多了，症狀從未復發，我也隨興自在吃自己想吃愛吃的食物，健康狀況遠比過去任何時候都好。如今，我吃東西時都會懷著覺知與愛心來吃，因此我所吃的食物也絕不會背叛我。

我逐漸明白了，食物跟所有事物一樣，都是中性的，它沒有本事使我生病或康復，增胖或減瘦。身體與世界本身不具任何力量，我的心靈才必須對我所有的經驗負責。完全沒錯，是心靈在制定這些遊戲規則，它究竟吸引恐懼或是愛，端看我選擇相信哪一位使者。

　　若要解除小我的信念，我們必須進入內心深處，安住於此，靜靜聆聽聖靈。要知道，**《奇蹟課程》的「化解」，不是一種頭腦遊戲**。相反的，我們必須清醒地臨在，有意識地離開頭腦而進入內心。唯有在心裡，我們方能感受到聖靈的指引。

祈求「療癒我們對疾病
與神奇解藥的信念」

　　下面是我用來療癒自己的禱詞，你可以根據自己的需求而改寫：

　　聖靈，我十分害怕這個疾病（或痛苦、匱乏），我發現自己對神奇解藥的信賴遠遠超過了我對上主聖愛的信心，我願將這一妄念交託給祢，祈求祢的療癒。

我相信心內的病因一旦療癒了，療效必然惠及它的症狀及後果。此刻，我願敞開心靈，接受祢的療癒，接受奇蹟，它是療癒一切的救贖。至於奇蹟何時發生，我全然信任祢的安排。阿們！

自我反思：你相信自己就是這具身體嗎？

下列的問題能幫你看出，自己信靠身體與世界的程度究竟有多深。當你反思這些問題時，請徹底誠實地回答，不要用頭腦，試著進入內心深處，讓你真正的信念浮上意識層面，如此，你才能看見自己的真實信念而加以寬恕。當你準備好了，請將這些信念交託給聖靈，請求祂療癒你的妄見。

- 什麼情況會令你相信痛苦、疾病、衰老、匱乏、衝突，乃至於種種折磨的原因存在自己心外，在自己的身體、他人或世間？請花一些時間寫下自己的信念。
- 你是否認為人生在世免不了疾病與痛苦，這是天經地義的事？
- 你認為受害者還是加害者，哪一個罪過更大？
- 你是否相信肉體的死亡不僅是自然現象，而且是人生必經的歷程與難逃的宿命？換句話說，你是

否相信死亡乃是生命的結局？

- 你是否認為活在世間一定要靠身體的健康來維繫生命？

- 你是否相信奠基於匱乏、攻擊與失落的小我法則？你是否認為自己受制於這些法則？

- 你擬定計畫時，是否經常忘了請教聖靈而自行決定？

- 你是否試圖憑一己之力來保護自己與親人而不求助於聖靈？

- 你是否相信有些食物對你有益，有些對你有害？

- 你是否相信食物會讓你肥胖，而節食可以保持身材？

- 你是否認為飲食、遺傳、生活方式、抽菸或環境污染是導致癌症或任何疾病的原因？

- 你是否相信世界的經濟學原則而非聖靈「無限供應與富裕的天律」？

- 你是否相信自然律是永遠不變的？

- 你是否相信自己的身體會自然地老化及衰退？

- 你是否認為自己理當奮鬥或犧牲才能換得幸福、關愛、健康及富裕？

- 你是否認為自己需要付出相當的代價才值得上天重視與垂愛？

> • 你是否相信死亡能提供你活著無法給你的東西，
>   例如擺脫身體的束縛、解除小我、終止衝突、獲
>   得平安、永享安息、與上主或心愛的人團聚，或
>   是達到圓滿之境？

　　我們大部分的小我私願都是下意識的，必須將它們
帶到意識層面，接受聖靈的光照，才有寬恕及轉化的可
能。如果你上述的答案大多為「是」，表示你對小我法
則的信念猶深。請記住，你相信什麼，下意識就會期待
什麼，只因你的意願如上主旨意一樣強大，故你所期待
的**必會**成為你的人生現實。

　　只要我們相信自己可以撇開聖靈，自行對身體與世
界負責，我們不僅會讓身體與世界變得更加真實，同時
也放棄了足以扭轉世間所有法則的神聖自性。

　　不妨想想，支撐我們生命的，究竟是身體和世界，
還是上主之愛呢？如果我們堅持不理會聖靈而過自己的
日子，我們是不可能信賴上主之愛會支撐我們的，反
之，我們會誤把身體與世界當成存在的基地。

　　雖然這些錯誤信念本身並不是什麼惡念，但我們若
不將它們交給聖靈重新詮釋，反而想靠一己的力量來自

保，那麼，隱藏在潛意識的罪咎便會更加固若金湯。耶穌明確地告訴我們，能夠支撐我們生命的只有上主，我們也只受上主的天律管轄。

上主的聖愛支撐著我

這一觀念答覆了你今天、明天或任何時刻所面臨的任何問題。在世上，你相信自己的存活是靠外在的一切，而非上主。你把信心置於微不足道且瘋狂至極的象徵之物上：藥丸、金錢、「護身」衣、權力、地位、人們的愛戴、結交「正確」的對象，以及數之不盡的虛幻事物，你一一賦予了它們無比的魔力。你用這一切來取代上主的愛。（W-50.1,2:1）

你可能認為，若接受今天的觀念，你得付出一個代價，即是：外在沒有一物救得了你，也沒有一物能帶給你平安。但它同樣意味著，外在沒有一物傷害得了你，也沒有一物騷擾得了你的平安，或帶給你任何煩惱。今天的觀念將你奉為宇宙的主人；你當之無愧，因為你本來就是。（W-70.2:1~3）

我只受上主天律的管轄

你為拯救自己而定的種種詭異又扭曲的法則，其實束縛不了你的；不妨想一想，這一認知所帶給你的自由。你真的認為，你若不囤積一疊疊鈔票以及一堆堆銅板，你就會餓死？你真的認為，一粒小藥丸或用尖尖的針筒把一些液體注射到你的血管裡，就能防止疾病與死亡？你真的認為，沒有另一具身體陪在身旁，你就落單了？（W-76.3）

只有神智失常的人才會有此想法。你卻奉它為自然律，冠之以種種名稱，還以一堆無用又無稽的名堂加以分門別類。你認為自己必須服從醫學、經濟及健康的種種「定律」。只要保護好身體，你就有救了。（W-76.4）

這算什麼自然律，根本就是瘋狂。當心靈傷害自己時，身體才會瀕臨危險。身體受苦，是為了讓心靈看不出它在自作孽。身體的痛苦是心靈用來隱瞞真正痛處的一種障眼法。它從不了解真正的敵人其實是自己，是它在攻擊自己，想置自己於死地。你的「自然律」就是要把身體由此困境中解救出來。然而正因如此，你才會認定自己真的是一具身體。（W-76.5）

除了上主的天律以外，沒有什麼自然律。你需要反覆的提醒，直到你明白這句話可套用在你為反對上主旨意而妄造出來的一切事物為止。你那套神通把戲毫無意義。凡是它企圖拯救之物，其實不存在。反而是它有意隱藏的，倒有拯救你的能力。（W-76.6）

今天開始作「長式」練習時，先簡短地回想一下，我們自認為必須遵守的各種「定律」。包括了營養學、免疫學、醫學以及能夠保護身體的種種「法則」。再往深處一想，你還相信該建立友誼、「好」的人際關係及互惠關係這類「遊戲規則」。你甚至以為有些法則還能幫你區分什麼是屬於神的，什麼才是屬於你的。許多「宗教」就是奠基於這一法則上。它們不僅不拯救，還假借上天之名定人的罪。然而，它們與你為了自身安全而服膺的那些自然律相比，只是五十步笑百步而已。除了上主的天律以外，沒有什麼自然律可言。今天就放棄那些怪力亂神的愚蠢信念吧！讓心靈安靜下來，聆聽上主的聲音，祂會告訴你事情的真相。（W-76.8,9:1~2）

祈求解除自己對身體與世界的信念

　　你是否真心想要解除自己的心障，不再受制於小我的信念與價值，而覺於真愛的臨在？那些心障，種種自我設限的信念，如果你已經準備好放下它們了，那麼，試著進入內心深處，請求聖靈療癒那些障礙了你的信念。不妨試試下面這個禱詞，或許對你有幫助：

　　聖靈，我承認自己此刻對身體與世間法則的信賴，遠遠超過了我對上主之愛的信心。此刻，我將自己對＿＿＿＿＿＿＿＿的妄念交託給祢，祈求祢的療癒。我相信心內的病因一旦療癒了，療效必然惠及它的症狀或後果。此刻，我願敞開心靈，接受祢的療癒，接受奇蹟，它是療癒一切的救贖。至於奇蹟何時發生，我全然信任祢的安排。阿們！

　　所謂療癒，就是清楚覺知「小我如何利用身體與世界來鞏固它的獨裁專制」，然後**和聖靈一同**正視小我的運作，不帶任何判斷與自我批判，誠心誠意將每個心障交給聖靈，請祂以慧見重新詮釋我們對身體與世界的看

法，這便是眞寬恕。

《課程》告訴我們，上主之師需要一具身體來通傳上主的訊息。只要世人對聖愛仍舊害怕，懷著敬而遠之的心態，天人之間的直接交流就會受阻。爲此，身體對聖靈極具價值，因爲它是聖靈在充滿恐懼的世間傳遞眞理最好的媒介。

> 只有極少數的人聽得到上主的天音，然而連他們也無法直接通傳聖靈所賜的訊息。他們需要一個中介，才可能向那些尚未認清自己是靈性的人傳遞天音。他們需要一具人們看得見的身體。一種人們聽得懂的聲音，才消除得了他們心中抵制眞理的恐懼。不要忘了，眞理只會在人們一無所懼地展臂歡迎之刻來臨。因此，上主的教師需要一具身體，因爲一般人無從直接認出他們內在的一體生命。（M-12.3:3~8）
> 上主的教師們表面上與一般人一樣活在分裂的幻境中，這是因爲他們需要藉助於形體之故，然而，他們再也不會被幻境中的種種表相所蒙蔽了。（M-12.4:6）
> 你把身體作何用途，它就變成了你，這是最關鍵的一課。你若用身體來犯罪，或攻擊（兩者

都與罪無異），你就會視它為有罪之身。因為
罪孽深重的，必然脆弱不堪；因為脆弱不堪，
它註定受苦，最後必然難逃一死。你若能藉助
身體而把上主聖言傳給尚未領受的人，身體就
被聖化了。它既是神聖的，便不可能生病，
更不可能死亡。當它的用途已盡，便可棄置一
旁，如此而已。（M-12.5:1~6）

我們如何無情地利用身體

身體只是心靈投射出來的一個影像，除了順從心靈
的指示，它絕對沒有自行改變的本事。只要我們還認為
自己是一具身體，小我就會將潛意識的罪咎投射到身
體，使它承受痛苦與死亡的懲罰。這正是小我最高明的
騙局。小我就這樣利用身體來掩蓋我們的真實身分，使
我們意識不到自己的真相。

你竟把自己的罪咎由心靈轉移到身體去。問題
是身體不可能有罪，因為它憑自己根本一無
所能。你若認為自己憎恨這具身體，那純是

自欺之談。你恨的其實是你的心靈，因罪咎已經滲入其中了，為此，你的心靈才會設法與弟兄的心靈保持距離；而那也是不可能的事。（T-18.VI.2:5~8）

你如何縱容小我利用身體來暗算自己？除非你看清這一點，自願與聖靈攜手，以奇蹟取代自我傷害，否則，療癒永遠是遙不可及的。與聖靈一起看清自己「如何」受小我蒙蔽，「如何」暗算自己的身體，可以說，這是一個自我發現的過程。在這個過程中，我們會發現自己不但一直在迴避神聖自性，而且我們早已背棄了真正的自己。

當你看清自己如何背叛了身體和自己時，難免會為此感到哀痛，不過這是個很好的現象。此時，你不妨為自己把身體當成代罪羔羊而誠心向它道歉，因你一直不公不義地為它從未做過的事而怪罪它。它並非你的痛苦、疾病、欲望，或種種癮頭的原因，它也不曾扯你後腿或製造過什麼麻煩。

當你深刻體認到自己的小我才是幕後的元兇，才能有意識地收回自己加在身體的投射和判斷，也才可能開始跟身體建立愛的關係。如果你願意的話，不妨表達一

下你願將身體交付聖靈所用的決心，與聖靈一起寫一封真誠的信給你的身體，象徵你已經讓身體轉而爲聖靈效命，成爲愛與療癒的推恩工具。

請仔細反思下列的問題，然後寫下答案。練習時，無需內疚或羞愧。一覺察到內疚、自責、羞恥或自我批判時，便知道這是小我在作祟，絕非聖靈的本意。

反思問題：

我是如何濫用身體的？如何忽略它？如何否定它？如何利用它來引發內疚？又如何利用它使他人感到內疚？如何利用它來滿足小我的需求？如何遺棄或背叛它？如何虛榮地利用它？如何讓它承受痛苦、疾病、老化、意外來傷害自己？如何利用它來證明自己的匱乏？如何利用它作爲生理或心理的防衛工具？如何用它來取代自性真我（愛）？如何把它變成偶像？如何賦予它操控心靈的力量？我是如何評判它的？又如何怪罪於它？如何羞辱它？我是如何把它當成自己的？

將你的答案，按照本書所提供的「接受救贖的步驟」，交託給聖靈：

請將你的答案逐一透過「接受救贖的步驟」交託給聖靈。你準備好將哪些妄見交給聖靈療癒呢？（有關「接受救贖的步驟」，請見本書第489頁）

懲罰身體，聽起來簡直是神智失常，然而，每當我們受苦或生病時，其實就是在懲罰身體。我們甚至把身體當作自己與外界的隔閡。身體原是中性的，它沒有能力去看、聽或感覺，我們想要什麼感受，它就會感受到什麼。

只有神智不清的人才會懲罰身體，這表示他在身體看到了那不存在的小小間隙。身體不會審判自己，也無意把自己看成它所不是之物。它不會把痛苦變成喜悅，在紅塵中尋找永久的快慰。它不會告訴你自己的目的，因它不可能了解自己的存在意義。它沒有傷害人的企圖，因為它沒有自己的意志；它沒有任何偏好，也不會自我懷疑。它從不好奇自己究竟是什麼，因此也無意與人一較高下。它可能被人當成犧牲品，自己卻感覺不到。它沒有固定的角色，沒

有攻擊能力，它只會奉命行事。（T-28.VI.1）

誠實地說，我們確實相信幻相有層次之別，我們每天自行作出上千個決定，很少會請教聖靈。我們認爲自己知道什麼對自己最好，其實，所有的決定只是在**諸多幻相之間**取捨罷了，絲毫跳脫不出幻相之上，就如同「鐵達尼號都快沉了，還忙著整理甲板上的躺椅」。爲了配合小我所作的無數選擇，身體只好承受生老病死的折磨，我們便是如此無情地蹧蹋身體的。

想要脫離苦海，必須憑靠一個決心——不論處境如何，心靈的平安永遠是自己的首要目標。換言之，我們須認清此生唯一的目標，就是把每個處境都當成寬恕的契機，幫助自己回到平安的心境。秉持這個首要目標，我們再也不會無情地利用身體了。

只要你不再無情地利用身體，你不可能不健康的。（T-8.VIII.9:9）

反之，如果以身體的福祉作爲此生的終極目標，無異於自取滅亡。當我們逐漸明白了身體的眞相，便知道它純粹是交流與寬恕的工具而已。一旦離開聖靈而設法改善身體，或不惜傷害身體來滿足小我的需求，只會加深罪咎，爲自己招來疾病和死亡。

如果我們認為自己必須滿足自己或他人的身體及心理需求，表示我們已落入了幻覺；因為唯有在幻覺中，我們才會相信自己是一具身體，而且身體還代表了我們的身分。一旦誤把身體當成自己，身體對我們就顯得危機重重了。

> 我的弟兄，天父之子，這純是一場死亡之夢而已。身體帶你參加的喪禮、黑暗的祭壇、陰險的誡命、變態的罪罰儀式等等，這一切都不是真的。你無需設法從中解脫。你只需撤銷自己加在身體上的無情指令，寬恕你命令它所做的種種事情；甚至命令它去死，這實在抬舉了它，因為唯有死亡才好似有戰勝生命的能力。除了神智失常的人以外，誰會希望上主一敗塗地且信以為真？（T-19.IV.三.8:2~7）

身體原是小我為了取代我們的自性而造出來的。如果我們以身體的福祉作為終極目標，身體便會傷害甚至背叛我們。也因此，只要我們改變了身體的目的，用它為真理實相作證，它必會根據心靈賦予它的神聖目的而配合演出的。

今天，我們要設法改變自己對疾病的看法，因

爲我們所追尋的是治療一切幻相的藥方，而不只是把一種幻相改成另一種幻相而已。今天，我們要設法找到治癒的源頭，它就在我們的心內，因爲那是天父將它安置於此的。它比我們和自己的距離還近。它與我們的念頭如此之近，我們是不可能失落它的。只需去找，我們必能找到它。（W-140.8）

我的經驗談：我如何無情地利用身體

只要我們解除了小我自我傷害的衝動，暗藏的死亡之願無處可藏，我們便可以將它交託給聖靈了。只因死亡乃是我們自太初以來一直投射到身體與世界的願望，一旦撤銷了這個投射，那麼，阻礙我們體驗愛的因素便不復存在，至此，再也沒有任何幻相遮蔽得了上主賦予我們的無限大能。我們終於扭轉了小我妄造的一切，不再攻擊自己的眞我。我們知道自己是誰了。

這一轉化過程正是我此生所求，其他一切都無足輕重了。在我藉著前面的練習來反思自己如何無情地利用

身體之後，我感覺到自己的心好似無限寬闊地敞開了。然而，當我看到自己對身體的種種索求時，內心真是悲痛不已。我幾乎無法相信，自己把內心的罪咎投射到身體來懲罰它，情況竟然如此嚴重，如此不堪。當我愈往深處覺察自己給身體的指令以及種種譴責時，我的心都碎了。我這一生簡直把身體當成仇敵，認定它有傷害及背叛我的企圖與能力。天啊，如果我對待自己的狗如同對待身體一樣，牠早就死上千萬次了。

經過這番深入的省察，我才發現自己原來那麼厭惡活在這具身體裡，甚至下意識期待身體死亡，得到解脫，而這種念頭正中小我下懷。小我不計一切代價，也要阻止我們還活在身體時就覺醒於上主之愛。當我看到自己如此咎由自取，不禁淚流滿面。然而，能夠看清這一切，真是一大解脫！

我總算能夠真正地寬恕身體了，因它從未對我做過任何事。我是用我的寬恕禱詞來幫助自己寬恕的：

聖靈，請幫助我寬恕自己利用身體來傷害自己，將祢（我的神聖自性）推出心外。

經此誠心的禱告，身體得到了解脫，我也因此自由了。如今，不僅僅是「我」只接受上主的天律管轄，連

身體也是，它不再是我的仇敵，也不是我的責任，它純粹是愛的傳通工具而已。我決心不再用它作為恐懼與攻擊的武器，只讓它為上主慈愛的旨意效命。那種自由的感覺是我從未有過的，如此徹底、如此浩瀚。

> 身體才是囚犯，而非心靈。身體是生不出任何念頭的。它沒有學習、寬恕或奴役他人的能力。心靈無需遵守身體的指令，也不必服從身體的規範。身體只囚禁得了自願被囚的心靈。當心靈自甘淪為身體的階下囚時，身體才會罹病。它開始衰老、死亡，因為心靈已經病了。若要挽回這一局勢，你必須重新學習。身體沒有學習能力，故它永無改變的可能，直到心靈賦予身體另一目的，身體才會跟隨心靈的指令而改變自己的外形。只有心靈具有學習的能力，因此任何改變必然出自心靈。
>
> （T-31.III.4）

我終於看清，自己過去如何失心瘋地將罪咎投射到身體，也看到我們每個人都在做同樣的事。我們用這具身體來塑造自己的身分，利用它來抵制上主之愛，使自己永遠遺忘自性真我。可以說，我們的所作所為，無一不是為了這具身體的生理與心理需求；所有的防衛和欲

望，無一不是基於身體的利益來考量的。殊不知，我們所抵制之物，正是我們下意識吸引之物。

前面的練習幫我挖出了許多潛意識裡的信念、價值觀、恐懼和投射。直到我寬恕了自己的身體，感覺就像是一個巨大的腫瘤瞬間消失一般。現在回想起來，這個練習可能免去了我數世的輪迴之苦。

修習奇蹟這麼多年，如今，我的功課就是捨棄所有殘餘的小我信念，不再聽信身體及它的表面需求。我對生老病死的所有恐懼，也已經在聖靈內獲得了新的詮釋，身體再也不是「我的」了，將它交託給聖靈後，它就不再需要我的保護了。當然，我照鏡子時，仍舊會看到自己的白髮，但我愈來愈不相信肉眼顯示的一切表相，而僅僅信任自己與上主旨意合一時的慧見。

> 沒有一個世界不是出自你的願望，這正是你最
> 後的解脫關鍵。只要你從心裡改變自己想要看
> 的，整個世界必會隨之改觀。觀念離不開它的
> 源頭。（W-132.5:1~3）

回想起來，我與身體的關係這一療癒過程，可謂充滿了奇蹟，因為經此療癒，身體只有一個目的，它已完全臣服於上主之愛。如今，我與身體維持著神聖的關

係，不再譴責它，或期待它去滿足小我構想出來的種種需求。也因此，我對身體完全地放心，知道它沒有能力自行改變、生病或製造痛苦，它完全是中性的。過去這兒疼那兒痛的老毛病，以及骨質疏鬆、腸胃毛病都消失無蹤了，因為我已經徹底明白原因都在自己心內，也知道如何求助、如何接受療癒了。

是的，救贖才是所有問題的解藥。每當我感到恐懼、痛苦或懷疑之際，隨時都能藉由救贖的大能，釋放自己的痛苦，從中明白身體真正的目的。

> 身體是上主之子恢復健全神智的工具。雖然它當初是為了把聖子關進永無生路的地獄而造的，如今，天堂取代了這座地獄，成了身體存在的目的。上主之子向自己的弟兄伸出援手，相互扶持，一起上路。如今，身體成了神聖之物。以前以殺人為目的的它，如今開始致力於心靈的療癒。（W-PII.五.4）

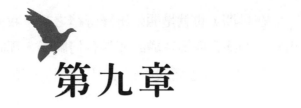

第九章

揭露揮之不去的威脅感之根源：罪咎

在早期，也就是開始研修奇蹟之初，我完全感覺不出自己的痛苦與潛意識的罪咎有何關聯。那時的我，很難覺察出一切逆境的真正肇因，只因我既感覺不到罪咎，也難以切身領會「危機重重的外界竟是隱藏在我心中的罪咎信念之產物」。雖然在頭腦裡可以理解罪咎與痛苦的關係，我卻始終缺乏具體的經驗。

但如今，我幾乎可以在每一個恐懼、匱乏、懷疑或擔憂生起的剎那，立即追溯到同一個核心信念。每一次的追溯，法寶無他，就是往內心深處去探究——非常專注地直探那個使我失落平安的源頭。每一次，我都會發現，它離不開一個核心信念，就是「我一定會遭到傷害或懲罰，因為我罪孽深重」。

這種往內心深處探索的體驗，讓我愈來愈快地看出，原來我所感受到的恐懼（或憤怒、焦慮、疾病……等等）並不是出於我個人特有的問題，也不是小我所認

定的某個罪魁禍首造成的，而是深埋於潛意識的原始恐懼，引發了強烈而深重恐懼的情緒，那正是我們根深柢固**對上主的恐懼**，它掩蓋了潛藏的罪咎信念。我們相信自己罪孽深重，只因我們背棄了上主，還為自己打造了一個獨立自主的我及這個世界，最終目的不外是將上主逐出自己的記憶之外。

　　沒有錯，我們想像中的恐怖天譴，正是心中揮之不去的威脅感的根源，也是我們想盡辦法抵制上主之愛的原因。正因如此，我們終日無止盡的追求，忙於解決層出不窮的外在問題，目的是轉移自己的注意力，以免時時刻刻感到末日臨頭。

　　如果我們真心想深入恐懼之源（潛意識對上主的恐懼），必須先正視自己意識得到的恐懼，看清它們全都離不開小我投射到我們意識中的感覺——死亡的如影隨形。其實，死亡只是小我投下的煙霧彈，企圖轉移我們的注意力，迴避我們真正害怕的東西。因為我們一旦認清自己所害怕的其實是上主聖愛（自性），而且還療癒了這一恐懼，小我的思想體系就無以立足了。

　　別忘了，死亡會化身為匱乏、疾病、痛苦、衝突、失落與犧牲等等形態，這些都是小我用來轉移我們注意

力的手段，以免我們看出自己真正害怕的是什麼。小我故意讓我們疲於應付這些死亡之化身，無暇深究小我潛意識投射的真正根源。我們就這樣被小我瞞天過海的戲法蒙蔽了。

只要我們敢往內心深處看去，便不難發現，那個暗地裡以種種方式威脅著我們的恐怖魅影，其實並不是死亡；世人想盡辦法所要擺脫的，也非死亡，而是小我所投射的神明。

只因我們潛意識有個錯誤的信念，「上主會因我們在天人分裂之初所幹的好事而向我們索命」，這才是一切罪咎的根源。罪咎一旦遭我們否認，便會投射出去，形成死亡的種種化身，包括肉體的死亡，對我們產生致命的吸引力。小我就這樣藉著「身體終將一死」的宿命，來證明上主的確可畏；我們若相信這種上主，就得付出犧牲與死亡的代價。

> 如果你與小我認同，勢必感到罪孽深重。只要你一與小我沆瀣一氣，不會不充滿內疚而害怕天譴的。（T-5.V.3:5~6）
> 聽從小我的聲音的人，必然相信自己有攻擊上主的能力，並且相信自己已佔據了上主的某一

領地。為此，你不可能不害怕上天的報應，這
種罪咎椎心刺骨，使你不能不設法把它投射出
去。（T-5.V.3:10~11）

純潔無罪才是最堅固的防衛措施

我終於明白了，從心底由衷感受到自己天賦的純潔
本質，才是防範小我最便捷有效的措施。純潔無罪的本
性是我們唯一真實的護身符，因為它不會傷人。反之，
小我的假純潔一定會發動攻擊，因為它的遊戲規則向來
就是「善惡對立」。

也因此，小我需要以「他人有罪」來證明自己的純
潔無罪。天賦的純潔本性則不然，在它眼中，唯有聖愛
存在，因此，任何形式的攻擊必是幻相。它知道在實相
中並沒有受害者與加害者，故無需防衛；它完全清楚，
所有狀似攻擊的假相只是小我打擊自己的一種手法，所
以它能對幻相視若無睹。

是的，你我的純潔無罪出自上主的旨意，故無一物
能與之抗衡；基督天心的純潔本質是上主賦予的，故不

可能受到威脅。只因我們寧可受苦的小我意願遮蔽了自己的覺知，才意識不到這一真相。然而，只要我們接受救贖，當下便能領回天賦的純潔本質。可以說，這一救贖不僅是我們重拾自己永恆生命的捷徑，更是穿透小我痛苦夢境與時空幻相的一道光明。

我們無需付出什麼代價便能賺得純潔無罪，只因上主早就賜予我們了，它不生不滅，不增不減，始終完美不易。記得嗎？我們自認犯下的一切邪惡，從未顯現在上主的雷達上。

因著純潔無罪的本質，所有的過錯、批判、煩惱、羞愧與自我譴責等等根本就不存在。既然連上主都不審判我們，我們又何苦批判自己與他人呢？只要我們不忘接納這一天賦的純潔本質，小我便失去了立足之地。

所以才說，覺知自己的純潔本質乃是最堅固的防衛措施。若能常保這一覺知，小我必會銷聲匿跡的。要知道，小我完全是憑靠我們對自己的誤解與批判才存活下來的，我們一旦決心憶起自己純潔無罪之真相，小我便無以為繼了。

罪咎猶如一間暗室，上主之愛則是一道光明，小我必會想方設法阻止上主之光進入罪咎的暗室。如果我們

還相信自己毫無價值，就表示我們寧可待在暗室而拒絕光明。

暗室代表著我們對上主的恐懼。我們若寧可讓衝突、疾病、憂鬱、痛苦、匱乏與死亡這類有形證據充斥整個暗室，就等於拒絕接受純潔自性的光照。

試想，當我們開燈時，黑暗何在？千年暗室，一燈即明，罪咎也會像黑暗一樣消失得無影無蹤。不只如此，我們一旦認出並接納了自己的純潔無罪，一定也會看到他人的純潔無罪的。

憶起自己永恆不易的純潔本質

湯瑪斯辭世六個月之後，我開始認真探索「如何憶起自己天賦的純潔無罪本質」。2011年5月，我坐在一個陽光斜照的門廊中，驚嘆著週遭花園裡繽紛綻放的盎然生命，心中不禁納悶起來：「生命怎麼可能有對立？生命怎麼可能終結於死亡？如果上主是愛，而愛是永恆的生命且毫無對立，死亡的觀念怎會被人如此當眞呢？」就在此時，我獲得了一個天啓。

頓時，我整個人豁然開朗，明白了死亡確實不存在。湯瑪斯離開肉體之後，我在經歷崩潰與突破的過程中也曾有過類似的領悟。顯然的，這些領悟一點一滴逐漸穿透小我的思想體系，在我內心闢出一片空間，讓聖靈得以進來，照亮了「非真之境」在我心中殘存的陰影。

　　在這個無以言喻的神悅時刻，我的心怦然全開了，我不只看到而且還感受到聖愛無所不包的**真相**。我總算真正體會到《奇蹟課程》導言的真義了：

> 這是闡釋奇蹟的課程。是一門必修的課程。只有投入時間的多少是隨意的。隨自己的意願並不表示你可以自訂課程。它只表示在某段時間內你可以選擇自己所要學習的。本課程的宗旨並非教你愛的真諦，因為那是無法傳授的。它旨在清除使你感受不到愛的那些障礙；而愛是你與生俱來的稟賦。與愛相對的是恐懼；但無所不容之境是沒有對立的。（T-in.1）
>
> 因此，本課程可以簡單地歸納為下面這幾句話：凡是真實的，不受任何威脅；凡是不真實的，根本不存在。上主的平安即在其中。（T-in.2~4）

過去，這些話對我而言，似乎只是一種美好的概念，但如今我已然深刻感受到它的真實性。「與愛相對的是恐懼；但無所不容之境是沒有對立的」，可見，恐懼根本沒有真實的立基點可言。

　　唯有聖愛是真實的，也唯有聖愛無所不容又無所不在。既然聖愛是完美的實相，它便不可能受到任何威脅；凡是不真實的，根本就不存在。這意味著恐懼並不真實，故不可能威脅到愛。但是，既然只有上主之愛真正存在，那麼，我們究竟在防衛什麼？

　　儘管我們認為恐懼的威脅真實無比，但我們所害怕的，沒有一樣真的存在，而恐懼若不存在，我們究竟在抵制什麼？當恐懼的幻相消失之後，剩下的又是什麼？

　　小我絕不會讓我們看到這問題的真正答案──說穿了，不論我們在防衛什麼，其實是在抵制**真愛**。表面上看來，好似在防護自己的生命，實際上我們早已將愛隔絕於外了。我們在世間所抵制的，其實都是自己營造出來的，可見我們的意願多麼強大，多麼有力！

　　你愈想抵制的，你愈助長它；因著你的抵
　　制，它會顯得更真實，使你難以脫身。放下
　　你的武器吧！如此你才能認出它不是真的。

（W-170.2:6~7）

確然如此，這種自我防衛的本能，其實就是為了抵制愛。在防衛與怨尤的心態下，我們不自覺地投射出疾病、痛苦、匱乏與衝突等等來傷害自己，使得恐懼這一防衛機制顯得更加理所當然。

事實上，所有的防衛措施都是為了遮掩那唯一而真實的力量——真愛，也就是我們的神聖自性。因此，覺知愛的臨在，就表示我們真正認出自己純潔無罪的真相，因而放下所有防衛，全然信賴上主，不再抵制真愛。於是，罪咎、恐懼及其衍生的種種防衛措施便無用武之地了，因我們再也不想投射這些障礙來阻擋真愛的來臨。

那一刻，就在那個灑滿陽光的門廊裡，我沐浴在前所未有的解脫之中；那一刻，唯愛猶存，別無他物。就在毫不設防的心態下，我安享著自己純潔無罪的神聖本質。就在那一刻，我簡直無法想像自己會再度感受到椎心的恐懼。

突然之間，三隻巨大的黃蜂朝我飛來，恐懼的本能霎時掠過心頭，但我馬上覺察到，沒有讓這股衝動進入內心，也不讓自己屈服於恐懼，因為我很清楚，是罪咎

引發這個恐懼與防衛的本能。於是就在當下，我對自己說：「既然我已認出自己是純然的愛，完全清白無罪，那麼看來存在我身外的，必也是愛才對。畢竟，身體與世界都出於我心。關鍵在於，我究竟要選擇哪一位心內的導師來看此事？」隨即，我默默地自問：「愛會背叛我嗎？神聖純潔的自性會攻擊我嗎？」

於是，我試著與剛才體驗到的真愛與純潔本質結合，讓自己處在完全寧靜的狀態，讓這一真知隨著我的呼吸進入我生命的核心——我選擇愛的眼光而非恐懼的眼光來看這些黃蜂。當我透過純潔本質與安全感來看它們時，我知道它們是不會傷人的。

人間所有的痛苦與恐懼既然都源自於潛意識的罪咎，那麼，只要我能切身領受到自己天賦的純潔本質，哪怕只是驚鴻一瞥，**也一定足以讓我的覺知由恐懼轉向**愛。

> 上主的祝福，從我心內（也是祂的居所）
> 照耀著我。我只需轉向祂，接納祂對我說
> 不盡的愛，所有的哀傷都會消融一空。
> （W-207.1:2~3）

唯有愛是真實的，它沒有對立。既然恐懼並不存

在，我究竟在怕什麼？不就是**愛**嗎！我害怕的是上主之愛這唯一的力量。上主聖愛乃是我生命的永恆真相，我就是愛的本身。我一旦起了防衛之念，無異於藉著恐懼來抵制愛，這是對愛的一種攻擊，也是對自性真我的攻擊。因此，自我防衛等於自我攻擊。但是，天賦的純潔本性會攻擊自己嗎？上主之愛可能背叛自己嗎？

可以說，我們每一個人在小我的生存模式下所感受到的每一個恐懼與痛苦，都反映出自己下意識對聖愛（神聖自性）的戒慎恐懼。但我們內心深處同時也知道，只要清醒片刻，那些謊言便不攻自破，我們便會看清小我整個生存模式都是自己為了攻擊上主（即我們的神聖自性）而打造出來的。

這一覺悟所要付出的代價，就是我們所熟悉的世界，因它徹底顛覆了世界的思維，完全超越了人間的運作法則，沒有一個小我的法則能夠倖免，包括源自死亡（而非生命）的自然律，甚至連生死輪迴也成了最大的謊言。

有了這番領悟，我們再也不會防衛自己的妄造，企圖逃避「自己原是涵容一切的愛」這一生命真相了。

自我防衛表示我受到了攻擊。唯有不設防，才

會堅強，我會看到防衛措施想要隱瞞我的眞
相。（W-135.22:4~5）

你的種種計畫不過是企圖抵制眞相的防衛措
施。它們的目的只是挑出你所認同之物；凡是
與你認定的現實不合的，你都視若無睹。而
你所挑選出的那一切毫無意義可言。因爲眞正
「威脅」到你的是那個實相，那才是你的防衛
措施所要攻擊、隱藏、決裂、釘死的對象。
（W-135.17）

這是眞的，活出純潔無罪之本質所散發出來的熾熱
光輝，足以消融一切的假謙虛、自我懷疑、恐懼和擔
憂。只要眞心接納這一神聖的生命本質，它就成了我們
永恆的保障，因爲我們心中已經沒有任何小我的殘餘勢
力了。

凡是眞心誠意接受救贖之人，自然能認出自己的純
潔無罪，這就是「眞寬恕」。如此，我們才敢坦露自己
脆弱的一面，不再忙著防衛。唯有消除想要藏身於黑暗
中的念頭，我們才可能感受到眞正的安全與保障，隨而
發出如釋重負的一聲輕嘆，卸下自己背負了百千萬劫的
恐懼、罪咎與掌控之重擔。

這是我過去兩年的心路歷程。如今，我愈來愈容易覺察到，所有的操心掛慮都反映出自己對上主聖愛缺乏信心。雖然我現在偶爾仍會心生恐懼，但只要與聖靈一同正視，就能一眼看清它的同一源頭，而且屢試不爽。是的，每個恐懼都反映出同一個錯誤的信念，不論表面上是何理由，最後都歸結到同一個根本肇因。

　　每一絲恐懼都源自罪咎之念──「我相信自己離開了上主，在人間踽踽獨行」。我一旦認定自己離開了上主，在此孤軍奮鬥，我不害怕才怪！接下來，我理所當然得靠自己來抵禦眼前的威脅。問題是，不論那獨立自主的幻覺多麼聲勢浩大，我永遠都不可能把它變成真實的。

　　我又發現自己所有的恐懼、擔憂及掌控的需求，全都出自另一個錯誤的信念，就是「我不配得到上主之愛」。然而，只有這一刻是唯一存在的時間，而我此刻的覺知才是我在實相中擁有的一切，其他的一切都虛幻不實，那麼，當我把恐懼當真時，我在哪裡？當我相信唯愛是真時，我又在哪裡？

　　如今，每當我開始害怕，想要保護身體和他人的安全時，我會停下來，看清自己的恐懼究竟想掩蓋什麼。

結果都不外乎自己暗自期待懲罰的心理，只因我心中仍殘存罪咎的信念。因此才說，我們必須學習保持儆醒，隨時覺察每個恐懼與防衛下面那個暗中的期望。

只要我們暗自期待上天的懲罰，不論是透過疾病、痛苦、衝突、匱乏、失落或死亡的形式，一定會如願以償的，只因小我的防衛措施，恰恰把自己避之猶恐不及的威脅吸引過來。要知道，我們的願力如同上主旨意一樣強大，凡是我們想要的，上主也莫可如何。

然而，我若能識破內心深處的罪咎，也願意釋放它所衍生的「對懲罰的期待」，那麼，不論眼前出現任何威脅，我都能夠即刻恢復內在的平安，真切地體驗到「不設防才是我真正的保障」。

你重視哪一種信念：罪咎還是無罪？

我們已經談過，所有的恐懼與掌控需求皆源於潛意識對上主之愛的恐懼，這個隱而不察的恐懼之源，乃是所有恐懼與擔憂背後的元兇。要知道，這種對上主的恐懼，不僅孳生出小我的世界之夢，而且還成了維繫它不

斷運作下去的動力。然而說穿了，這個恐懼就是我們對真愛本身的畏懼。若非極度害怕真愛，我們是不可能經驗到痛苦、衝突、疾病、匱乏與死亡的。

因此，如果想回到真愛，就看我們化解上主恐懼症的「願心」究竟有多大。此刻，無妨捫心自問一聲，我們願意經常保持儆醒嗎？也就是說，我們能否下定決心，看清並且釋放每一個浮上心頭的罪咎，不再受到小我的蒙蔽——不再相信外在環境是造成我們不安的真正原因。

是的，絕非外在的人事物，而是我們內心的罪咎才是導致小我下意識不斷傷害自己的元兇。為此之故，我們若想憶起上主之愛，不僅須努力活出自己的無罪本質，還要看出人人也都具有無罪的本質。

若要憶起自己的無罪本質，唯有時時刻刻，並且踏踏實實，將寬恕運用在每一個生活領域，藉著一次又一次的寬恕，我們學習不再著眼於自己投射在自身、他人、過去、上主及世間的一切。

一旦看清了自己的投射，當即真心誠意放下它，恐懼必會煙消雲散。恐懼一解除，我們便恢復了記憶，明白自己的確是徹底安全而百害不侵的。因此，所謂「接

受救贖」，無非就是解除自己的投射，活出我們對自性的真知。

我們憶起了自己就是上主的神性，擁有神的唯一大能——愛。我們擁有一切，因我們**即是**一切。我們神聖而純潔的生命本質必定會反映在自己所見的萬事萬物上，因為我們終於寬恕了自己利用世界來傷害自己、懲罰自己。

請注意，這裡所說的純潔無罪，與世俗觀念大相逕庭。從小我的觀點來看，我必須讓別人付出「有罪」的代價，才足以襯托自己的無罪，但在神聖的無罪自性眼中，沒有一個人有罪。要明白，我之所以在外面看到了罪的影子，是因為我在自己心內先看到了它，接著，我不但矢口否認，還恨不得除之而後快，於是將它投射出去，也因此，才會在他人身上、在過去或世間，處處看到罪的蹤影。若非我自己存心窩藏罪咎之念，是不可能感到威脅的。請牢牢記得，不論何種處境，所有的攻擊永遠都是一種自我的打擊。然而，神聖的無罪自性能夠看出，一切的攻擊不過是向愛求助的一種呼喚而已。

必須提醒一聲，有些人容易把罪咎的矛頭指向自己，內心經常充滿了自我批判，成了自己最嚴厲的判

官。但是，罪咎就是罪咎，不論是投射於外或指向自己，依舊是一種攻擊。切記，凡是攻擊所到之處，愛便隱匿不現，這是必然而絕對的定則。自我批判與論斷他人一樣，都是一種致命的攻擊，小我便是利用這種隔離手段使我們感受不到愛的根源（神聖自性）。爲此，我們需對這個終日不絕於耳的內在批評說「不」。雖然我們仍會不時聽到這些自我批判，但選擇之權，操之在己，我們大可選擇不再聽信它們。

耶穌告訴我們，如果我們相信自己或他人有罪，勢必會視他爲一丘之貉，因我們原是同一生命。同樣的，如果耶穌克服了罪咎，戰勝了世界，我們也必因他而得救。

> 讓我成爲你的罪咎已經終結的象徵吧，你願如何看待我，就該如何看待你的弟兄。爲上主之子在你心目中所犯的一切罪行而寬恕我吧。他會在你寬恕的光輝下，憶起自己的眞相，徹底放下那不曾發生的事情。也請你寬恕我，因爲你若有罪，我也必然有罪。同理，我若克服了罪咎，戰勝了世界，你也跟我一樣。
>
> （T-19.IV.二.6:1~5）

只要我仍窩藏罪咎之念，一定會將這種自我傷害的傾向投射到身體、他人或世間。如此一來，我不僅保存了罪咎，還因投射而**強化**了它的勢力。還記得嗎，我給出什麼，就會收到什麼。

　　再強調一次，身體與世界並不在外面，而在自己心內，故我們所分享的一切，都是給予自己的。因此才說，投射罪咎反而成了保存罪咎的途徑。為此之故，每當自己的情緒被挑起時，首要之務，即是暫停下來，立刻覺察自己的反應。只要你一發現自己想要怪罪身體或指責自己、他人或世界時，要能懸崖勒馬才行。

　　我們若認為苦因在自己心外，這個信念本身就是一個明顯的警訊，它顯示出我們已經否認了自己不安的真正原因，拒絕看清隱藏心底的罪咎，也因此，我們才會四處怪罪而不願反觀自己的內心。

> 只要你認定對方才是罪魁禍首（不論他做了什麼），你自然不會往自己心內去看問題，因而錯失了獲得救贖的機會。只要你相信罪咎有它存在的理由，它就永遠不會消失。（T-13.X.6:1~2）

　　過去，我們有一個錯誤的信念，以為在罪咎與無罪

之間，只能選擇其一，自己因之便不再完整，也不可能幸福。殊不知，這種腳踏兩條船的心態反而助長了妄念的氣燄。事實上，唯有無罪無咎的本質和放下判斷的決心，才能恢復自己的完整性，也才能感受到幸福。

> 你不會只要其中一個，因為缺了任何一個（罪咎與無罪），都會讓你感到自己不再完整，也不可能幸福。事實上，唯有了無罪咎的人才會感到自己的完整性，也唯有這份無罪感才可能帶給人幸福。它不會引發任何衝突。只要你對罪咎還有一絲依戀，不論透過何種途徑或形式，你都不會珍惜無罪的可貴，自然再也不會看到自己的無罪本質了。（T-14.III.2:3~6）

因此，每當我們忍不住又想把罪咎推到外面而不敢往內心去看時，請務必記得，怪罪身體、他人或世界，必會下意識期待懲罰；而我們所期待的，必然成為自己的人生現實。

> 每當你好似被罪咎之苦纏縛時，請記住，只要你一向它屈服，就表示你決心放棄幸福，如此，你豈有幸福可言？因此，不妨秉持天父與聖子的大愛，溫柔且堅定地對自己說：我願把

我的經驗公諸於世。只要了無罪咎，我就一無
所懼。我決心向人證明自己接受了救贖，不再
存心抵制。唯有公開與人分享這無罪本質，我
才會接受自己的無罪。我願從天父那兒把平安
帶給每一位上主之子。（T-14.III.3:3~9）

終究而言，小我不可能理解聖靈對無罪本質的詮
釋，它無法想像真正的純潔無罪是什麼，只因它必須憑
靠恐懼來維繫自己的世界，而恐懼正是罪咎的產物。若
無罪咎的作祟，恐懼是不會現身的。是故，內心無罪無
咎之人，必定百害不侵；心無罪咎，便無所畏懼，自然
不會做出傷人傷己的事。

話說回來，我們之所以會被自己的罪咎所傷，大都
是由於我們習慣不請教聖靈而自行作決定的緣故。然
而，那些決定往往是根據小我的需求來判斷的，而一味
滿足小我的需求，其結果，必然自討苦吃，絕無例外可
言。

下面這段禱詞能幫助我們接納自己的無罪本質：

聖靈，請讓我看到自己的無罪本質，讓我知道沒什
麼好怕的。請增強我對祢的信心，領受祢的奇蹟正見。
請讓我看清自己下意識常用什麼手段來抵制愛？生活中

的哪些領域,我不讓祢插手?請幫助我化解自己充滿攻擊與批判的妄見,並讓我因領悟「唯有不設防才是我真正的保障」而得享安寧。阿們!

尋回至愛:我們的神聖自性

無疑的,唯有接納真愛,活出真實的自己,我們才可能對真我、對上主、對他人,乃至於對世界有所助益。遺憾的是,我們很少人受過「真我」的教養。在父母與學校的苦心栽培及社會規範的陶冶下,從小到大,我們一直誤以為彼此都是各自獨立的生命,不僅不完整,而且天生匱乏。為此,我們幾乎體驗不到自己的神聖自性,更遑論接納並活出這個真我了。

大部分的人自幼學到一個不可思議的觀念,就是「不要相信自己」,很少人鼓勵我們探尋自己心內寧靜而細微的天音。的確如此,我們所接受的教育,讓我們不斷向外尋求肯定,滿足欲望。可以說,沒有人知道學習「不相信真我」的結果可得付出多大的代價。想一想,如果我們不信任神聖自性,又怎麼可能信賴他人與

世界？換言之，正因爲我們不信任自性，才會將此一心態投射到他人與世界，難怪整個世界會配合演出，開始遺棄或背叛我們。

好好看清楚，這就是我們緊抓不放的小我假手他人來傷害自己的最佳寫照。爲此，眞寬恕絕非寬恕他人，而是寬恕自己假借他人之手來自我打擊。若非我們下意識給出這個暗示，誰又會來傷害我們呢？這是眞的，我們眼中的外人與世界，不過反映出自己的心境與感受而已。

> 你想看到什麼？這選擇操之於你。你需要好好的學習，不讓你的心靈忘記這個「看」的法則：眼之所見，繫之於內心所感。
> （W-189.5:1~3）

但請記得，我們內心深處始終有個眞實的渴望，就是眞愛。要是用小我的心態往外追求，只會像狗兒追咬尾巴一樣，始終原地打轉，只因小我暗地裡下了一道魔咒：**「去找，但不要找到！」**爲此之故，我們若想經驗到愛，必須先清除使自己感受不到愛的小我障礙才行。因爲唯有眞愛才是我們共有的神聖自性，也才是生命的本質。

然而，在此之前，我們必須先學習與自己建立愛的關係，才可能經驗到眞愛。所謂建立愛的關係，就是在聖靈的陪伴下，寬恕自己假手他人、身體以及世界來自我傷害。藉著這樣的眞寬恕，我們才可能恢復自己的眞實身分，逐步認出、接受並信賴自己的神聖自性。

> 當無人得識這一身分之際，你唯有先獻出
> 自己的神聖身分，才能認出它的臨在。
> （T-14.X.12:7）

　　確切而言，我們眼前的世界及人際關係所呈現的樣態，適足以反映出我們是否愛自己的眞我。原因無他，若非我們下意識先背棄了自性，我們是不可能遭人遺棄或背叛的。爲此之故，我們必須先學會作自己的摯友。然而，如果我們仍昧於習性，唯小我是從，我們是不可能與自己爲友的，只因小我的看家本領就是恐懼和罪咎。時候到了，我們必須站起來爲自己說話了，**尤其是**，每當自我判斷或外界的批評威脅到自己，挑起情緒的波瀾，這個時刻，我們得爲自己出面才行。

　　回過頭來看，我們究竟是如何背棄自己的呢？相信每個人都有自己的花招，比如說，每當我們的情緒被挑起時，最常見的反應就是自我防衛，但也有人會奮力反

擊回去。此外，人們可能為了維持表面和諧，因而寧可壓抑自己的感受，甚至進一步去取悅他人。凡此種種，全都屬於自我傷害之舉，沒有一個出自真愛，也沒有哪一個會比另一個更可恥或更無辜。要知道，真正出自於愛的回應，就是堅定地護持真我，絕不退縮，並且請求聖靈幫助自己用另一種眼光來看待這個處境。

不妨反思一下，我若無法愛自己、無法信任並忠於真實的自己，又如何能以同樣的心態對待他人？我若不願接受神聖自性的愛，怎麼可能得到自己所渴望的愛？繼續深思下去，我願意對真我忠誠嗎？我真的願意誠實並耐心地支持自己的神聖自性，而且無條件地信任它嗎？

無可諱言，我們心裡總是塞滿了小我的種種批評，然而，我們大可選擇不信它那一套。箇中關鍵所在，我們是否已經準備好放下所有罪咎、羞愧與自我懲罰的念頭？是否甘心放下自己對他人的批判？因為我們不可能批判他人而不深受其害的。

同樣重要的是，你願意放下心裡的擔憂嗎？如果你認為「擔心」原本就是自己的責任，其實是在拒絕聖靈的幫助。乍看之下，你可能認為僅僅是擔心，跟上述的

狀況大不相同，不算是一種自我背棄，事實上，每當你在擔心，恰恰反映出你寧可信賴小我而非聖靈（即神聖自性）。

　　還有，當你與自己的真我獨處片刻時，你感到自在嗎？如果你感到孤獨或寂寞，那是因為你既不認識、也不信賴自己的真我，否則你絕不可能感到孤獨的。你能否向內沉潛，直探心內神聖自性所在的靜謐之地？你能夠全然安心在那兒揭露自己隱藏於黑暗死角的恐懼嗎？

　　想一想，此刻，你會如何與自己對話？只要你還聽從小我的恐懼與懷疑之音，自然聽不到內在的聖靈之音。小我與聖靈之音始終並存於心內，我們不但要學習區分兩者，還得堅定地對小我說「不」——不再接受它出於恐懼與匱乏的想法和信念。縱然，小我的論點可能十分誘人，但我們終究有能力分辨真偽，並決定自己要聽從哪一種聲音的。

眞實的渴望

　　眞實的渴望，乃是上主的旨意在我們心內的自然流動。然則，要如何分辨這一渴望是否眞的來自上主？很簡單，眞實的渴望，它背後必定沒有罪咎作祟，因它不出於恐懼或懷疑，而是源自愛與信任。它還會在世間尋找自己的影子，因之，它推恩出去之後必會化身爲愛而回到我們身上，而且通常是以我們熟悉的形式來呈現。眞實的渴望源自於我們內在的神性，故它唯一的意向即是活出這一神聖本質。

　　眞實的渴望乃是一種愛的流露。我們夢寐以求的，無非就是這個眞愛本質。然而，如果我們受了小我蒙蔽，一味追求眞愛與信任的替代品，我們不僅意識不到自己的眞實渴望，更遑論要滿全它了。

　　眞實的渴望乃是上主旨意不可或缺的一部分。但它必須透過我們才可能顯現於人間夢境。若非這一渴望，我們是難以化解那阻礙我們覺醒於神聖自性之恐懼的。隨著我們對神聖自性的認識與信賴加深，內心的渴望也

會產生蛻變，不僅更加堅定，而且還「形於外」，完全透露出自己對聖靈的信賴。

開始時，我們的渴望難免受到小我根深柢固的匱乏感所蒙蔽。在小我眼裡，我們非但不完美，而且毫無價值，它才會九死不悔地追求種種特殊關係、經驗與成就來填滿心裡的無底洞。這種出自匱乏感的渴望，顯然是受恐懼所驅使，而非愛的流露。

當恐懼與懷疑逐漸消退，我們也更加信賴聖靈之際，內心會自然湧現一種難以言喻的心安與真愛之感。雖然這種感覺面臨種種考驗時，難免因之減弱，甚至大受影響。但重要的是，只要體驗過這股內在的力量，我們從此便不再對小我的說法照單全收了。隨著平安與真愛的日益增長，一股純然的喜悅油然而生，正是這份喜悅，充沛而盈滿，激發了我們真實的渴望。

正是這份喜悅，把我們的渴望與上主的旨意合而為一，絲毫沒有匱乏的陰影。真實的渴望與小我的欲望有著天壤之別，只因我們不再由上主之外囤積財寶，來滿足罪咎叢生的欲望。真實的渴望不含一絲罪咎，我們只會感到上主旨意流過自己身上，為此，我們從不擔心結果。由於沒有罪咎的作祟，我們才敢如此肯定自己的渴

望與上主的旨意全然一致。有了這份篤定，自然能夠耐心等待自己的渴望獲得滿全，因為我們深知上主只願我們幸福。

　　既然真實的渴望乃是上主之愛在我們身上的流露，它必是無私的，故它只願推恩，由衷樂於與人共享。恐懼一旦消退，神聖自性便會逐漸浮現於意識中，我們的生活也愈來愈容易反映出它的真相，我們會發現，所有的需求竟然不知不覺中就滿全了。一旦有了這份信心，我們必然充滿了感激，基於這份感恩之情，我們會更加渴望自己能為他人盡上一份心力。

　　我們的渴望會由「獲取」變成「給予」，這是遲早的事，因內心的真愛無法藏私，它必須經由分享，才能真正滿全。意識到這一點，我們才算真正領會耶穌所說「施與受是同一回事」的深意。我們給出什麼，它就成了我們的；想要真正享有，就是歡喜自在分施出去。

　　聖靈知道我們最深的渴望就是切身領受到神聖自性之愛，但小我卻令我們對此愛退避三舍。無可否認的，我們大多數的人都尚未認出自己的神聖自性，更遑論信賴它了，否則，我們必會在每個人身上認出這一自性的──它是人心共有的一盞明燈，足以照亮整個世界。

聖靈不但知道我們最深切的渴望，並且樂於助我們一臂之力。祂唯一的渴望就是幫助我們恢復清明覺知，意識到自己的純潔無罪，憶起生命的莊嚴偉大，回歸那神聖自性（即真愛）。我們誤以為自己失落了自性而且回天乏術，其實，它近在眼前，只要我們真心想要與真愛結合，它就在這一渴望中。

　　不妨騰出一些時間，好好默想你願與神聖自性結合的深層渴望。問問自己，如果聖愛涵括了一切，它又是你唯一的渴望，你每個細胞都準備好接受它了嗎？請記住，若想在人間體驗上主之愛，沒有比「經由寬恕與合一而療癒」更好的途徑了。在此提供一段簡短的禱詞，如果能在心情放鬆且欣然接受的心態下來運用，它的力量之強大，絕對超過你的想像。

　　我真心渴望活在上主慈愛的旨意內，我全心領受上主對我的慈愛旨意，這才是上主真正的旨意，阿們！

> 我是世界之光。這是我的唯一任務。我為此而
> 來到這個世界。（W-61.5:3~5）
> 除了上主之子以外，還有誰堪稱為世界之光？
> 因此，這句話純粹是聲明你的真相而已。它與
> 驕矜、傲慢或自欺的聲明方式恰恰相反。它與

你營造出來的自我概念也截然不同。它與你賦予偶像上的一切特質不可相提並論。它爲你指出了，你仍是上主所創造的你。它只是聲明眞相罷了。（W-61.1）

對小我而言，今天的觀念等於變相的自我膨脹。但小我絲毫不懂謙遜，常把謙遜與自貶混爲一談。謙遜意味著你只接受自己在救恩中的角色，絕不接受其他的角色。如果成爲世界之光乃是上主降於你的大任，你卻堅稱自己不配，這並不是謙遜。堅稱自己不可能負有這一任務，才是眞正的傲慢；傲慢永遠出自小我。（W-61.2）

眞實的謙遜要求你接受今天的觀念，因爲上主的天音親自告訴你此言不虛。這是你接受自己在世的眞正任務的第一步。也是你在救恩大業中正名定位的一大步。它正面重申了你得救的權利，確認了上主賜予你拯救他人的能力。（W-61.3）

既然奇蹟本來就是屬於你的，我們今天就要領回你的天賦權利。上主也許諾了，你會由自己所造的世界徹底解脫的。祂還向你保證，天國就在你內，永遠不會失落。我們所要求的，不

過是在真理內本來就屬於我們之物。然而，今天我們也需要發個願，絕不再自甘墮落、委曲求全了。（W-77.3）

療癒所有情緒困擾之根源

活在小我夢境裡的我們，通常會把當下的情緒當成自己，比如說，當我們難過時，我們會說「我很傷心」，聽起來，就像「傷心」代表了「我這個人」。的確如此，不知不覺中，我們就這樣誤把起伏不定的情緒當成我之為我的要素，但事實上，我們並不是這些情緒。

請想像一下，你，是一整個廣闊無際的天空，偶爾有一片烏雲飄過眼前。負面的情緒就像這片烏雲，忽焉飄來，稍縱即逝，它根本不是**你的本質**。想一想，這片烏雲能礙著天空什麼呢？掠過心頭的情緒又怎可能是真正的你呢？你的本來面目如天空一樣遼闊無邊，飄過的烏雲就是一片雲而已。誤把情緒當成自己，乃是小我一貫的陰謀，它企圖轉移你的注意力，使你意識不到真正

的自己原是百害不侵的靈性。

不論是憤怒或悲傷，我們通常都會向外去探索小我認定的原因，以便設法解決，不讓這一情緒反覆重現。同樣的，當我們感到快樂歡暢，也一定會歸因於某人或某事，因而試圖吸引更大更多的快感。在那些當下，我們自然而然認為愉快的情緒是好的，代表一切「正常」；負面情緒是不好的，表示「出了狀況」，非得馬上補救不可。

正因如此，認識情緒背後真正的價值，可說是修行的一大關鍵，尤其是負面情緒，它通常反映出我們有待寬恕之處。歸根究柢而言，情緒本身並無所謂好壞，它跟身體一樣，屬於小我的一部分。也因此，看待情緒就跟看待身體一樣，要將重點放在：我們要讓情緒發揮什麼功能？為寬恕、療癒和真愛服務？還是鞏固小我的痛苦、攻擊與分裂之幻相？

要非常當心，如果我們認為情緒出現是在吐露什麼真相，它便無緣獲得療癒了。更具體地說，當我感受到負面情緒出現，還認定原因出在自己之外，例如童年受虐的經歷等等，表示我已經誤判了真正的原因；真正的因，必定是出於潛意識的罪咎，絕對無一例外。我若把

起因推到過去的經歷（或他人、自己的身體與世界），否定了困擾自己的真正原因，就等於不自覺地拒絕了療癒。唯有當我看出「我的情緒反應不過是自己尚未療癒的罪咎所導致的症狀」，才有可能獲得真正的療癒。總而言之，罪咎才是因，情緒只是果。

現在，我隨時都能接受真實的療癒，只要我讓因與果在心內碰頭，它們便一併治癒了。如果我仍像過去一樣，將苦因歸之於自己童年的遭遇，使因與果無法照面，它們便一次次失去了療癒的機會。

要知道，讓因果永不照面，正是小我最愛耍弄的治療方式。它一口咬定苦因在外，讓我們為那些誤判的原因疲於奔命，無暇看清真正而唯一的苦因，自然就難以痛下針砭了。

為此之故，如果想獲得真正的療癒，必須先將因果各正其位，認清負面情緒的肇因永遠離不開潛意識的罪咎，情緒反應只是一個後果而已。由此可知，治療情緒的真正目標，其實就是認出那唯一的肇因，也就是導致自我傷害的潛意識之罪咎，然後將它交託給聖靈，由之，我們的知見才可能產生奇蹟般的轉化。

我剛開始研習奇蹟那幾年，跟大多數人一樣，常把

情緒困擾與身體病痛看成兩回事，不明白它們都是同一種錯誤，療癒方式也只有一種──透過寬恕來接受救贖。在小我的世界裡，不論是身體的病痛，還是情緒的困擾，目的永遠只有一個，就是讓我們相信身體真實無比。不只如此，小我還千方百計要我們相信「自己是一具脆弱而終將老朽的身體」，並非不朽的靈性。

> 痛苦證明了身體的真實性。那是一種嘈雜、含糊而又刺耳的聲音，讓你覺察不出聖靈對你說的話。痛苦使人無法專注，意識不到聖靈的存在，它會把你整個注意力都集中在自己身上。它的目的與你尋求的快感一樣，兩者都是想把身體弄假成真的手段。凡是目的相同之物必屬同類。……罪會不斷由痛苦轉為快感，而後又轉回痛苦。不論是苦是樂，它只見證了一事，也只給你一個訊息：「你活在世上，活在這具身體裡頭，你會受到傷害。……」
> （T-27.VI.1:1~5,2:1~2）

在所有惱人的情緒背後，都隱藏著「恐懼」；而所有的恐懼又源自於潛意識的一個信念，「我們犯下了叛離神聖生命源頭之滔天大罪」。也因此，只要我們敢於追本溯源，便不難發現罪咎感乃是所有毀滅性情緒

的唯一元兇。既然起因只有一個，那麼療癒之道也只有一個，就是認出自己清白無罪之眞相，這正是寬恕的目標。

邁向這個目標的第一步，我們得確保自己想藉寬恕而獲得平安的願心**大於**自己對憤怒、悲傷、恐懼、痛苦的執著，如此，我們才能將自己的妄見交託出去。很奇妙的，我們會發現，就在心甘情願放下懷疑與批判的那一刻，救贖來臨了，奇蹟療癒了我們的妄見。縱然我們未必能馬上看到療效，但療癒眞的發生了，我們必會享有知見轉變的結果，這是遲早的事。

可以說，除了純然的喜樂之外，其他情緒都源自小我，都是「我們潛意識相信自己罪有應得」所導致的後遺症。耶穌明明白白告訴我們，修正內心的恐懼是**我們**無可迴避的責任，我們不能期待聖靈代我們清除恐懼，如此不啻剝奪了心靈的能力，完全有違天賦的自由意志。

恐懼原本就是我們自己造出來的，與上主毫無瓜葛。既然它出於自己的選擇，別人是拿不走也幫不了的，除非我們作出不同的選擇，有意識地把所有痛苦都視爲自己已經落入妄念的一個警訊，因而時時刻刻儆

醒。每當我們落入妄念而感受不到愛、意識不到神聖自性，這時，我們立刻求助於正念，藉著正念來清除自己的恐懼。

這就是關鍵所在，只要我們甘心承認自己的妄見才是問題的根源，而非出自他人、身體、過往的經歷，乃至於世界，在這一刻，我們便與上主旨意融合無間了；只要真心誠意允許問題的因（我們的罪咎）與果（破壞性的情緒）並現於心中，聖靈便能夠同時一併療癒了因與果。

然而，我們若依舊相信問題的根源存於心外，就表示我們仍不肯寬恕，那麼，連聖靈也愛莫能助，只因我們已經將因與果視為兩回事，並且把果（痛苦、疾病、情緒、問題或某人）推到心外而弄假成真了。

> 修正你內心的恐懼，那才是你的責任。你若求我幫你由恐懼中脫身，好似聲明那不是你的責任。你該求我幫你面對那讓你恐懼的制約心態。構成恐懼的因素必然脫離不了分裂之願。在那層次上，你是可以選擇的。你過於放縱自己雜念紛飛，任憑心靈妄自造作。由它衍生出來的具體問題其實並不重要，問題背後的基本

錯誤才是關鍵所在。修正本身都是一樣的。在
你決定行動之前，不妨向我探問一下，你的選
擇是否與我的一致？你一旦確定兩者如出一
轍，恐懼便無由而生了。（T-2.VI.4）

請看清楚，只有小我才可能受到傷害，或為情緒所
苦；真正的你，神聖自性的你，是百害不侵的。因此，
當你為情緒所苦時，不妨反問自己──你到底想活出哪
一個「你」呢？答案很明白了，如果你決心恢復對神聖
自性的覺知，必須願意放下所有的情緒困擾才行，包括
它勾起的所有傷心往事之記憶。只因情緒困擾與神聖自
性是無法並存的，當你覺知其中一個，就等於否定了另
一個。

當然，你也可以借助於各種心理治療方式來療癒情
緒，但最重要的，千萬別忘了情緒困擾或心理創傷的真
正肇因。只要你還相信原因在自己心外（不論是在他人
身上、自己的身體、過往經歷，或是這個世界），你是
不可能真正療癒的。所有的治療方式（包括種種紓解情
緒的方法），從《奇蹟課程》的角度來說，全屬一種
「幻術」。雖然如此，只要它們能幫助自己寬恕──寬
恕自己又藉某人某事或過往經歷來傷害自己，它們仍不
失為一套有用的輔助工具。

此刻，不妨反省一下，你如何利用他人、過去、自身或世界來傷害自己的？你願意讓它接受聖靈光照，與聖靈一同正視它嗎？多年來，我一直認為自己受虐的童年是造成我身心受創的原因，在漫長歲月中，它已經成為我的「故事」以及「假我」之特徵，它當然也成了我怪罪母親的主要藉口，使我這輩子難以感受到自己受到真愛的呵護和疼惜。

　　直到我終於找到了痛苦的真正原因，身心的療癒才算真正展開，我也才終於看清自己的小我如何假借母親之手來自我虐待，這正是唯一的苦因。看清這一真相後，我才可能藉著真寬恕取代自我傷害。就在寬恕的當下，我的知見在奇蹟中療癒了，所有的情緒困擾與它所勾起的記憶霎時之間煙消雲散，自我傷害的習性就此冰消瓦解了，這實在是個不可思議的奇蹟！

　　以上是我的親身經歷，你呢？你願意從哪一個煩惱下手呢？你真心願意解除「苦因在外」這一錯誤信念嗎？

第十章

於生命的無罪本質，因奇蹟能化解那導致自我傷害的恐懼與罪咎。要知道，罪咎必定引發恐懼，而恐懼又會戴上無數的面具，一大堆看起來好似和恐懼不相干的情緒，例如憤怒、挫折感、內在與外在的衝突、掌控欲、嫉妒、疲累、煩惱、匱乏、悲傷、痛苦、疾病、憂鬱等等，尤其是受害的感覺。

> 我絕不是為了我所認定的理由而煩惱，因為我不斷設法為自己的想法自圓其說。我不斷設法把它們弄假成真。我把所有的東西都視為仇敵，如此，我的發怒才會情有可原，我攻擊時才能理直氣壯。我從未意識到，我是如何賦予它們這類角色而妄用了眼前的種種事物。我這樣做，其實是為了保護那對我有害而我再也不想要的思想體系。我已經準備好放下它了。
> （W-51.5）

小我最擅長掩飾恐懼，它利用上述種種面具來轉移我們的注意力，使我們看不到一切痛苦的唯一肇因其實是潛意識的罪咎。為此，不論恐懼化身為何種形式、何種面具，我們都必須看透表相，並將它交託給聖靈，由是，方能享有真寬恕所帶來的奇蹟。救贖即化解恐懼，因此也同時化解了罪咎。

確切而言，我們感受到的每一個攻擊，全都是潛意識的罪咎招來的；若非罪咎從中作祟，我們豈會感到恐懼或遭受打擊？換句話說，所有的衝突、虐待、背叛、疾病、匱乏、意外、失落，乃至於死亡，無一不是源自我們潛意識緊抓不放的罪咎，而所有的罪咎最後都會轉為自我傷害。

　　倘若我們無法看穿這種下意識自我傷害的模式，豈有解除它的可能？而若要看透它，就必須具有直搗黃龍的願心才行。首先，要明白我們感受到的傷害絕不是身體、他人或世界等外在因素造成的。否則，一味認定苦因在「外面」，表示我們已被小我的障眼法所蒙蔽，因而看不到真正的苦因所在，故也無從療癒它。下面這段禱詞有助於我們寬恕這一妄見。

　　聖靈，請幫我寬恕自己借用他人（或痛苦、疾病、往事、匱乏……等等）來打擊自己，使我經驗不到祢的愛，即我的神聖自性。阿們！

　　凡是我們想像得出來的種種需求，以及所有未獲滿足的欲望，皆源自潛意識的罪咎。換句話說，我們自認為所需的一切，以及所想要抵制的一切，莫不外乎潛意識的恐懼在作祟，也因之，我們如此害怕孤獨、不被人

愛、遭人背棄、無價值感、孤立無援、無人關注。

　　確然如此，我們每一個人都一樣，窮盡一生不斷尋找替代品，取代自己早已遺忘的眞實身分──凜然不可侵犯的神聖自性。在此生結束之前，我們可能有一長串的夢想有待實現，但要小心，每當我們嚐到苦頭之時，必須特別警覺，要看出這些感受必定源於罪咎。只因罪咎必會期待懲罰，才會造成這類的自我傷害。而這個罪咎又源自於心中的一個模糊記憶：「我們背叛了上主，且妄造了一個虛幻的自我，還營造出這個世界來躲避他的聖愛。」若非這個潛藏的罪咎作祟，我們豈會活得如此戰戰兢兢？

　　當然，並不是說心懷夢想和人生目標有何過錯可言，但唯獨的，必須看清背後的動機是什麼。試想，我們之所以想要牢牢抓住所有快樂、幸福、健康、富裕，乃至於被人肯定的每一個光景，莫不是因爲我們預料這一切隨時都可能被痛苦與死神奪走。小我說：「人生苦短，應及時行樂。」正因如此，我們才想在死神降臨之前，貪婪地抓住每一個滿足欲望的機會，說穿了，這種想法純粹出於人心內緊抓不放的罪咎。

　　試看大家都十分熟悉的「退休」觀念。究竟而言，

我們到底想要從「哪兒」退休呢？多數的人一輩子都在犧牲自己，不停地工作，爲了養家活口、儲備教育基金、購置房產、養老金，還有種種能讓自己苦中作樂的東西。

小我不時耳提面命：「我們的來日不多了，爲了補償這一生的犧牲奉獻，何不把握餘生，好好享受自由的滋味，這是我們應得的報償，畢竟我們犧牲了這麼多！」問題是，只要委曲求全地活著一天，就得付出痛苦的代價，小我卻要我們相信那是一種解脫。

沒有錯，凡是一有犧牲之感，下意識勢必要求補償，其結果，自己必定會付出代價。何以必然如此？因爲在實相之中只有一個我，因此當我們索取補償時，也只能向自己的身體索討，讓它承受衰老與疾病之苦，最後一命嗚呼。這樣的南柯一夢，眞可說是狠狠地開自己的玩笑！

看清楚吧，如果沒有一個獨立的自我、相信匱乏與犧牲觀念的自我，我們根本不需要藉著退休來掙回自由。只有這種「個別之我」才可能害怕受傷、孤單、受騙、不被人愛、無價值、孤立無援、窮苦、生病或無人關注等等。所有這類的東西，在神聖自性眼中，無一不

是匪夷所思的。

不妨想像一下，一旦徹底療癒，神聖自性的眞我所活出的人生，會是何種光景，何等的自由、何等的光風霽月！眞的，只要我們眞正寬恕，解除了小我投射所造成的自我傷害，便再也沒有什麼需要防衛的了，更不需爲無謂的目標奮鬥，因爲再也沒有什麼未了的心願可言了。此刻，你能否想像得到這種徹底擺脫痛苦與負擔的自由心境？

有朝一日，但願我們都能目睹全心寬恕世界時所獲得的巨大回報！要知道，我們所信賴的每個偶像遲早都會背叛我們，只因這是小我偶像的天性使然。想一想，種種自己所愛的偶像，我們偶一得之，往往只會使我們倍加感到自己的匱乏與不完美，甚至比未曾擁有它們時更糟、更不堪。不論是愛情或其他各種特殊關係的偶像，無一擺脫得了這一下場。是的，無一可以倖免。

話說回來，這些特殊關係之所以看似背叛了我們，只因我們先背叛了自己——我們不惜遺棄自己的神聖自性，寧可向外尋找某人或某物來塡滿自己的空虛。這正是全部的眞相，不多也不少！

反思問題：

> 不妨反思一下，人間關係的目的何在？所有的人際關係，包括子女、父母、手足、伴侶、朋友與同事，一一都需要深入反思。一切的人間關係，它的目的僅僅只有一個，它究竟是為了達成小我所賦予的父母、戀人、配偶、子女、朋友或同事之角色？還是滿足我們心理的需求？或是藉由經濟保障與性愛來滿足我們生理的需求？還是說，我們想藉著這些關係來彌補自己天生若有所失的感受呢？

在反思之時，我們必須勇敢追問下去，並且記得向聖靈請示。如果我們真想要領受自己百害不侵的無罪本質，活在無懈可擊的安全、幸福和喜悅之中，必須徹底誠實地反思自己所有的動機。唯有如此，我們才可能與人建立真實的關係，不受任何人或任何事的威脅。

說到究竟，所有人間關係的真正目的，不過寬恕而已。如果沒有這些關係來反照出潛意識的自我憎恨與罪咎，我們還有什麼途徑揭露這一真相？還有什麼方法能夠療癒我們唯一的需求 —— 療癒我們與鍾愛的神聖自性的分裂之感？

我知道，有不少人跟我一樣，長年來始終背負著童年的創傷。然而，不論我們的父母或某人是否真的如此暴虐，問題全然不在於此，背後的真相是我們選擇了這種人生，而它的目的只有一個，就是給自己一個機會，學習寬恕自己假手他人（或處境）來傷害自己。因此，真正的寬恕功課並非寬恕我母親，而是寬恕自己借母親之手來打擊自己，這才是一了百了、徹徹底底的真寬恕。一旦如此寬恕了，我自然便解除了令我不斷虐待自己的潛意識罪咎。

寬恕不僅能解除我們下意識自我傷害的衝動，當我們悟入了自己的神聖自性，信任它永恆不易的無罪本質，我們自然會活得大無畏，絲毫不受恐懼的陰魂所擺布，包括前面提到的憤怒、挫折、衝突、掌控欲、嫉妒、疲累、擔憂、匱乏、悲傷、痛苦、疾病、憂鬱，以及受害感等等恐懼的諸多面具。

如今，我總算能夠對此生遭遇過的種種艱難挑戰心存感激，若非這些經歷，我無從認出一切傷害原來都源於自己心內。如今真相大白了，既然所有的打擊都是自己的傑作，我就有源源不絕的力量來一一克服了。每當寬恕的機會出現眼前，我都會滿心感激地歡迎它，因這些事件都成了引領我走出黑暗噩夢的線索，它們會溫柔

地引領我返回天鄉，回歸神聖的一體自性。

不妨請求聖靈幫助你看清，到底在哪一點上自己仍在評判他人、自身、往事，甚至上主，看清自己何時因自欺而背棄了自己。一旦背棄了自己，等於不自覺地犧牲真相以換取幻相——不論是特殊之愛、安全感、金錢，或期待他人的認可等等，凡是生起犧牲之感，就得付出相當的代價。

因此，懇請聖靈幫助你寬恕自己又借用這些人事物推開自己的神聖自性。要知道，你對這些人事物的怨尤，其實是對自我的控訴，只會加深你的罪咎感，使你體驗不到真正的安全感，因為真正的安全感只可能來自堅不可摧的純潔自性。下面這段強而有力的禱詞能幫助你度過這一關：

聖靈，請讓我看到自己的無罪本質，讓我知道自己在祢的愛中全然百害不侵，並讓我在純潔自性之庇蔭下得享安寧，那是我們一體生命共有的本質。感謝祢。
阿們！

救贖：由痛苦邁向平安的捷徑

我們的神聖自性始終安居於上主的一體天心內，但只要我們自認為活在身體及世界裡，心靈便分裂為小我與聖靈，兩者看起來都十分真實。倘若我們同時珍惜兩者，這個分歧的心境必會令我們吃盡苦頭，這是確切無疑的。

救贖，乃是解除心靈分歧的唯一良藥，使我們重新意識到純潔無罪的神聖本質，安全無虞地活在永恆不易之境。救贖能幫助我們回到正念，恢復一體心境，不再落入二元對立的狀態。

如果「化解心靈分歧而回歸原本的一體心境」是我們唯一的渴望，那麼，只需一瞬的功夫，就綽綽有餘了。只因我們心中充滿了恐懼和懷疑，才會覺得這個化解過程必然耗費時日。實際上，我們隨時都能在幻相與真相間作選擇。為此，我們若真想看到立竿見影之效，就必須心甘情願選擇上主的旨意，而且一心一意，堅定不移。然而，我們的自由意志如果下意識受制於恐懼，

自然不敢全面揭露恐懼的淵藪，更遑論將它交託聖靈療癒了。

救贖乃是上天的恩賜，在每個神聖的一刻，只要我們真心渴望平安，不想再自討苦吃，必能當下得到救贖。這一恩賜永遠唾手可得，不幸的是，我們太習慣受制於小我，所以想盡辦法抵制這個恩賜。切記，不論哪一種痛苦，苦因永遠只有一個，就是「相信自己脫離了上主」那個信念；那個信念使我們自慚形穢，終日感到罪孽深重。於今之計，既然所有問題都源自這一肇因，那麼，解決之道也只有一個，就是真心接受救贖。

毋庸置疑，救贖本身即是奇蹟，然而，這一偉大的工具不僅被世人低估，還受到極大的誤解。湯瑪斯與我當時還沒有認出它驚人的力量，直到近幾年，我才看到並接受它無限的療癒大能。若非切身走過一遭，我也感受不到它無遠弗屆的力量和影響。沒有錯，若要化解天人分裂與自討苦吃的妄念，最重要的一項操練，就是真心接受救贖。

要知道，不是明天，更不是未來，而是每一個當下，我們都能接受救贖的奇蹟，它是讓我們即刻回到正念的捷徑。不論我們認為自己在受哪一種苦，或遭受如何的傷害，救贖永遠能化解它背後的成因。

很清楚的，由於小我帶來的痛苦只是個幻相，而解除幻相並不需要費盡功夫。只要認清我們壓根兒不想要那種經歷，自然就會放下它了。想想看，放下自己不想要的東西何需煞費苦心，或付出什麼犧牲代價？何況它只會帶給我們痛苦，不是嗎？

想要接受化解小我的這一捷徑，有幾個先決條件，首先即是「信賴」。如果我們對小我與世界的信賴大於對聖靈的信心，必會懷疑救贖的實際成效。何以故？因為它明明如此簡單，對我們的要求又微乎其微，這對小我來說，簡直是一大侮辱。

在接受救贖的當下，我們其實什麼也沒有做，小我及它的遺害就這樣解除了。救贖的目的所在，只是化解小我營造的一切假相，它將不神聖的幻相帶回神聖之境，修正我們的錯誤信念，真正的療癒便發生了。

> 救贖並不能使人「變得」神聖。你在受造之初已被「造成」神聖的了。救贖只是將不聖之物帶回神聖之境而已，也就是將你營造的自我帶到你的本來真相前。聖靈的唯一任務，即是將幻相帶入真相，將小我帶到上主內。
>
> （T-14.IX.1:1~4）

小我對救贖毫無招架之力，而我們的責任只是將自己的妄見交託出去，小我便自然瓦解了。這表示我們承認自己需要幫助，因我們終於看清了錯誤的判斷與知見為自己帶來了匱乏、衝突，及種種身心之苦。

　　這些後遺症成了我們已經陷入妄念的警訊，但我們無需追究小我的妄見，只需甘心用它們來交換正見即可，小我自會退到一旁而讓位給救贖。總而言之，在接受救贖的神聖一刻，我們完全捨棄了小我；在這完美的一刻，我們決心憶起自己所信靠的唯獨上主而已，絕非小我，小我便會知趣而退，上主聖愛便進入了我們的意識。

> 正因如此，神聖一刻才顯得如此容易且自然。是你把它搞得其難無比，因為你始終認為自己必須多做一點。你實在很難接受這類觀念：你只需付出這麼少，就能得到那麼多。你與聖靈所付出的簡直不成比例，這難免讓你感到有辱尊嚴。（T-18.IV.7:1~4）
> 不要忘了，是你的決定把本來自然而且容易的事變得遙不可及。你若認為神聖一刻對你幾乎是不可能的，表示你已自封為有權決定「什麼才是可能之事」的仲裁者了，始終不甘讓

位給全知的那一位。相信奇蹟有難易之分的
整個信仰核心，就是源自這一心態。上主所
願之事，不僅是可能的，而且已經發生了。
（T-18.IV.8:1~4）

療癒已經發生了！無需再做什麼，救贖正是建立在
這一基礎之上。即使我們尚未看到療癒的結果，也絕不
懷疑救贖的偉大力量。畢竟，感官之所見一點也不可
靠，因我們的感官是受小我的差遣，在身體與世界中搜
尋小我所投射的一切而回報給我們，還要我們把這些現
象一一當真來回應。沒有錯，唯有我們信以為真並隨之
起舞，小我才能存活下去，我們絕不能中了它的詭計。

接受救贖才能恢復我們的正見。我們知道肉眼只能
看到小我要它看的，也因此，我們得慢慢學會越過痛苦
的表相，直探它背後的真相。

最令人痛切的一段關係：身體

此生最令我痛切而且折磨我最久的一段關係，就是
我與身體的關係，因它一再背叛我，遠遠超過任何的人

際關係。如今，當我回顧這一生所有的關係時，終於明白了，身體是有待交託聖靈療癒的最後一段關係。其實每個人都一樣，我們最後都得把這一特殊關係交託給聖靈。

可以說，身體是我窩藏著罪咎與攻擊之念的最後一個地方。儘管多年來，我的人際關係已透過寬恕而奇蹟般地轉化了，但我與身體的關係依然有待療癒。直到湯瑪斯被診斷出罹患癌症，我才開始認真透過「真祈禱」，而將自己對身體的擔憂交託出去。

雖然理智上我們明知身體是個幻相，但除非將身體完全交託給聖愛，不再受恐懼擺布，否則，我們不可能親身體驗到這個事實。以前我尚不明白，想要超越身體，就必須藉助身體這個工具來掀開潛意識的罪咎。若非如此，我們等於下意識地縱容罪咎，以生老病死與痛苦來懲罰身體，最終落入生死的輪迴。

一直到了近些年，我才將身體完全交託給聖愛。回想起來，過去的我，其實渾然不覺自己對小我幾乎是言聽計從，認為身體不但維持了我的生命，更代表著我的存在。有些人推崇身體，借用它來獲得快樂與榮耀；有些人則跟我過去一樣，透過身體製造不少痛苦。為此，

我竭盡所能，一心只想擺脫這具身體，殊不知，我愈是那樣做，只會愈讓自己邁向分裂與死亡。

究竟而言，幻相沒有層次之別，不論是利用身體來獲得快樂與榮耀，或是讓自己感到羞愧與痛苦，都是同一回事；背後只有一個目的，就是說服自己「我是一具身體，而非完美的靈性」。就這樣，小我把一具虛無的身體搞得煞有其事，不是成為備受尊崇的偶像，就是飽受怨恨的偶像，但不論是哪一種偶像，最後都會導向分裂、痛苦與死亡之結局。

深入省思之後，我才看清，在研習奇蹟的前二十年裡，我一直對身體有所誤解，經常無知地以「我不是一具身體，我是自由的」為藉口，拒絕聽從耶穌的教誨來善用身體。耶穌在《課程》裡一再鼓勵我們效法他之所為，甚至超越他的境界。他之所以能克服身體，只因他對「自己的真我超乎身體之上」這一正見全然堅信不疑。我們若能用正見來看待身體，便不難看出它只是我們所投射的影像而已，它唯一的目的，就是傳達「愛不可能屈服於恐懼」這一真理。

耶穌用自己的身體為我們示範「上主的大能徹底推翻了小我的運作法則」，成了聖子百害不侵的活見證。

他因著復活克服了死亡，並鼓勵我們效法他的精神。他從不要求我們受苦，只教我們拒絕接受小我賦予身體的目的，以及小我的整套運作法則。我們若還死心塌地遵守小我的遊戲規則，自然無法見證上主天律的榮耀，因我們一次只能接受一套法則。也因此，我們若不照耶穌所說的善用身體，是不可能扭轉小我法則的。

湯瑪斯歷經癌症與死亡的這段過程，嚴峻地考驗了我的修持，但也加速了我的領悟。在他罹癌之前我從未發現，雖然修習奇蹟已有二十餘載，但我倆卻始終腳踏兩條船，並未徹底掀開我們暗中對小我與世界的依賴。雖然我們已經看清並釋放了不少潛意識的信念，但仍然有不少信念是我們刻意迴避、不甘放下的。

我現在明白了，自己當時根本缺乏幫助他人徹底療癒所需的專一心志。若要讓療癒發生，我必須把心靈平安放在第一位，同時也放下自己對身體痊癒的訴求。但在當時，我確實不願把平安視為首要之務。終究而言，我必須心無旁騖地放下一切的操心掛慮，一心一意療癒自己的知見，平安才可能來臨。換句話說，不論表相如何，唯平安是求，才可能享有這一平安。箇中關鍵所在，我們必須對聖靈有足夠的信心，同時還要肯定自己絕對配得上療癒才行。

內在的平安乃是獲得療癒的奇蹟不可或缺的條件，只因恐懼無異於奇蹟的剋星。恐懼一開始作祟，療癒便遙不可及，因恐懼顯示出我們已把幻相當真了；幻相一旦弄假成真，療癒便不可能發生。在湯瑪斯罹癌臥病之際，我至少把一部分的幻相當真了，因而阻礙了奇蹟的出現。

如今，我對聖靈的信賴遠超過湯瑪斯剛離世之時，但我有自知之明，知道自己距離全然的信賴還有好一段路，故我努力時時刻刻為上主保持儆醒，只要抗拒之念一起，立刻轉向聖靈。我目前的功課依舊是身體，很明顯，是我該療癒這最後一段特殊關係的時刻了，雖然這一過程必得時刻儆醒，但我完全樂在其中。是的，若要超越身體，我必須與聖靈一同正視它、接納它，揭露它所隱藏的祕密，唯有如此，才有寬恕的可能。

但在同時，小我永遠也沒閒著，它警告我：「這是不可能的任務，因你的信心還不夠堅定，註定會一敗塗地。」我很清楚，這只是小我的看法，絕不是我的。耶穌的深刻教誨離不開徹底扭轉我們的妄見，因它與「相信疾病、衝突、匱乏及死亡」的世間妄念截然相反。我確信，經由救贖，我們每一個人都能當下療癒所有錯誤的信念，即使是新手上路，只要有真正的願心就夠了。

安全感來自於徹底放下攻擊之念：
疾病也是一種攻擊

　　疾病、匱乏、衝突與痛苦皆非上主的旨意，故不屬於真我的一部分。修習《奇蹟課程》多年之後，我以為自己已經足夠明白耶穌所說的「攻擊」之意。他經常提醒我們：「安全感來自於徹底放下攻擊之念，也就是寬恕他人未曾做過的事。」因此，我努力寬恕自己假手他人來傷害自己的企圖，以為這就是真寬恕了，但後來我才體會到這句話更深的含意。所謂「徹底」放下攻擊之念，遠比我原先想的還要深刻得多。

　　我們固然需要寬恕他人未曾做過的事，但更重要的，我們還要學習看清自己如何利用身體來打擊自己，如此，方能寬恕自己把身體當作武器來證明攻擊是真實的。每當我們利用疾病、匱乏或痛苦來打擊自己時，不啻向世人證明「我們真的失落了上主之愛，而且彼此成了互不相干的兩個生命」。

　　疾病、匱乏與痛苦乃是最常見的自我傷害之手段，

只要出現任何一種症狀，便已不自覺地向自己和他人證明「攻擊是真實的」，而且我們是可能遭受攻擊的。一旦相信這些症狀真實不虛，我們就難以寬恕了，只因我們無法寬恕自己信以為真之物。

只要相信任何一種傷害是真的，就等於相信上主之愛不是真的。正如耶穌所言：「所有的疾病都是心靈分裂的徵兆。」一旦生了病，表示我們不肯接受上主旨意的一貫目標，那就是愛與療癒。但我們一次只能選擇一個目標，若非小我的，就是聖靈的。如果同時相信兩種相互牴觸的目標，勢必造成心靈的分歧而陷入痛苦的深淵，這正是所有分裂之境與痛苦的根源。

> 疾病不是身體的問題，而是心靈的問題。所有的疾病都是心靈分裂的徵兆，表示它已拒絕了那個一貫目標。（T-8.IX.8:6~7）
> 「安全感」的真義乃是徹底放下攻擊。這一道理毫無妥協的餘地。你若教人任何一種攻擊形式，你就學到了這一本事而身受其害。然而，這類本事不是永恆不變的，只要你不再繼續教下去，便能解除過去學到的本事。
> （T-6.III.3:7~1）

切記，幻相沒有層次之別，身體也不例外，它不但是小我最後一個藏身處，也是小我抵禦上主的最後堡壘。肉體的死亡成了小我抵制聖愛最狠的一招，正因如此，我們必須放下所有隱藏的攻擊念頭，身體才能轉為上主所用。

「有病的身體」這句話大有問題。它之所以沒道理，只因疾病不是身體原有的功能。除非小我的身體觀所根據的兩個基本前提是顛撲不破的真理，疾病才可能成為天經地義的事；那兩個前提即是：「身體是為了攻擊而存在」以及「你是一具身體」。你若否認了這兩個前提，疾病根本是不可思議的事。（T-8.VIII.5:5~8）

疾病不過想要證明：你是可能受傷害的。它見證了你的脆弱、易受傷害，而且亟需外來的指引。小我以此作為你亟待它指引的有力說詞。它不容分說地為你開出一串處方，幫你預防所有的厄運。（T-8.VIII.6:1~4）

如何經由救贖而完成療癒？

再提醒一次，身體只是心內的「因」所形成的「果」；身體健康之成因永遠都在心內，不論小我如何信口雌黃，身體永遠都不可能倒果為因。

真實的療癒乃是我們融入上主大願的自然結果，這正是療癒發生的唯一原因。所謂救贖，簡單說，就是認出自己原來不是小我。在接受救贖的神聖一刻，小我已無立足之地。我們只需撤銷自己對小我的信念，圓滿療癒之真相立即暢行無阻地取代了小我的幻相。真實的療癒便是如此發生的。

上主聖愛是唯一真實的「因」，它只會帶來真愛、喜悅、平安和健康的結果。雖然在小我眼中，我們好似歷經了難以消受的滄桑之苦，但請記得，無合理之「因」，不可能產生任何的「果」。在實相中，小我並不存在，所以它不可能成為合理的因，準此而言，不存在的因怎麼可能造成痛苦、匱乏、衝突或疾病之果呢？如果實相中根本沒有小我這一苦因，那麼疾病、衝突、

匱乏與痛苦怎麼可能變成真的？顯然，只因為我們把它們看成真的，它們才可能儼然如真。換句話說，是我們這一根深柢固的信念賦予了它們狀似真實的表相。

現在，請安靜片刻，請求聖靈幫助你明白這一關鍵的真理。一旦得其三昧，你再也不會死心塌地相信小我了。

> 天父身分代表了造化之功。愛必須推恩。沒有一物局限得了聖潔的生命。純潔無罪的本性既不受限，也無疆界。這種聖潔顯然不屬於身體層次，你也不可能在有限之境找到這種聖潔。但它帶來的效果卻有療癒身體的能力，而且與那聖潔生命同樣的無限。然而，你必須認出心靈不在身體裡頭以及純潔無罪的本質與身體無關，才有療癒的可能。那麼，療癒究竟發生於何處？就在你把結果歸還給起因之處。因為疾病純粹是無中生有、自立為因的無謂企圖。（T-28.II.2）
>
> 經常生病的上主之子，總是企圖把自己當作存在之因，不承認自己是天父之子。這荒誕無稽的居心表示他根本不相信自己是聖愛之果；只要看看他的現狀，就不難明白他必定是自

己的成因。只有療癒之因才是萬物唯一的終
極之因，而它也只有一個終極之果。認清這
一點，你就不會再去做無中生有的傻事了。
（T-28.II.3:1~5）

只要我們真心接受救贖，在這神聖的一刻，小我立
即銷聲匿跡，所有痛苦的唯一肇因就此解除。身體症狀
的成因一旦消失，那些症狀又會如何？既然沒有「成
因」來支撐著這些症狀，它們必會消失於無形。耶穌便
是如此治癒疾病、施展無數療癒的奇蹟。只因他已不再
相信幻相有層次之別，故能扭轉因果，親自活出了這一
見證：

奇蹟沒有難易之分。一個奇蹟不會比另一個奇
蹟「更難」或「更大」。它們全是同一回事。
（T-1.I.1:1~3）

耶穌深知在實相中小我並不存在，故它在身體層次
形成的果也純屬幻覺。小我的運作法則，包括世界的
自然律，絲毫動搖不了耶穌活在上主之愛中的正見心
靈。

小我深恐我們有朝一日發現心靈的無限能力，故不
時利用身體來暗算心靈。它知道，萬一我們接受了心靈

的大能，它與身體的命運必然就此告終。

> 小我會利用身體來暗算你的心靈，因爲小我明
> 白你這「敵人」萬一識破小我和身體並非你的
> 一部分，它們的命運就此告終了，因此它們必
> 須聯手，先下手爲強。只要深思一下這種邏
> 輯，沒有比它更荒謬的觀念了。虛妄不實的小
> 我，千方百計想要說服眞實無比的心靈承認自
> 身只是小我的一項學習工具而已，還要它相信
> 身體比心靈更爲眞實。任何具有正見者都不可
> 能相信這種說詞的，事實上，也沒有一個正見
> 之士眞正相信過它。（T-6.IV.5）

正因如此，獲得眞實療癒的先決條件無他，僅僅就
是不再相信小我之外另有其他原因能造成我們的痛苦。
但若要解除這個信念，我們必須好好反思種種的幻相在
自己心目中究竟有什麼不同的地位，包括維持我們生存
又威脅我們生命的自然律。然後，我們和聖靈一同正視
這些運作法則，並眞誠地請求祂療癒自己的妄見。

比如說，食物不會使你變胖，疾病也不會故意找上
你，潛意識的罪咎才是所有痛苦的唯一肇因。爲此，唯
有恢復愛的覺知，也就是我們的神聖自性，方能結束所

有的痛苦。要知道，每當你選擇一次救贖，便能喚醒愛的覺知一次，而且每一次你回到這神聖的一刻，都能增強自己對愛的信賴，同時並削弱恐懼的信念。

接受救贖，等於一併療癒了因與果兩個層次，其實，它們始終在心內從未分開過；「因」一旦真正療癒了，「果」必隨之痊癒。

> 因此，治癒可以稱作反制之夢，它本身不屬於
> 真理境界，只是藉真理之力，解除疾病的夢
> 魘。寬恕只是視而不見一切有名無實的罪過，
> 同樣的，治癒也只是解除那從未發生的幻相而
> 已。（W-137.5:1~2）

救贖的療效極其溫柔且萬無一失，它能治療所有的疾病，因為它直接療癒了導致疾病的那個心念。縱然我們接受救贖之後仍可能看到疾病、匱乏或痛苦等症狀，但因著我們信賴上主之愛，決心對那些症狀視而不見，目光只落在超越表相而閃耀著光輝的基督聖容。就這樣，我們決心不再把妄念所導致的症狀當真，堅定不移地將一切妄造交託給聖靈，再也無需扛起療癒疾病的沉重負擔。

從此，我們把療癒的責任交付給聖靈而非小我。即

使我們依然使用什麼祕方，也要內心清明地與聖靈一起服用，懇請祂療癒我們的妄見。我們一旦將罪咎這一禍首完全交給聖靈，表示我們願意接受療癒的藥方。隨著罪咎的消失，疾病便失去了存在的理由，也沒有捲土重來的可能。救贖就這樣療癒了一切苦難的唯一肇因，向世人證明「心中的正念足以主宰小我，小我再也無法妄用我們的身體了」。

> 救贖的療效是萬無一失的，它能治療所有的疾病。心靈若已明白疾病只不過是一個夢，便不會被夢的外形所蒙蔽。它無法侵入無罪無咎之處，因疾病本身只是內疚的一種化身。救贖的目的不在治癒病人，因那稱不上是一種治癒。救贖能除去導致疾病的內疚。那才算是真正的治癒。如今，疾病已經一逝不返，再也沒有捲土重來的機會了。（W-140.4）
> 任何人若想療癒，他不只能夠而且必須培養療癒的能力。（T-7.V.3:1）
> 聖靈的療癒，不會偶爾才有療效的，祂隨時隨地都在療癒。（T-7.V.5:1）

我們暗地裡害怕什麼？
又為什麼要拒絕療癒？

　　《奇蹟課程》經常提到分裂的心靈，這一分裂狀態
究竟是怎麼回事？具體來說，小我需要罪咎才能存活下
去；然而，罪咎不但令人難以堪忍，還使我們體驗不到
無盡的喜悅、平安和保障，而這是活在上主之愛內獨有
的經驗。罪咎在我們心中如此拉扯不休，正是分裂心靈
的最佳寫照。換句話說，我們一面極度渴望回到愛中，
一面又須臾不停感受到小我的恐嚇真實無比，心靈因此
被嚴重撕裂了。

　　其實，我們最深切的渴望，就是與完美而純潔的神
聖自性重歸一體，但我們若聽從小我而死守著罪咎，
就不可能活出真實的自己。只因我們相信小我代表了
自己，故不得不投射罪咎，愈投射就愈陷愈深。我們都
知道，只要緊抓罪咎不放，我們就會情不自禁地傷害自
己，無怪乎痛苦、老化、疾病與死亡如此吸引著我們，
因它們成了我們最珍惜的罪咎之象徵。

至此，總算看清小我的運作模式了！我們先將罪咎投射到身體，使身體遭受生老病死之苦，如此一來，便不能不把它們當真，因而使心中的罪咎更加牢不可拔。可以說，只要任何一種痛苦現前，都足以反映出我們內心尚未療癒的罪咎。

　　此外，我們還會用另一種方式來投射並保存罪咎，那就是批判他人、自己或世界，它們全是自我攻擊的手法。要知道，罪咎並非真我的一部分，因它與上主無所不容的真愛及我們純潔無罪的本質相牴觸。一個人倘若相信自己罪孽深重，便不可能不自討苦吃的。只要我們繼續批判下去，始終不願請教聖靈，就表示我們寧可保留罪咎而不惜放棄自己的神聖自性。

　　　投射的目的最終不外乎擺脫自己心裡的罪咎。
　　然而，按照小我的一貫作風，它最多只會把罪
　　咎從自己的觀念中剔除；不論小我多麼想要保
　　留罪咎，你遲早會忍無可忍的，因為罪咎阻礙
　　了你憶起上主，而上主對你卻有難以抗拒的吸
　　引力。你的心靈在此便發生了嚴重的分歧，你
　　若聽從小我而保留罪咎，**你就無法活出自己**。
　　小我唯有讓你相信它才是真正的你，方能唆使
　　你把罪咎投射出去，使它得以更深地埋藏在你

心裡。（T-13 II.1）

很清楚的，小我企圖藉著投射罪咎來擺脫罪咎，結果反而加深了罪咎，使我們不明所以地更加內疚、更加恐懼。有時，它未必呈現為內疚，而是一種迫在眉睫的威脅感，因為罪咎必會期待懲罰的來臨。

這種罪咎感，讓我們老是覺得自己不夠好、沒有價值，但我們一點也不敢追問，背後到底是什麼信念引發這種感覺的。或許我們感覺到自己好像「辜負」了什麼而惴惴不安，其實，唯一被我們辜負的，是自己的神聖自性，因我們始終相信自己罪孽深重。這種不自覺的自我背叛，讓我們經常感受到深沉而無以名狀的悲哀。

> 想一想，小我的解決方案何其怪異！你原想擺脫罪咎才將它投射出去的，結果你只是把它藏起來而已。你仍然感到罪孽深重，卻不明所以。你甚且會把罪咎與小我種種怪異的「理想」混為一談，因小我常控訴你辜負了它對你的殷切期望。你毫不明白自己辜負的其實是上主之子，因你已把他視為有罪之人。你若相信你已不是本來的你，對不起你的其實是你自己。（T-13.II.2）

只要心中還保有一絲的罪咎或批判，便會將愛推出心外，無法安住於我們的神聖自性。是的，心懷罪咎，猶如放棄了生命中的至愛，確實令人心碎與悲哀。這種自我背叛的傾向一直深埋於潛意識裡，它所充分反映的，正是「我們確實背叛了上主之子」這個可怕的信念。

　　在我們內心深處某個陰暗的角落，隱藏了這個恐怖的小我信念「我們謀害了上主之子」。難怪，我們內裡總是感到大難臨頭，請注意，這正是小我即將引發自我攻擊的信號。我們把自我攻擊當作應得之懲罰，用來抵償自己其實並未犯下的罪。這一恐懼隱藏得太深了，以至於我們根本意識不到它的存在，也因此，對它的後遺症更是莫測高深。

　　事實上，我們從未謀害上主之子！我們自以為犯下的罪，不過象徵著我們對神聖自性的背叛，因我們早已遺棄了真我。這種自我背叛，等於判了自己死刑，只因我們從此甘願屈服於小我的生死輪迴。

　　我們一旦如此認同了小我，必然不斷將自己的罪咎投射到身體、他人和世界，因之，才會經歷疾病、痛苦、失落、衝突、匱乏，以及肉體的死亡。就這樣，小

我永不罷休，它還會不斷尋找罪證、不斷歸咎他人。在小我心目中，清白無罪反倒成了最嚴重的褻瀆，因此，它存心不讓我們意識到「我們背棄了自己最鍾愛且永遠清白的神聖自性」這一事實。

> 你對罪咎的信念一直隱藏在心靈最黑暗且隱祕的角落，不讓自己意識到它的存在。那角落隱藏的祕密即是：你心知肚明自己背叛了上主之子，且定了他的死罪。它所隱藏的謀害之念瘋狂至極，你卻從不質疑，只因小我的毀滅傾向如此強烈，不釘死聖子是誓不甘休的。小我對上主之子的真相一無所知，只因它已徹底盲目。它一看到清白無罪，就會驚惶失措，不置之死地絕不罷休。（T-13.II.3）

進而言之，耶穌被釘上十字架這件事，所影射的正是我們小心翼翼隱藏心底的這個祕密。但只要我們願意在聖靈溫柔聖愛的陪伴下正視這個可怕的祕密，它便無以立足了——這正是復活的曙光，將我們領向無盡的喜悅之境。

是的，耶穌被釘十字架，象徵著小我隨時想要釘死神聖自性的企圖。小我自以為殺害得了神聖而不可侵犯

的純潔自性，因而想盡辦法除去這個眼中釘。此後，小我又拿耶穌受難爲由，繼續將罪咎投射到所有人身上，目的是讓我們徹底遺忘自己不僅活在上主之愛內，而且永遠清白無罪，百害不侵。

說到究竟，我們的神聖自性就是天國，但我們若用批判與內疚來傷害自己，便不知不覺將自己驅逐於天國之外。從此，我們不但感受不到恆常的喜悅，還會受小我的荒謬觀念所欺，以爲必須經由死亡才能進入天堂。事實上，死亡與上主毫不相干，因上主代表永恆的生命，而無盡的生命才是我們在上主之內的本然狀態。

然而，罪咎將我們引入了死亡之幻相，使我們無緣覺醒於光輝的眞實生命，更意識不到自己的純潔無罪，只因「神聖自性」這一眞愛的核心乃是小我的心頭大患，我們才會死抓著罪咎不放。

由此可知，我們若不願化解小我的信念、價值觀、運作法則，及它種種的偶像化身，就等於拒絕活出自己的神聖自性，也表示我們仍捨不得放下罪咎與自我攻擊之念，才會卯盡全力抵制「自己就是愛」的記憶。然而，一旦恢復了這個記憶，所有的罪咎必會消失得無影無蹤的。

耶穌的復活給我們打了一劑強心針，象徵夢境的可能結局。只要我們勇於寬恕小我用來打擊自己的每個人與每件事，等於是為神聖自性之復活作見證。確然如此，自性的神聖本質足以扭轉世間所有的法則，將我們領回涵容一切而沒有對立的真愛之境，這便是真實世界。

接受「你早已治癒」的事實

　　如果你已經寬恕了自己曾經不自覺地利用他人、自身或外境傷害自己，同時也已接受救贖來修正自己的妄見，此刻，首要之務即是放下自己的操心掛慮。不論表相看來如何，都要相信自己的妄見已經療癒了。

　　你若仍感到不安，表示小我又替你判斷了，切莫相信它！只要你真心願意放下判斷而接受救贖，療癒便在這神聖的一刻完成了。但如果你仍懷疑自己是否已經療癒，表示你又開始懷疑聖靈了。療癒乃出自聖靈之手，而非你誤認的那個自己。請記住，任何懷疑皆出自小我，此刻，最需要的就是信賴；缺乏信賴，愛便無法發

生作用。懷疑與愛永遠無法並存；你若選擇其一，另一個就消失了。

所謂接受救贖，就是願意療癒自己的妄見，它是所有痛苦的唯一肇因。只要接受救贖，我們的責任就已經完成了，至於贖了什麼罪，大可不必庸人自擾。我們一旦將它交託給聖靈，寬恕便完成了，千萬別讓小我插手壞事！小我最會利用我們的擔憂、矛盾、內疚或懷疑，讓罪咎與痛苦死灰復燃，使我們接收不到上主透過奇蹟所帶來的療癒，因而無法見證奇蹟萬無一失的療癒大能。我們的責任只是將所有的煩惱都交給聖靈重新詮釋，然後全然信任上主的療癒必會圓滿完成的。

> 奇蹟志工的唯一責任只是親自接受救贖（我敢
> 向你擔保，真的如此而已）；至於「該爲什麼
> 事情贖罪」，就不是你的責任了。……你一旦
> 接受了那補救方案，它保證能夠化解你的顛倒
> 妄想，過去那一切病態症狀便無以爲繼了。
> （T-5.V.7:8,12）

你無需爲問題負責，小我才是你的責任，只因是你自己選擇用小我的眼光去看而把問題弄假成真的。其實，問題根本就不存在，是你誤以爲自己有問題而已。

小我只是一套罪惡的觀念，它無關乎個人，而且虛幻無比。小我不屬於任何一人，因小我並非具體之物，它只是一種思想體系，一種心理投射，完全不具個人性。因此，你個人不必為「心靈為何會冒出小我」這個問題負責，也無須解決它所引發的虛幻問題，因為它們根本不是你解決得了的。你唯一的責任，只是放下錯誤觀念，真心接受救贖的奇蹟而已。

　　小我只是一種思想體系，但請切切記得，我們有「相信它或否定它」的選擇能力。它是從罪咎和恐懼的河床流出的一連串念頭，並不屬於某一人。這條思想之流猶如不停重播的電影，不屬於任何一人，它只是不斷重播自己的故事，因這是它最初形成的目的。

　　我們原是上主創造的唯一孩子，即神聖自性。我們在受造之時便深知自己是一體的生命，自己的生命堅不可摧，它是沒有對立的真愛，而且永恆如是。我們也知道自己是上主永恆慈愛旨意的化身，我們本身就是天國，這是我們的生命真相。只因一時迷失在小我不斷重播的生死輪迴劇裡，我們暫時遺忘了這一真相而已。

　　自從我們接受小我的催眠而陷入失憶之後，全都誤把這非個人性的恐怖電影當成自己的故事，自己還是劇

中主角呢！它好像真的代表了我的人生、我的身體、我的伴侶、我的家庭，甚至構成了我的出生及我的死亡這些概念。我們擷取了小我非個人性電影的某一片段，把它當成自己的一生。一旦緊抓不放這個非個人性的思想體系，便不知不覺放棄了上主賦予自己的大能。換言之，就在我們甘心屈服於小我虛幻的痛苦、分裂與死亡的運作法則，這一刻，我們便完全喪失了原有的天賦。

我們最常掉入的一個不易覺察的陷阱，就是「個人的小我」之觀念。在一次的網路教學中，有一位學員勇敢地分享了她剛經歷的一樁駭人事件（我姑且稱之為培妮，這並非她的真名）。從小我「幻相有層次之別」的觀點來說，這可說是諸多難以寬恕的事件之一：她目睹了一隻動物被活活打死。

在她具體描述這起恐怖事件的當下，我們都被故事的餘響所震撼。過了兩週之後，培妮仍然心有餘悸，她雖然屢次嘗試著寬恕，但卻難以用聖靈的正見慧眼來看待此事。

培妮被內疚壓得喘不過氣，認為自己很難跟這起駭人聽聞的事件撇清關係，只因她目睹了整起事件的始末，便誤以為這一暴行出自她個人的投射，完全是她自

己尚未療癒的罪咎（她個人的小我）所造成的。其實，根本沒有「個人的小我」這一回事！要知道，如果我們把任何事情當成是自己個人的問題，就會被小我操控而陷入內疚與痛苦的深淵。小我是一種非個人性的思想體系，一刻不停地穿流於時空之中。雖然培妮目睹了這起事件，但這並不表示她就該對此事的「起因」負責，容我說明一下。

小我的非個人性影集會播放各種恐怖戲碼，目的是讓我們一直陷於它的罪咎、恐懼與死亡的輪迴劇裡，但這反而成了我們必須學習「重新選擇」的著力處。要記得，眼前不論發生什麼事情，全部都是中性的，我們唯一的責任就是在自己的情緒被挑起之際保持儆醒，不論面臨哪一種威脅，程度有多強烈，只要自己接受救贖，這些妄見便會頓時轉化為寬恕的奇蹟。

如果我被某事挑起了情緒，並不表示個人受到了刺激，而是我選擇去看的「濾鏡」使我產生了妄見而心生恐懼。唯有恐懼的「感覺」十分個人化。換句話說，情緒被挑起的那一刻，表示我已經選擇用小我的思想體系去看，也就是戴上罪咎與恐懼的濾鏡。切記，事件本身永遠是中性的，不論那不公不義或殘酷無情的事件表面看來多麼驚世駭俗，從實相的角度來看，事件的本質永

遠是中性的。

在上主的實相裡，不可能有殘忍或不公這回事，因此，它必定是出自我們自己對事件的「詮釋」。一旦認同了小我的詮釋，必會加深自己的罪咎；反之，如果選擇了真相，我便從中解脫了。我所目睹的痛苦，不過表示我並沒用上主的眼光去看而已。

想要獲得奇蹟最純正的療癒，我必須願意與聖靈結合於正念才行，即使是短暫的一剎那也行。情緒一被挑起，就表示自己已經陷入妄念之中，如此一來，我是不可能真正療癒自己或任何人的。為此，我必須下定決心罔顧小我的表相，並循著「寬恕／救贖的原則與步驟」來療癒自己。

就在接受救贖而寬恕的那一刻，我的世界就痊癒了，因它只存在我心內。我的世界一旦療癒，那看似的加害者與所謂的受害者便會看到自己的純潔無罪，與我一同獲得真實的療癒。

請記得，小我的痛苦戲碼與聖靈的幸福美夢這兩部電影同時存在我的心內，我重視哪一種思想，就會看到哪一個世界，分毫不爽。既然如此，我究竟要為所有人選擇純潔無罪與真愛，還是無邊的罪咎與痛苦？當我學

會越過令人不安的表相，僅僅只用聖靈的眼光來看，這一刻，真實世界（或稱幸福美夢）自然而然顯現於我心中。話說回來，我若真想活在真實世界之榮光中，便須要腳踏實地、按部就班地化解小我，摘除妄念的濾鏡才行。

我之所以提及培妮的故事，因為它為我們點出了奇蹟學員最容易掉入的小我陷阱——每當我們跟培妮一樣收回自己投射到他人（或世界）的罪咎時，倘若沒有全心全意將它交給聖靈，這個投射就會不知不覺落回自己身上。然而，罪咎就是罪咎，我們不論是在心外或心內看到它，對自己的神聖自性都同樣帶來莫大的打擊。

論斷、自我批判與內疚，不但成了我們推開上主之愛的即時警訊，更是阻礙我們體驗真愛的最大殺手。它們一現身，我們就必須立即請求聖靈療癒自己的妄見。

救贖即化解恐懼。當我們下定決心，全心全意將自己的妄見交託給聖靈療癒之際，救贖便完成了，但我們必須真心誠意接受救贖才能目睹它的成效。在接受救贖的當下，真實而全面的寬恕會為我們帶來奇蹟。小我及其種種症狀，便奇蹟般地療癒了。

我教給你的寬恕，絕不會用恐懼來化解恐懼。

再被你妄自摻入的謊言所蒙蔽。所有的錯覺幻
想就這樣消失了蹤影。剩下的真實部分便融入
那完美的聖念，讓你處處看到完美之所在。
（W-151.14）

化解恐懼

而你又想要平安的話，你必須永遠且徹底地放
下衝突的觀念才行。（T-7.VI.8:9）

接受救贖的目的無他，就是化解恐懼，因而化解了
潛意識的罪咎。毫無疑問的，我們所思、所信與所為的
一切，若非出自無條件的愛與平安，則必然出於恐懼，
而成了小我的傑作，包括許多看似關愛的行為。正因如
此，若不先行扭轉小我的思想體系，我們一切的言行作
為就離不開特殊的愛。這種愛，不論表面上看來多麼窩
心誘人，骨子裡其實全是恐懼與分裂，暗地裡只想掩飾
內心的恨而已。

如果愛會使人感受到威脅、失落，視為一種義務，
或有操控的企圖，甚至為了獲得愛而不惜犧牲自己，這

樣的愛絕不可能是真愛。進一步說，爲他人的身心福祉而操心掛慮，其實一樣是恐懼的徵兆，也一樣並非眞愛，只因所有的焦慮或擔憂都出於恐懼，與眞愛無關。若要體驗眞愛，必須全心信賴上主慈愛的旨意；缺乏信賴，愛必一無所能。只有在全然信賴之中，愛才能越過小我投射的誘人假相，靜定而安詳地矚目於那惱人表相後面的愛的眞相。

準此而言，每當我們想要躲開聖靈自行解決問題時，就表示我們已經跟小我同謀了。小我必會使我們功虧一簣的，因爲這原本是它的任務。儘管恐懼化爲千萬種化身，但終究成不了氣候，只要我們能夠看清它們全都出自潛意識的罪咎，這就足夠了。

歸根究柢，凡是我們想撇開聖靈而自行操控、療癒或解決問題，背後眞正的企圖，無一不是出於「害怕懲罰」潛藏的心理，它反映出我們對上主的恐懼。只因我們意識不到這點，故也無從釋放它，但要記得，只要經驗到一絲恐懼或其他後遺症，表示我們已經相信小我了，絕無例外。

在接受救贖之際，我們內裡完全明白，解決問題不再是自己的責任，因此，我們大可將問題從「小我的待

辦事項」中安心刪除。就在我們全心全意將自己的妄見
交託給聖靈之當下，療癒的正見便取代了自己的妄見。
換言之，就在我們願意恢復自己清明神智的那一刻，救
贖已然化解了罪咎與恐懼。

　　恐懼是你信賴自己能力的一個最顯著標誌。
（W-48.3:1）

　　救贖，乃是眞實療癒之關鍵，因它徹底化解了所有
問題之元兇──罪咎與恐懼。

「眞實的否認」
是一道有力的保護機制

　　在寬恕過程中，最關鍵的一點，就是有意識地否認
「幻相具有傷人的能耐」，這是《課程》所說的「眞實
的否認」。確然無疑的，眞實的否認是一道強而有力的
保護機制，因爲否認「幻相具有傷人的能耐」，就等於
宣稱「只有上主的旨意是眞實的」。一旦作此聲明，上
主慈愛的眞相便會應邀而來。

唯有如此，奇蹟才會發生，因我們唯上主旨意是求；唯有如此，耶穌方能療癒病患且使死者復生。真實的否認，幫我們一劈頭就避開了「把痛苦的幻相當真」之大陷阱。除了上主旨意，我們再也沒有任何願望了。任何正念心境都少不了這一修正的歷程。

> 真實的「否認」，是一道有力的保護機制。你能夠也應該否認任何要你相信「錯誤能傷害你」的信念。這種否認無意隱瞞事實，它是一種修正。而這是一切正見（right mind）的基礎。否認錯誤，是對真理的有力保護；否認真理，則會使你扭曲了天賦的創造力而造成小我的投射。（T-2.II.2:1~5）
>
> 痛苦豈能成為平安的一部分？哀傷豈能成為喜樂的一部分？恐懼及疾病豈能進入一個洋溢著愛及完美神聖的心中？真理若要成為真理，必然涵括一切。不要接受任何對立及例外，否則你等於是全面與真理作對。（W-152.2:4~7）

　　接受救贖乃是人間最偉大的成就，因為在救贖的神聖一刻，小我及它所有的錯覺妄想已然不復存在；我們只會自覺地融入上主的慈愛旨意，一展上主的大能。

想要從習慣性「信賴小我的現實」跳脫出來，轉而全心信任上主的實相，我們必須重新定義上主旨意才行。如果我們仍然認為（不論自己是否意識到）上主會用痛苦的人生功課來教訓我們，或是我們必須自行決定而不依靠聖靈，表示我們下意識依舊對上主退避三舍。

沒有錯，只要我們還相信死亡或痛苦是人生必經的歷程，我們不僅不可能了解上主，還會更加害怕祂，也就是害怕我們共有的神聖自性。然而，一旦明白了所有的痛苦與逆境皆非上主的安排，而是因為誤信了小我所投射的神明所致，我們必會如釋重負的！如實認清這一點，乃是奇蹟得以施展大能的關鍵。也因此，除非我們徹底明白了，不論哪一種痛苦都與上主的旨意毫不相干，否則，我們根本不可能真正領受奇蹟驚人的療癒力量。

如果我們不確定什麼來自上主、什麼與上主無關，哪有膽子去分辨上主與小我？如果我們不確定「真實的否認」是否管用，又哪能發揮它的力量？難怪我們總是在小我與上主之間擺盪不已！

直到我們學會堅決地對小我說「不」，才可能持之以恆地活在奇蹟中。然而，如果我們對上主旨意的本質

依然猶疑不定，必會缺乏拒絕小我的定力。除非我們確切把握住這一關鍵，否則，心靈就會繼續分裂下去了。

> 凡是出自上主的生命，永遠非祂莫屬，而你確
> 實來自上主。難道祂會讓自己受苦？祂豈會把
> 自己所不屑之物賜給聖子？（T-10.V.9:2~4）

因此，每當我們感受到痛苦、衝突或威脅之時，必須有意識地反問自己：「這是上主對我的旨意嗎？它充滿喜悅和真愛嗎？它會給我溫暖和幸福之感嗎？它會給我深層的安全感及療癒之力嗎？」答案若是否定的，我們就能確知自己的所知所見仍然有待療癒。

要看清楚，出現於我們眼前的問題其實並不存在，而且從未存在過。唯一存在的，是「我對問題的看法」有待療癒，只因我始終認定「有問題存在」。如果我們仍抱持小我的受苦觀念，相信有待治療的是那些幻相，奇蹟便因之被我們拒於千里之外了。因為一旦把問題當真，我們就已經把後果與它的成因一分為二了。如此一來，問題的成因便錯失了療癒的機會。在那一刻，我們沒有否認幻相，卻否認了奇蹟，恰恰中了小我的詭計。

> 不要著眼於非上主所造之物，否則你等於否認
> 了上主。（T-10.V.13:1）

奇蹟發生的先決條件，其關鍵所在，即是不論問題表面看來多麼嚴重，我們都篤定接受「問題並不存在」這一事實。現實生活裡，好似有無數的橫逆滾滾而來，緊緊纏縛人心，但篤定的眼光必會認清，我們心目中認定的問題絕不是真正的問題，更不是上主的旨意。事實上，除了上主無盡慈愛的旨意之外，並無他物存在。也因此，眼前的當務之急，就是親身領受上主旨意的真正本質。唯有如此，我們才有足夠的信心來否認一切非上主所造之物的真實性。

苦因不在他人、身體、過去或世界

　　毫無疑問，小我會到處尋找痛苦的原因，唯獨就是不敢面對真正的苦因所在——心靈。小我認定疾病、失落、痛苦、匱乏、衝突等等問題的成因，若非在身體，就是在世界，然而，原因從不在心外，自己的妄見才是唯一的苦因。

　　只要我們還將問題的原因投射到心外，自己的妄見就無緣獲得真正的療癒。若要獲得奇蹟的轉化，首要之

務，必須先認出問題的唯一肇因，才可能獲得真正的療癒。身體與世界不過是心靈之「因」所呈現的「果」，如此而已，我們選擇信任哪一位內在導師，便成了唯一的關鍵。也就是說，我們究竟是用正念或是妄念來看身體和世界？

若要療癒一切痛苦之因，接受救贖是必要的途徑，因為只有它能夠修正「有個真實的問題需要真實的解決方案」這一妄見。其實，上主之愛內不存在任何問題，因上主之愛本身就是解藥。但如果我們寧可聽信身體感官告訴自己的一切，那是斷斷不可能接受這個解藥的。正因如此，我們面臨一個重大抉擇，究竟要信任哪一位導師——相信問題是真實的？抑或相信上主的解藥才是真實的？終究而言，我們無法同時相信兩者，只因它們相互牴觸。

是的，我們必須放下其中一個，才能接受另一個。此刻，靜下來想一想，我們甘願放棄上主的解藥（救贖），離開聖靈而自行判斷、解決問題，使問題永不得解嗎？或者，我們願意將自討苦吃的妄見交給聖靈療癒，接受上主慈愛的解藥呢？

十分肯定的，只要我們不再相信問題的真實性，奇

蹟就出現了，因為在這個關鍵性的決定中，我們完全甘心將受苦的妄見交託給聖靈。就在選擇正見而捨棄小我信念的那一刻，救贖來臨了，妄見療癒了，我們領受了奇蹟，這就是神聖的一刻。此外，我們無需準備什麼。

　　請記得，你的本然狀態全然純潔無罪，不論小我如何誘惑你相信它心目中的你，真正的你始終清白無罪。上主唯獨認識「你是愛」的本來面目，那麼，你準備好接受這唯一的真相嗎？

　　再重申一次，接受救贖，就是接受自己清白無罪、純然是愛的本然狀態。接受救贖，就是人間最簡單也最有意義的成就。但對小我來說，這比登天還難，因為就在我們接受救贖的一刻，小我便從我們的意識中引退了。是的，真心誠意放下自己的妄見來交換奇蹟，所憑靠的，就是這短短的一刻。

> 救贖的療效是萬無一失的，它能治療所有的疾病。（W-140.4:1）
> 接受救贖，就等於獲得了療癒。救贖即是上主聖言。只要領受了祂的聖言，疾病從何而生？一旦領受了祂的聖言，你等於完成了所有的奇蹟。寬恕即是療癒。上主之師已經把接受救贖

當成自己的唯一任務。那麼，還有什麼是他無法治癒的？還有什麼奇蹟超乎他的能力之上？（M-22.1:5~12）

你能為自己也能為他人接受奇蹟，不論對方健在與否。但請記得，如果想幫助他人療癒，自己必須先接受救贖。接受救贖的最後一個步驟，就是全然的信賴，相信療癒已經完成了，即使表面看來似乎並沒發生什麼事。

然而，沒有信賴，愛是無法存在的，而懷疑與信賴也不可能並存。（M-7.4:6）
任何問題，如果我們已向上主的聖師尋求解答，心中仍存有一些疑慮的話，只有一個可能，就是自我懷疑。那表示我們的信賴一定已經誤置於虛幻的自我之上了，只有那個「我」才不足以信任。（M-7.5:1~2）

第十一章

接受救贖：
全面寬恕的七個基本原則〔譯註〕

　　本章將深入探討救贖過程的幾個原則，也就是寬恕的步驟，我們若想將受苦的知見轉化為奇蹟，這是必經的途徑。因為唯有救贖能逐步扭轉小我所有的信念、價值觀和運作法則。簡而言之，救贖之功，在於一勞永逸根除小我的舊習，因它徹底逆轉了小我的因果律，化解了小我的無邊苦海。

　　耶穌所教導的寬恕之道，包含了幾個不可或缺的關鍵原則，然而，箇中之深意，我一直到了三年前才體悟出來。在這之前，我跟多數奇蹟學員一樣，以為只要自己具足了寬恕的意願，寬恕就會自然發生。但我顯然忽略了什麼，多年來無數徒勞無功的寬恕經驗，在在證明

〔譯註〕標題的「全面寬恕」，原文是quantum forgiveness，直譯即是「量子寬恕」。本書作者藉著時下流行的量子觀念之術語，用來凸顯《奇蹟課程》所說的「寬恕」有其特有的意涵，一如「量子物理學」全面顛覆了傳統物理學的思維與觀念。

自己必定誤解或遺漏了某些觀念，於是，我真心誠意向耶穌請益寬恕及救贖的真實要旨。

耶穌指出，人類花了數百萬年的時間教導自己如何逃避上主聖愛，以迄於今，可謂根深柢固至極，也因此，我們才特別需要藉由奇蹟來解除並扭轉人類心智妄造出來的毀滅性幻覺。但若要讓寬恕與奇蹟發揮大用，必須先接受七個關鍵原則。每一條原則本身都具有扭轉乾坤的能力，一旦串連起來，上主聖愛必能發揮療癒的大能。

容我在此提醒一下，請勿因為這些原則早已耳熟能詳，因而輕率地自認為「已經懂了」。相信我，若非經年累月踏實操練，我們不可能真正明白這些原則的。唯有不斷且具體運用在現實生活，奇蹟才可能歷歷現前，這是我們信賴上主聖愛及其療癒大能必經的過程。

相信你已經發現某些主題和原則經常重複出現，而且幾近反覆贅述的程度，尤其以有關救贖的觀念為然。但請留意，由於我太清楚心念的運作軌跡了，它是那麼容易導致嚴重的誤判：我們全面了解某個觀念之後，便以為自己已經可以運用自如了。然而，一旦面臨某些特殊的挑戰、恐懼或棘手問題，我們立即失去了理智，把

自認為已經理解透徹的原則霎時忘得一乾二淨。正因如此，我不厭其煩反覆叮嚀，用意就是想超越頭腦的表面理解，讓這些觀念真正深植人心。

是的，我們必須腳踏實地，精進修持，這些道理才會漸漸成為我們的自然反應。我再三重申這些扭轉思想的原則，只因為我們需要藉著不斷的提醒，它們才可能成為我們的第二天性。在此，我誠懇地建議你將本書「救贖／寬恕的原則與步驟」這幾頁特別標示記號，如果能打印出來隨身攜帶，幫助會更大。

 練習

救贖／寬恕的七個基本原則如下：

一、運用真實的否認

切記，只有一個真實的力量存在，那就是上主慈愛的旨意。因此，凡是面臨「與上主之愛相違」的人事物時，務必堅決地否認它們具有傷害你或傷害任何人的能耐。

二、讓因與果各正其位

不論問題的表相如何，所有的成因都在自己心內，不在他處。只要我們還認為原因出於他處而非

心靈，我們就無從療癒問題的原因及它的表面症狀。請別忘了，潛意識的罪咎，它的本質乃是自我攻擊，只不過投射於外而已。為此之故，唯一有待寬恕的，除了自己下意識借用他人、身體、往事或世界來打擊自己之外，沒有別人。

三、以「療癒自己的妄見」為首要之務

我們對療癒「自己對疾病與問題的錯誤觀念」之願心，必須大於「對身體的療癒和有形的奇蹟」之渴望才行。

四、讓眼光越過表相

我們的眼光必須越過身體感官顯現給我們的種種現象。因感官蒐集與回報的訊息，正是小我要我們看到的，它們只會向我們「證明」分裂與痛苦的真實性而已。

五、切記：幻相沒有層次之別

一個幻相不會比另一個更真或更大，它們都同等虛幻。只要接受並且操練這一原則，便能具體活出「奇蹟沒有難易之分」的真理：一個奇蹟不會比另一個更難或更不可能達成。只要認清幻相的虛幻本質，讓奇蹟發揮它的大能，小我企圖打擊我們的一切妄作再也傷害不了我們了。

六、接受救贖

在接受救贖之際，我們等於接受了上主願我們療癒的旨意，這一決心足以解除小我想要受到不公待遇的願望，這便是所謂的奇蹟。不論我們在何處看到痛苦，必須在那裡先為自己接受救贖與奇蹟才行。換言之，如果我們在他人身上、過去、身體或世間看到痛苦，自己就必須先接受療癒，讓聖靈化解心內的恐懼和罪咎之念。

七、信賴上主的聖愛與療癒

療癒已經完成了。切記，懷疑與信賴互不相容。我們一旦心生疑慮，就很難接受療癒了。

我將上述七個原則，藉著字母的排列〔譯註〕，提綱挈領整理如下，有助大家銘記於心：

- **A**pply true denial　**運用**眞實的否認
- **W**atch cause and effect　**看清**因與果
- **A**ccept healing of perception above all
  接受「療癒妄見」爲首要之務

〔譯註〕作者特意使用英文字的AWAKENS（覺醒）作爲上述七個原則的第一字母。

- **K**now Truth beyond appearances
  深知表相之後的眞相
- **E**qualize all illusions　**平等看待**所有幻相
- **N**egate fear, accept Atonement
  否定恐懼、接受救贖
- **S**ee it done　**見證**大功告成

不再相信小我的對立性思維

　　活出奇蹟，憑靠的不是「正面思考」，只有小我才會試圖用正面思考來逃避自己的衝突矛盾。寬恕與救贖的眼光，只會越過小我執迷的對立觀念，如疾病相對於健康，憂鬱相對於快樂，匱乏相對於富裕，生命相對於死亡，一心僅僅著眼於上主永恆不易的聖愛、療癒和喜悅之境。

　　當尋求天國（即我們的神聖自性）成為我們的首要目標，其他的一切自會賜給我們；除此之外，沒有什麼好追尋的。滿足私心之念一旦生起，便已偏離了自己的大願，忘記了我們唯一眞實的需求，就是再度「覺於上主」。

如果我們真心想要獲得真實的療癒，不論是為自己或為他人，都得放下想看到身體療癒的急切心態。療癒的表相只是滿足小我所需，因它一心想把身體和問題弄假成真。同理，觀想一具健康的身體（或其他正面的結果），也一樣會掉入小我「健康－疾病，富裕－匱乏」這類對立的思維。在觀想之際，好像會讓問題暫時消失，但這不過是用「疾病之夢」交換「健康之夢」，「匱乏之夢」換取「富裕之夢」，並非真正的療癒，它們全都屬於小我的假療癒。

　　容我再重申一次，並沒有疾病、痛苦、匱乏、衝突、失落與死亡需要療癒，**因為上主的愛內一無問題**。我們面臨的諸多問題，其實全都發生在自己心內，我們愈怕它們，愈拼命去抵制，只會更強化它們而已。防衛機制等於證明自己心目中的問題真實無比，我們也會因而「感到」它們真實無比。

　　如果我們想幫助他人療癒，必須先明白並且相信奇蹟的「全像本質」。奇蹟的神聖效益是涵蓋一切的，它能在小我法則之外運作而完全不受束縛。換句話說，救贖完全超越了小我固有的對立世界。奇蹟超越了時間和物質，不受制於人間的法則。事實上，它正是為了廢除這些法則而存在的。

所有的痛苦，不論是個人的創傷，或是新聞報導的不幸事件，療癒的焦點永遠在自己的心靈。無論我們如何努力，都不可能從外面療癒問題，因世間所有問題的唯一病根始終在人心之內，不在他處。切記，唯獨心靈有待療癒。

此刻，我們已準備好放下自己對問題的恐懼和錯誤信念，接受救贖，讓奇蹟療癒一切嗎？一旦接受徹底的療癒，等於迎請真相前來取代小我感官所尋得的幻相。從此，我們才會信賴內在的慧見，再也不受小我反覆無常的幻相所惑，因它永遠都在疾病與健康，匱乏與富裕，生命與死亡之間不停擺盪。

> 人是可能親眼看到真實世界的。只有一個條件，就是決心不去看其他東西。你若同時看見善與惡，表示你同時接納了虛妄與真實，也影射出你已將兩者混為一談了。（T-11.VII.2:6~8）
> 你若害怕救恩，就等於自取滅亡。生命與死亡、光明與黑暗、真知與知見是勢不兩立的。你若相信它們可以和平共存，就表示你相信天父與聖子是無法和平共存的。（T-3.VII.6:5~7）

我們在救贖中的任務

如前所述，耶穌是聖子奧體中第一位徹底超脫小我死亡之夢的聖子。他化解了我們所有人的因果業力、疾病與衝突，率先活出圓滿的基督自性，完成了救贖的任務。

既然耶穌已經解除了小我的死亡之夢，我們便無需從頭來過。只因我們與耶穌同屬神聖自性，他已經為所有人結束了一切痛苦，問題是，我們心內的假我（即小我）這一部分，並不承認這個真相。這才是問題所在。

為此之故，我們需要做的，只有寬恕以及親自接受救贖，並確信在自己接受救贖的那一刻，救贖就已經完成了。既然救贖已經完成了，我們唯一的選擇，就是願意或不願意接受這個事實而已。除此之外，我們不需為了救贖付出什麼代價，因為這正是我們的天賦遺產。只要我們全心信賴救贖的大能，必會恢復自己「絕對清白無罪而百害不侵」的記憶。

解除所有痛苦的唯一先決條件，就是領受上天早已賜給我們的解藥，也就是解除內心的恐懼和罪咎這一神聖使命。

在每個神聖一刻，只要我們下定決心交出自己對眼前處境的內疚及判斷，一切便會水到渠成。是的，耶穌早已幫我們解除了一切苦因，問題是，我們願意接受這個事實嗎？

> 在聖子奧體任何一部分完成上主旨意之前，你始終活在黑暗之中。直到那一部分完成這一旨意，整個奧體才算圓滿成就。除此之外，還有什麼其他圓滿成就的途徑？我的使命不過是覺醒於天父的旨意，才能將聖子奧體與天父的旨意結合為一。我來到世界所要給你的正是這一覺知，而你卻感到難以消受，使得世界也無福消受。一旦突破這一障礙，救恩便來臨了，為此之故，我確實堪稱為世界的救恩。……上主派遣我到你這兒來，我也同樣將你派遣到別人那兒去。讓我們一起迎向他們，才能教他們平安與合一之道。（T-8.IV.3:1~6,10~11）
> 你的問題沒有一個是祂的奇蹟不能解決的。奇蹟是為你而設的。它早已化解了你心內所有的

恐懼、痛苦與掙扎。祂會爲你收回這一切，而非收回你本人，並且幫你認出那一切不曾真正發生過，使你得以重見光明。祂會爲你光照每一個黑暗經驗，還會幫你修正你這一生所教給自己的課題。（T-14.XI.9:2~7）

寬恕原則摘要

* **此刻全然接納自己，即使失落了平安也不要害怕。**

不論多麼沮喪，你仍要記得，真正的你並不是這個念頭或身心的感受。你是寂靜的觀者，此刻決心讓自己的妄見獲得療癒。

* **只有一個力量存在，那就是慈愛的上主旨意。**

運用「真實的否認」來否定任何「非出自上主之物」有傷人的能耐。凡是不出自上主之愛的一切，都不是真的。

* **看清自己心目中的問題成因。**

切記，真正的苦因永遠是心中的罪咎。只要你還認爲問題出在小我所認定的外在因素（不論是身體、他人、世界或往事），就等於拒絕了療癒唯一苦因的機會。

我們一旦把苦因推出心外，問題的因與果便無法在心

內碰頭。唯有徹底放下懷疑，即使短短的一刻，我們才療癒得了那唯一的苦因。當我們完全不相信小我所言，在這一刻，奇蹟便出現了。

請記得，因與果永遠同在心靈之內，即使症狀看起來的確在外面，其實並非如此。因與果在心靈內是不可分割的整體，但小我故意讓它們看起來像是兩回事，如此，我們才會對小我言聽計從，無法信任神聖自性的指引。

既然因與果從未離開自己的心靈，那麼，只要我們把「療癒自己的妄見」（因）視為首要之務，不再操心掛慮表相的問題，「果」的療癒便可拭目以待了。

容我再重複一次，我們必須把「療癒妄見的願心」置於形體的療癒之上，因為問題純粹出於我們對那件事情的「錯誤看法」。因此，讓我們放下小我藉身體感官灌輸給自己的信念，將眼光越過問題的表相，並且將這個誤解交託給聖靈吧！

當然，這並不是說我們不該採取行動來紓解表面的症狀，例如服用藥物、接受手術、辭去工作、幫助受災者，或任何一種「解決方案」，但重點是，我們需先選擇寬恕與接受救贖，把平安視為首要任務。換句話

說，我們必須先將問題的唯一肇因交託給聖靈，如此，真正的療癒才有發生的可能。

＊ **所謂救贖，就是在聖靈內化解恐懼。**

只要恐懼尚存，我們是無法療癒自己或任何人的，然而，一旦我們將恐懼交託出去一刻，奇蹟便在這神聖一刻發生了。請記得，化解恐懼是自己的責任，也只有我們自己能夠將它全然交託出去。如果我們一直緊抓著恐懼與懷疑不放，即使聖靈也愛莫能助。

＊ **誠實地自省一下：你是否依然認為眼前的問題真實無比？**

如果你仍相信問題的真實性，自然無法寬恕它。唯有當你願意看清「自己尚未療癒的妄見」才是問題的唯一起因，你才可能真正寬恕，也才可能獲得真實的療癒。否則，一旦賦予了問題的真實性，你必會打造另一虛擬力量來解決問題，如此一來，終究也難以信賴上主之愛與祂的療癒大能了。

小我只知假寬恕，因小我總是著眼於問題本身，若非設法解決問題，就是否定問題。但兩者都碰不到根本原因，反而使問題更加惡化。為此，我們必須願意與聖靈攜手，罔顧所有的錯誤，才有療癒的可能。倘若不能誠實地越過問題的表相，我們必會以為自己（小

我）應該先行解決問題，才可能得到寬恕所帶來的奇蹟。

> 小我的策略是先讓你看清錯誤，然後要你假裝視而不見。問題是，你既已把錯誤當真了，還漠視得了它嗎？你既然已對錯誤秋毫畢察，而且弄假成真，你是不可能視而不見的。
>（T-9.IV.4:4~6）

聖靈所教的寬恕，從一開始就視而不見他人的錯誤，使那些錯誤對你顯得虛幻不實。不要讓你的心信以為真，否則你必會認定自己必得解除那些錯誤才會受到寬恕。凡是產生不了後果的事，就不必把它當真；那些錯誤的後果在聖靈眼中根本就不存在。不論何時何地或何種錯誤，祂都會按部就班、始終一貫地為你撤銷錯誤的一切後果，藉此教你明白，並且向你證實「根本沒有小我這一回事」。
（T-9.IV.5:3~6）

* **唯上主旨意是求，全然信賴上主的旨意必承行於世。**
  誠心誠意祈求上主的旨意療癒所有的痛苦。

* **銘記於心：幻相沒有層次之別。**
  因此，奇蹟也沒有難易之分。

* 莫忘所有的痛苦、疾病以及令人苦惱的人事物,它們都含有同一個神聖目的,那就是:**讓潛意識的罪咎、自我憎恨與自我攻擊之念,浮現於意識層次。**

  這是你透過寬恕來獲得療癒的大好機會,為此,你會對一切挑戰心存感激。

* **寬恕就是謹記:自己所看到的人物或問題並非真的存在。**

  「自己想像出來的罪咎」才是一切問題的成因,它**必定離不開心靈**。只要我們將罪咎從它的源頭(心靈)釋放出來,真實的療癒必會發生。

* **我們的心內有個祭壇。**

  我們不能在自己的祭壇上同時供奉兩個互不相容的偶像。當我們深受某人或某問題困擾不已時,表示**這個人或問題已經成為自己的偶像**,如此,則聖靈也愛莫能助了。除非我們將自己的妄見放在祭壇上,誠心祈求療癒,聖靈才能一展大能,療癒我們的妄見。

* **我們若真想化解錯誤並獲得療癒,唯有接受救贖。**

  接受救贖,就是讓聖靈修正自己的妄見,因而化解了導致問題的罪咎和恐懼。我們無需了解問題的來龍去脈,只需接受救贖的解藥,療癒的奇蹟自然便會發生的。

<hr>

接受救贖的步驟

一、首先，我承認自己並不平安，表示我必定陷入
　　了妄念。但我真心想要獲得平安，此刻，我請
　　求聖靈幫助我正視自己的內心。

二、我願銘記在心：任何威脅、痛苦、疾病、衝突
　　或匱乏均非出自上主的旨意。我承認自己失落
　　平安的原因是心內的小我作祟。因此，我必須
　　拒絕小我表相的誘惑，並且提醒自己讓眼光越
　　過所有表相而僅僅著眼於愛的真相。

三、我邀請祢，聖靈，與我一同正視這些恐懼和判
　　斷。在我們正視之際，我不再批判自己或他
　　人。唯有這個全然不判斷的空間，才容得了祢
　　的聖愛與療癒。

四、讓我們一同正視這些恐懼和判斷。既使此事看
　　起來是個問題，而且儘管我仍感受到恐懼、痛
　　苦、焦慮、無價值、憤怒、內疚或懷疑，但我
　　真誠地告訴自己：「此刻，我願敞開心靈，接
　　受奇蹟的療癒。」

五、只有一個力量存在，不可能有第二個。小我的

痛苦與上主毫不相干。我只信賴「上主之愛」
這唯一的力量。上主在我所看到的萬物內，只
因上主就在我心裡。讓我們一同回顧小我的種
種演出，它們不過代表了潛意識的小我私願。
只要越過了外在形相，我的眼光便與上主相
遇，不再受小我的表相蒙蔽而直抵真相。上主
在我所看到的萬物內，只因上主就在我心裡，
於是，上主透過我的心靈所看到的一切，必已
療癒了！請勿懷疑，這就是寬恕的真諦。信賴
與懷疑無法並存；沒有信賴，愛便無法存在。

六、向內在聖靈祈求：聖靈，我接受祢的救贖，接
受祢的慧見來修正自己的妄見，讓祢的療癒大
能流經我的心靈。我相信祢已經療癒了問題的
原因及其後遺症，如果症狀持續，引發我的
疑慮，我願將這個疑慮交託給祢，請祢修正我
的妄見。我願記住，在我誠心接受救贖的神聖
一刻，救贖就已經完成了！如果我在寬恕與接
受救贖之後依然操心掛慮，無異於懷疑祢的聖
愛，而使得時間與痛苦的幻相延續下去。願我
記得，沒有信賴，愛是無法存在的；懷疑與信
賴，永遠無法並存。我願牢記於心，並感激聖
靈早已療癒了我的心靈，而且為所有後遺症狀
接受療癒之果。一切都已完成了！

補充說明：倘若內心仍有恐懼，仍難以**純然**信賴上主的愛，想要採用其他方法來舒緩症狀，例如服用藥物或看醫生等等，這都無妨。最重要的是，不論你採用什麼補救辦法，都記得邀請聖靈相伴，那麼即使服用藥物，你也不再惴惴不安地獨自服用，而會同時請求聖靈療癒你的妄見。如此，你便能輕鬆自在地走出恐懼而進入真愛。只要心中一開始批判或內疚，記得將它交託出去，奇蹟照樣會來臨的。

接受救贖的捷徑
一、「**承認**」自己的觀念有待療癒，願意放下自己的妄見。
二、「**交託**」自己的妄心妄見。
三、「**接受**」救贖，接受奇蹟。相信救贖已經完成了。

加速寬恕之禱詞

　　請將所有令你困擾的人之姓名，或是疾病，以及各種棘手問題，一一填入下面的空格：

聖靈，請幫助我寬恕自己又借用＿＿＿＿＿＿來打擊自己，使我感受不到祢的愛，遠離了我的神聖自性。

阿們！

療癒和救贖

療癒和救贖是同一回事。所謂救贖，就是化解人們心內的罪咎和恐懼，這等於解除了所有痛苦的唯一起因。如前所述，耶穌早已為我們完成了救贖，他化解了娑婆眾生三世以來的錯誤，我們要做的，只是真心去接受救贖。

我們之所以經驗不到「小我夢境早已徹底療癒」這一事實，只因我們依舊害怕上主的愛，不敢相信救贖與寬恕能夠療癒一切。如果我們不相信救贖，怎麼可能真心地接受它？這需要一定程度的信賴，但如何才算信賴呢？最起碼，我們必須甘心放下小我的錯誤信念、價值觀、規則和它的滄桑故事才行。（請參考本書第143頁的練習：「你害怕上主嗎？」）

正因如此，神聖一刻才顯得如此容易且自然。

是你把它搞得其難無比，因為你始終認為自己
必須多做一點。你實在很難接受這類觀念：你
只需付出這麼少，就能得到那麼多。你與聖靈
所付出的簡直不成比例，這難免讓你感到有辱
尊嚴。你寧可相信自己的了解具有左右真理的
力量，真理全靠你的了解才可能成真。然而，
我再二提過，你無需了解任何事情。救恩之所
以如此容易，正因它所要求的沒有一件是你目
前做不到的事。（T-18.IV.7）

祈求奇蹟的來臨：接受救贖之禱詞

現在，我們來談談何謂「真寬恕」？怎樣才算「接
受救贖」？神聖一刻的療癒究竟帶給我們什麼？救贖，
不過是徹底寬恕那從未發生的事；但也唯獨救贖，方能
化解所有痛苦的唯一肇因。不論哪一種痛苦，諸如疼
痛、疾病、衝突、失落、匱乏，甚至死亡，都屬於小我
的表相，都是同等的虛幻。當我們為這些妄見接受救贖
時，表示我們為所有痛苦的唯一肇因接受療癒和寬恕；
而真正獲得療癒的，其實是下意識不斷打擊自己的那個

罪咎。罪咎一除,所有的症狀都會隨之冰消瓦解。

> 救贖的效果是放諸四海皆準的。對所有的人以
> 及一切境遇都具有同等的實用價值。它具有
> 治癒所有人以及一切疾病的能力。不相信這
> 一點,等於是對上主不公,亦是對祂的不忠。
> (M-22.6:1~4)

救贖早已完成了。不論身體的感官告訴你什麼,其
實整個世界(包括你)都已經療癒了。療癒無需時間,
因完美的療癒早已完成了。然而,要學會撤換自己信賴
的對象,由信任小我及身體感官,轉爲信賴內在的慧見
與神聖自性,這倒**真的**需要時間。

我們一向只重視自己所信任的對象,而重視什麼我
們便會看到什麼,它便成爲自己的現實經驗。當我們對
奇蹟的信賴日益增長,自然會重視它,也自然會親眼目
睹自己所重視之物,隨之,奇蹟便成爲我們生活中絕不
可少的一部分。

救贖對你的要求眞的不多,但它回報給你的卻多得
不可思議。只要誠心接受奇蹟,轉化知見,以正見取代
妄見,在那一刻,你的心靈便已回歸了上主。寬恕的過
程確實充滿了奇蹟,而且有立竿見影之效。每當你感受

到恐懼或任何死亡魅影的威脅，請用下面的禱詞來幫助自己寬恕。

如果你正為眼前某個人或過去的某個問題而苦惱著，不妨將此人或問題帶入下面的祈禱中。

首先讓自己放鬆下來，做幾個深呼吸。下定決心，在這一刻，即使焦慮不安，也要完全接納自己。隨著每一個呼吸，深深地接納自己，略過心中可能生起的每個自我評判或論斷。

集中注意力並深入內心，讓你的呼吸溫柔地敞開自己的心靈，以便接收上主聖愛的療癒，隨著每一個呼吸，逐步釋放那令你苦惱的問題，不論是自己或他人的痛苦。如果你正為他人擔憂，也可藉著這個練習來療癒對方，為他們接受救贖，如此，你們雙方都會獲得療癒的。

下面的禱詞會帶來驚人的療效。只要你真心祈禱，奇蹟必會來臨。當你接受救贖時，表示你已全心接受了下面的觀念：

* 在我心目中，＿＿＿＿＿＿是造成我的痛苦之原因。
  如今，我明白這個痛苦並非出自上主的旨意，而是源
  於自己所選擇的錯誤信念，但我不想再把這個痛苦當
  真了。為此，我懇求祢，聖靈，此刻療癒我的妄見。

* 雖然我非常渴望這些外在的痛苦表相能夠早日結束，
  但我明白，我必須渴望妄見的療癒**甚於**問題表相的療
  癒。

* 我承認，唯一的問題在於我把此事看成了問題。不論
  問題是大是小，全都不出此因。

* 我否認「非出自上主旨意」的一切有傷害自己或他人
  的能耐。上主慈愛的旨意是唯一的力量；小我本身沒
  有力量，除非我相信它而賦予它力量。

* 我願意讓自己的靈性化解內心的恐懼和罪咎，它們才
  是眼前問題的唯一起因。

* 我接受上主慈愛的旨意與療癒之力，讓它取代小我甘
  願受苦的意向。

* 我重申自己永遠清白無罪之本質，這才是上主的旨
  意。恐懼和攻擊便在我的無罪本質下銷聲匿跡了。

＊我接受奇蹟為自己的天賦遺產。

＊我願意在這一刻融入上主慈愛的旨意。

＊我願放下自行解決種種虛幻問題的責任，將它交託給
　聖靈。

＊我相信自己的神聖本質足以扭轉世間所有的法則。

＊我相信上主的天律必能推翻世間的小我法則。疾病、
　痛苦、匱乏、衝突與死亡在上主內毫無力量可言，也
　毫無意義。

＊我堅信不疑，一切問題必在上主內療癒，且已經療癒
　了。我接受「上主的旨意就是願我療癒」。

＊我相信自己的妄見已經獲得了療癒，一切症狀也會隨
　之痊癒的。我也明白，症狀的療癒時刻，完全取決於
　我對奇蹟的信賴程度，而奇蹟的發生是瞬間的事。

＊我接受自己當前的唯一責任，就是徹底信賴上主慈愛
　的旨意已經療癒了問題的原因，即使表相看來似乎並
　非如此。願我記得，那只是表相，並非真相。我決心
　徹底信賴上主慈愛的旨意，並且**唯獨信靠它**。祢的旨
　意必然承行。阿們！

練習

在問題的源頭尋找解決之道

一、請找出一個困擾你的事件或人物，或是你想要
　　解決的問題。好好注視這個問題的現狀。你可
　　以清楚看到，它之所以成為問題，只因它威脅
　　到一個虛幻的自我概念，也就是「我是這具身
　　體」（包括心理與生理）的自我認同。
　　它所造成的威脅可能是：
- 自我苛責
- 焦慮，沮喪
- 生自己或他人的氣（包括過去或現在）
- 為自己或他人擔心害怕
- 情緒或身體上的痛苦
- 自己或他人（身體或心理）的疾病
- 任何失落、匱乏或剝削感（例如缺乏愛、
　金錢、機會、他人的認可等等）
- 身體的形象、身材問題等等
- 哀傷
- 死亡

二、認清自己所面臨的問題之成因。雖然表面看
　　來，問題好似出在身體、他人、過去或世界，
　　其實真正唯一的原因，都離不開潛意識的罪

咎。如果你感到不安，原因必定在自己心內，跟任何外在現象無關。令你煩惱的一切，只可能是內在之因所形成的後果，不妨鼓起勇氣和願心，好好接受這一真相。

> 上主之子無需抵制自己的夢境。他的偶像
> 絲毫威脅不到他。他唯一的錯誤只是把它
> 們當真了而已。幻相能有多大的能耐？
> （T-30.IV.5:12~15）

三、不論問題看起來多麼真實，看清真正的問題所在，並且承認是自己看走了眼。只因你已把外在的問題當真，問題才得不到解答，因為解答就在你心中的聖靈。現在，別再把問題視為問題，也就是說，切莫先把它當真，然後才試圖去寬恕或療癒它，只因你無法寬恕自己「視為真實」的東西。此刻，僅僅把心靈的療癒當成你真正的目標吧！

只要你還認為問題確實存在，你就無法看出原因和解藥都在自己心內。你得先承認因與果同在自己心內，並非小我所堅稱的「存在心外」。不妨靜靜地與這個觀念同在片刻，或許你可以用靈性書寫的方式，讓聖靈為你顯示真相。上主的愛內是一無問題的，你若看到問

題，只表示你陷入了幻覺，毫無妥協的餘地。為此，勇敢正視自己的迷惑，但不作任何批判。唯有在不帶批判的自我覺察下，奇蹟才有發生的可能。

相信威脅真的存在而開始不安，乃是我們陷入幻覺的即時警訊。切記，肉眼看不到真相，感官也感受不到實相。一味透過小我的眼光，我們絕對無法看到真相，更意識不到這個不安背後的真正原因。若想獲得療癒，我們必須即時察覺到這個警訊，並且知道如何回應才行。

面對問題時，切勿相信你的分析，而應坦承自己**並不知道這件事的目的是什麼**，同時也承認自己心中已經起了妄見。在如此不設防又不抵制的心境下準備接受救贖，唯有如此，方能徹底修正一切痛苦之因。所有的錯誤都是源自罪咎以及它所引發的自我攻擊。奇蹟乃是由基督（神聖自性）推恩出來的力量，它會經由我們而療癒一切的。

接受早已來臨的救贖

救贖，即是讓聖靈修正自己的妄見。世間所有看似真實的經歷，其實都發生於心靈內；而我們與上述經驗的互動，若非源於神聖自性的推恩，就是出自小我潛意識罪咎的投射，使自己一再沉迷於妄造。生命的本然狀態原是無咎無懼的，因我們的本質就是愛，故也只會經驗到愛而已。既然愛內沒有對立，它不可能遭受威脅，更不可能害怕懲罰。

只因我們認同了分裂的心靈，透過它去感知一切，才會忘記了自己的本來面目。從此，我們與「自性的記憶」切斷了聯繫，忘了那個始終活在上主之愛中百害不侵的自性。

我們之所以寧可與這一記憶切斷聯繫，只因我們害怕接受「自性出於堅不可摧的上主旨意」這個真相。罪咎之障一旦清除，我們便會發現，神聖自性才是自己的唯一生命。只要我們對「自性真我是沒有對立的」深信不疑，那麼，其他虛幻的「身分」或法則便再也威脅不

到我們了。

　　活出神聖自性所需付出的代價，就是徹底放下一切相互矛盾的信念、價值觀、目標與自我防衛，它們全是小我的傑作，只會讓我們吃盡苦頭。唯有徹底放下這些妄造，我們才會領悟自己**即是**一切美善，故**擁有**一切美善。從此，再也沒有什麼未了的心願，更沒有什麼好防衛的。

　　然而，由於我們與那遠古的「自性記憶」切斷了聯繫，忘記了神聖自性活在上主內的本然狀態，難怪我們如此害怕覺醒於神聖自性，甚至否認了自己的生命真相。自從我們與真相切斷了聯繫之後，原有的天賦遺產立刻被小我的世界以及它瘋狂的法則所取代，我們不能不信靠小我的世界，也因此，更加畏懼生命的真相，更加抵制自己的真相。

　　　然而，你若不再與真相切斷聯繫，所消除的不只是恐懼而已。這個決定本身便足以為你帶來平安、喜悅以及創造的榮耀。向聖靈獻上你要憶起真相的願心吧！因祂為你保存了有關上主與你的真知，正等著你去領回。欣然放下那些阻撓你憶起真相的障礙吧！因為上主就在你的

記憶裡。當你真心願意憶起祂來，而且想要再度知道自己的真相時，祂的天音便會告訴你這一事實：你是祂生命的一部分。不要讓世上任何東西耽擱了你對祂的記憶，因為你對自己的真知就存於這一記憶內。（T-10.II.2）

若要憶起自己的真相，我們得甘心放棄所有阻撓自己憶起聖愛（即我們的真實身分）的障礙。一旦接受了自己的真實身分，就等於接受了救贖，而我們其實隨時都能在神聖的一刻接受救贖的。就在接受救贖之際，我們恢復了「自己全然清白無罪」這一記憶，也接受了「完美純潔」是永恆不易的生命本然；不論我們在人生大夢裡做過什麼或沒做什麼，對它毫無影響。不幸的是，這一真相如今淹沒在罪咎之下，使我們認不出它來，更遑論接受它了。

因此，只要我們繼續怪罪他人、處境或自己，就無異於拒絕救贖。故我們的責任所在，就是放下自己虛幻不實的判斷，不論這些人事物看來多麼真實，也要痛下決心，不再把它們當真了。

唯有接受救贖，才能夠清除我們心中扭曲真相的幻覺，移除阻礙我們認出並活出神聖自性的障礙。要知

道，小我最擅長製造煙霧彈，每每把幻相演得活靈活現，讓我們在眼花撩亂之餘，緊緊封閉了心靈，既認不出真相，也看不見奇蹟。

如果我們對眼前「不屬於真愛與喜悅之事物」信以為真，表示我們已經陷入了嚴重的幻覺，此時，別忘了提醒自己：「我必定已落於妄想之中，因我感到痛苦、失落、哀傷、憂鬱、悲慟、憤怒、嫉妒、匱乏。只要其中任何一個被我當真，就表示我已被小我催眠了，甘受不公的待遇而不自知。」

然而，只要我們真心誠意地寬恕，便能立即憶起神聖自性的本然狀態，這就是救贖，就是接受我們本有的天賦遺產，因它始終在那兒。心靈一旦看穿小我的伎倆，自然能認出自己的天賦。我們無需付出什麼代價來賺得救贖，只需下定決心捨棄妄見，接受正見，便已綽綽有餘了。

> 回憶只是幫你的心靈恢復它的**本來狀態**而已。你記憶裡的那一切不是你能造出來的，你不過是再度收回自己原先排斥之物而已，它其實始終都在那兒。接受真相的能力，在世上就是最能反映出天國創造能力的一種知見。只要

你真心願意盡自己這份責任，上主必會善盡祂
那份責任；祂以自己的回報來交換你的回報，
也就是以祂的真知交換你的知見。沒有一物凌
駕於祂的旨意之上。具體表明你要憶起祂的願
心吧！請看！祂必會賜你一切，只要你真心祈
求。（T-10.II.3）

釋放所有形形色色的痛苦

無疑的，任何一種人間的痛苦都是小我的攻擊，絕
非出自上主慈愛的旨意。我們一旦把某個攻擊當真了，
就等於相信自己是可能被傷害的。細想一想，如果我們
可能受傷，不僅表示自己並不是百害不侵的，也意味著
我們根本不認識自己的真面目。

在實相中，絕無一物傷害得了我們，因我們是神聖
的自性，代表天國本身。要知道，小我的瘋狂在本質上
無程度之別，每一種攻擊都包含了整套的小我思想體
系。因此，我們若用痛苦或疾病來傷害自己的身體，用
批判來打擊自己與他人，或是自甘沉溺於憂鬱、煩惱、

焦慮，以及小我其他神智失常的種種症狀，就等於拒絕療癒、拒絕奇蹟。

受苦，最容易誤導我們，讓我們相信自己絕不是神聖的自性，而是小我。要知道，在內心的祭壇上，我們一次只能效忠一個對象。每當我們感到受傷，就等於把攻擊奉爲祭壇上的偶像。但只要我們用眞寬恕來釋放攻擊之念，愛就會重返我們內在祭壇的核心。我們無法同時感受到攻擊與愛，這是必然的法則；其中一個出現時，另一個就被遠遠放逐了。

換言之，我們一旦相信小我的表相，就表示我們已經否定了自己的神聖自性；而一旦否定了自性，我們就會向它發動攻擊。同理，如果我們認爲自己遭受不公的待遇，就表示我們已經否認神聖自性才是上主對我們的完美旨意。要明白，無論何人何事困擾著我們，都是由於我們先攻擊了自己的自性之故！凡是相信自己可能受苦的人，無異於否認「自己仍是上主所創造的自性」。一點也沒錯，若非我們先攻擊了自性，我們是不可能受傷的。百害不侵的神聖自性是不可能發動攻擊的，攻擊對它來說根本是不可思議的事。只有小我才會感到草木皆兵，也唯獨只有小我才會感到自己如此不堪一擊。

所有的攻擊都是對自性的一種攻擊。此外無
他。一切起因於你不想活出自己真相的決定，
這無異於攻擊你的真實身分。攻擊便如此使你
失落了自己的身分；因為當你攻擊時，表示你
已忘卻自己的真相。而你的生命真相既是上主
的真相，你一旦攻擊自己，自然不可能憶起上
主。不是因為祂不見了，而是你決心不想憶起
祂之故。（T-10.II.5）

進而言之，當我們生氣或苦惱，必須明白這完全是
咎由自取，不論我們是否意識到這是出於自己的選擇。
由於這個選擇是在瞬間作出的，以至於我們認為自己根
本未曾作選擇，反而認定一切都是外境加諸我們的。

如果心靈平安是我們人生唯一的目標，我們是不可
能受到任何威脅的。心靈平安，乃是一種內心的決定，
是一種經過千錘百鍊的心志，決心把每個處境都當成邁
向平安的助緣。只要我們不再重視小我的私密計畫，唯
心靈平安是求，並懂得善用「寬恕」這一強而有力的工
具，那麼，無論任何處境，我們都能夠活得心安理得。

平安源自於心內，不受制於外在。因此才說，唯有
徹底放下攻擊的念頭，才有真正的安全可言。

你若明白這一決定如何徹底破壞心靈的平安，你是不可能做出這種神智失常的事的。你之所以執迷不悟，純粹是因為你仍寄望它會帶給你其他好處。這透露了，除了心靈平安以外，你還在追求其他的東西，但你從未好好想過自己究竟在追求什麼。這一決定會為你招來什麼後果，是有目共睹的，只要你敢正視一下。你一旦決心抵制自己的真相，你對上主及其天國也就不能不隨時保持警戒。就是這份戒心，使你害怕憶起上主的。（T-10.II.6）

然而，不得不承認，我們對上主之愛（我們的神聖自性）敬而遠之的態度，使我們嘗盡了苦頭。我們寧可承受否定真相之後的痛苦，也不願放下抵制真相的心態。只要我們還死抓著「自己遭受不公的待遇，或被某人某事傷害」的判斷，表示我們仍在抵制真相。為了根除這一妄見，上主才賜給我們救贖之大能。如今，只要我們願意重新選擇，隨時接受真理的修正，徹底的療癒必然指日可待。

救贖：與上主共願

凡是出自小我的，必然出自無謂的夢想及恐懼的心態，絕無例外。與小我的幻相沆瀣一氣，除了自討苦吃之外，只會白忙一場。固然，我們好似「真的看到了」紛紜萬象，也「真的經驗了」各種情緒，但在實相中，什麼也沒有發生。我們如此相信小我，根據它的知見而活，背棄了自性卻不自覺。其實，人間所有的背叛和遺棄，都是源於我們已經先背棄了自己。我們若能活在當下而且覺於內在的神聖自性，便會真正明白：在實相中，沒有任何人、任何事傷害得了我們。

要記得，只要我們願意療癒自己的妄見，隨時都能回歸自性真我。救贖，即真實的療癒，只可能發生於與聖愛結合的願心之內。但我們必須捨棄小我才能解除恐懼，只要沒有恐懼作祟，療癒便會自然發生。就在我們決定用上主聖愛取代恐懼的那一刻，等於釋放了小我私願而與聖愛結合了。唯有與上主共願，才表示我們真心選擇了上主。即使僅僅一刻的光景，救贖就在這一刻完成了。是的，就在我們有意識地選擇聖愛的這一刻，我

們便已融入了上主的旨意，對上主旨意的覺知和體驗自然也更加深刻了。

上主的旨意，就是誠願我們活在純然的喜悅、眞愛、富裕和療癒之中。祂的旨意其實就是我們眞正的心願，也是神聖自性的大願。在實相中，唯獨上主的旨意存在，但在小我夢境裡，我們好似看到並經驗到那些與上主旨意截然相反之物，因爲我們只會看到並經驗到小我想要的東西。容我再次提醒，除非識破小我的思想體系，否則我們所看到的一切，全部都是潛意識罪咎與自我攻擊之念的投射。不論我們覺察到與否，我們所受的苦確實是出於自己的選擇，只因痛苦對我們有它特別的吸引力。

你若只要愛，就不會看到其他的東西。
（T-12.VII.8:1）

猶如電視頻道，如果我們一天二十四小時日復一日觀看恐怖片的頻道，我們必會對它播放的故事深信不疑。選擇了小我，就像緊盯著這類電視頻道一樣，完全忘了還有另一個美好的世界，那是一個已經被寬恕與充滿寬恕的世界，不但安全無虞，而且靜謐喜悅。這個充滿眞愛的世界其實是我們心靈景觀的一部分，《奇蹟課

程》稱之爲眞實世界，它始終存於我們的正念，與小我世界並存心內。只要我們逐步將自己的判斷與痛苦帶到聖靈前，換成寬恕與奇蹟，眞實世界便會成爲日常經驗的一部分。

眞正存在的只有上主，那是最完美圓滿的存在。療癒也早已完成了。眞實世界始終在那兒，因耶穌已經爲我們戰勝了所有的苦難與業力，他的復活也爲我們克服了死亡。上主的旨意早已實現，我們無需等待，因爲一切已經完成了。讓我們深深安息於這一眞相吧！我們唯一的責任，便是全心全意接受這一療癒的救恩。

我們之所以仍會目睹、仍會經歷種種痛苦，正如同我們仍然看不到當下的奇蹟，箇中原委完全相同，那就是「我們還不相信上主聖愛（即我們的自性）」。正因如此，我們才無法用聖愛與純潔無罪的眼光來看自己，寧可相信小我的自我評價，而非上主創造的生命實相。這一自我懷疑的眼光，是我們體驗不到當下完美奇蹟的眞正原因。

上主只願我們活在純然的喜悅中，它恆常不易而且沒有對立。這一旨意早已實現了！如果我們在完美聖愛以外還看到其他東西，只表示我們陷入了幻覺。我們若

把這個幻覺當真，而且想要躲開聖靈自行解決問題，只會在幻覺中愈陷愈深。

如此一來，這個幻覺好似一襲陰森可怕的紗帳，緊緊罩在上主慈愛的真相上。小我這襲紗帳，就是我們自以為看到的世界，而我們在紗帳內如何應對種種不幸逆境，選擇之權，完全操之於我們自己。此刻，我們能否記得它只是紗帳形成的魅影？我們是否願意看穿一切的幻相而定睛於上主聖愛及療癒之光？還是說，我們寧可與紗帳內的魅影聲息相通，藉著更多的幻相來療癒或解決問題？

既然唯有上主的實相存在，其他的一切皆為幻相，那麼，在每一個當下，我們應該都能毫不費力地施展奇蹟。只要我們真心渴望把恐懼的妄見換成聖愛就夠了，無需準備什麼或做什麼。事實上，我們也**做不出**其他什麼大事了！除了真心渴望聖愛之外，其他的作為都與小我脫離不了關係。任何想要掌控的作為只會增長小我的氣燄，然而，我們一旦將一切交託給聖愛，小我就灰飛煙滅了。

接受救贖，就是堅定地信賴與交託給聖愛的一刻。在這一刻，恐懼與罪咎無法立足，種種問題也自然隨之

消失。上主的實相終於能夠顯現於我們的覺知之中了。

　　就在這一刻，我們融入了上主的實相，如今，我們心目中的個別生命都合爲同一生命。因爲在這一刻，虛妄的自我消失了，我們終於活出了上主的自性，而且認出「原來，上主的完美旨意就是**自己的**眞正意願」。一旦認出自己的眞正心願，自然不再抵制上主的聖愛與療癒，這便是所謂的奇蹟。眞實的療癒必在其中。奇蹟超越了時間律，它始終都在，只等著我們領受而已。奇蹟足以療癒一切，因爲它化解了所有痛苦的唯一肇因──罪咎。

　　救贖的療效是萬無一失的，它能治療所有的疾病。（W-140.4:1）

　　在神聖的一刻，我們終於釋放了自己而接受救贖。救贖始終都在，只等著我們打開心靈來接受。唯有這一願心，足以穿透小我的恐怖紗帳，徹底解除小我抵制上主之愛的防衛措施。

冥想：與上主共願

接受救贖，即是以上主旨意為自己的心願，此乃宇宙間最強而有力之大願。那麼，如何才能與上主共願而不跟小我同謀呢？下面的冥想能幫助你從頭腦的理解轉入內心的體驗。

在冥想之前，請找出一個你真心渴望之物，它可能是你目前非常想要或多年來深切渴望的東西。不論那是什麼，務必徹底誠實，進入心靈深處找出來，帶入冥想練習中，我們會從兩種不同的角度來看待這一渴望。

跟小我同謀

請找一個十五分鐘內不會受到打擾的地方，先放鬆一下。準備好了請閉上眼睛，做幾個緩慢的深呼吸。隨著每一個呼吸，讓身體不斷放鬆，直到你完全融入呼吸，身體的肌肉也完全放鬆了為止，感到徹底的寧靜與安全。在身體內找到一個安息之所，讓自己的意識沉潛進去。當你感覺抵達內在的寂靜，把你渴望之物喚出來，在此與你相會。現在，仔細端詳你深切渴望的那樣東西。

當你看著它的時候，請注意你所渴望之物與你之間的那一段距離。你想要它，但沒能得到它。它可能是過

去沒得到，或未來希望得到，也許是永遠得不到的東西。你想與它合而為一，但你做不到，你和它之間一直有個間隙。

深深感覺這種「欠缺感」，也就是那個「間隙」。你所愛之物好似遙不可及。在這樣的感覺之下，你會如何祈求呢？這種分裂與欠缺的感覺如何能帶給你想要之物？你至多只能這樣說：「我希望聖靈俯聽我的祈求，我希望聖靈答覆我的祈求。」這種充滿無奈的渴望與匱乏的需求狀態，帶給你什麼樣的感覺？你身體哪一部位特別感受到它？

現在，慢慢做幾個深呼吸，逐漸移開自己的注意力，回到整個身體上。緩慢而輕柔地轉移你的焦點，放鬆一下。現在，擱下剛才的練習，敞開心靈準備進入另一個完全不同的體驗。

與上主共願

現在，我們慢慢回到內在那寧靜的安息之所。慢慢做幾個深呼吸，心裡想著同一個衷心渴望之物，緊握著它，與它一同呼吸，讓它融入你的呼吸。清楚看到它此刻就在眼前，與你同在。

讓自己的心融入上主聖愛，慢慢深入體會這個真

知：「我完全信賴聖靈，祂知道我真正的需求，而且祂**早就**答覆了我的祈求。我願敞開心靈，接受自己渴望之物的『真正內涵』，它也在渴望我的接受。聖靈早已療癒了我的欠缺、分裂與匱乏之妄見，我全然信賴祂。

我深信自己的需求早已獲得滿全，我深信聖靈願我活在喜樂、真愛與平安中。願我記得，任何一種欠缺、分裂、痛苦、失落或疾病都不是上主的旨意，而我已準備好承行祂的旨意。此刻，我只需融入上主慈愛的旨意，滿懷信心地接下自己的天賦遺產。我唯一需要做的，只有點頭收下而已，因為一切早已完成了。」

現在，隨著輕柔的呼吸，**領受**「所有的需求都已獲得滿全」這一真知。讓此真知隨著你的吸氣流遍全身，進入你的心臟，你的腹部，再流經骨盆，直抵雙足，繼續往下延伸至大地，在那裡深深紮根。感受自己每個細胞都溫柔地領受了上主慈愛的旨意。

你能否感覺到自己已經收到了你原本以為存在自己心外的那個東西之「真正內涵」？你是否因此心懷感激？感受一下擺脫了飢渴與匱乏之後的那份平安。

現在，輕輕地將注意力帶回自己的身體，感覺一下身體的周遭，緩緩回到所在之處，當你準備好便可張開眼睛了。

結 語

在這兩種截然不同的心態與看法下，你體驗到什麼？哪一種會激起你的分裂與欠缺之感？哪一種會帶給你合一與平安？

你是否已經體會到，「跟小我同謀」及「與上主共願」之間的天壤之別？或許此刻你很想檢視生活中的其他領域，看看自己在哪些領域已經不知不覺跟小我同謀了。請記得在聖靈的陪伴下回顧，並且下定決心將它們交託給上主，學習與上主共願。

跟小我同謀，不僅表示你的渴望是恐懼投射出來的，更表示你已投入小我自我毀滅的陣容而渾然不自知，它會以美好的表相來掩飾分裂的企圖。「跟小我同謀」是一種源自欠缺感的祈求，問題是，上主之內沒有任何欠缺，因此祂不可能答覆根本不存在的問題，也不可能滿足我們的祈求，彌補我們自以為的匱乏。如果我們祈求上主滿足這種欠缺感，保證會引來更多小我的匱乏經驗。

與上主共願，即是與聖愛同心，這是愛的推恩，也是真正的合一。與上主共願，就是有意識地融入自己的神聖自性，由之，方能體驗到永恆的療癒和無盡的

喜悅。只要融入內在的上主聖愛，必會明白上主內一無
所缺，故我們也不可能有所欠缺。只有心懷罪咎之人才
會產生匱乏感。事實上，我們的一切所需都已獲得了滿
全。真實的祈禱不過是聲明：「我對上主賦予的豐盛生
命堅信不疑！」這樣的祈禱只可能充滿感恩之情，表示
自己欣然接受了「上主的旨意必會實現」這一事實。

平安與寬恕之外，你還渴望什麼？

　　將幻相帶入真相，乃是邁向心靈覺醒所需踏出
的第一步。為此，我們需看清自己所渴望或想要迴
避之物，那正是阻礙我們體驗愛的障礙。

一、在上主的平安之外，你「更」想要得到什麼？
　　你是否比較渴望獲得某物、某人，或某種經
　　驗，而不是療癒自己的妄見？

　　練習題：請具體寫出你心目中比平安更重要的
　　某物或某人。
　　我想要＿＿＿＿＿甚於平安，因我認為它會帶
　　給我＿＿＿＿＿。

　　• 現在，請看著你所寫下的內容，並且反問自
　　　己：「這是真的嗎？」

- 你認為此物或此人究竟能帶給你什麼,是寬恕或療癒妄見所無法給你的?

二、你在抗拒什麼?

當我們試圖抗拒或迴避某物時,往往透露出我們對它的渴望更甚於真相。何以然如此?只因我們害怕什麼,就會不知不覺受它吸引;我們愈不想倚靠聖靈而想自行掌控,就愈會引來避之猶恐不及的經驗,使得自己更難信賴上主之愛。換句話說,我們所害怕與抗拒之物,反倒成了潛意識的偶像,橫梗在我們與聖靈之間。凡是不願交託給聖靈的,就會不斷在生活中重演。打個比方,我若害怕遭人背叛或遺棄,表示我正吸引這些遭遇進入自己的現實生活。

三、你目前正在為什麼事情或什麼人擔憂或受苦?哪些事情你會擔心失控?

四、目前還有什麼人或事(不論過去或現在)令你氣惱?

五、反省一下你的答案。

你現在已經準備好將哪些人事物交託給聖靈,寬恕自己而接受救贖呢?不妨按照「接受救贖的步驟」(參見489頁),一一化解它們。

你心目中還有什麼
比寬恕更重要的東西？

　　如果我們覺得療癒自己或他人的疾病，遠比化解自己的妄見更為重要，就等於不自覺地強化了那個疾病的嚴重性，表示我們已經把疾病變成偶像，而把聖愛推出心外了。凡是我們害怕而不願寬恕，又不甘將它轉為奇蹟的東西，便會下意識地將它吸引到現實生活，這正是小我的看家本領。問題是，我們全都習慣受制於這一模式，這也往往成了治療師最棘手的挑戰。

　　雖然表面看來，不論是心理或生理方面，病患確實有待治療，但對有意修行的治療師或醫師來說，有待療癒的永遠是「自己的妄見」。如果我看到痛苦，表示我的心靈在呼求療癒。我自己得先接受救贖與奇蹟，才能給得出奇蹟，也才能幫助對方療癒那製造問題的罪咎。

　　湯瑪斯與我在 2009 至 2010 年間學到了很多療癒的觀念，但當時我們還無法把信心全然放在上主聖愛上，

換句話說，我倆都不具備徹底療癒所需的信心。結果，湯瑪斯選擇了罹癌來幫助自己覺醒，我也很欣慰地目睹了這一覺醒，只不過，他跟過去的許多大師一樣，只是在夢中覺醒。我們在前面已經深入探討，「在小我的夢中覺醒」與「徹底超脫小我整個生死輪迴之夢」，兩者其實大不相同。

自從湯瑪斯辭世之後，我學到了很多事情，最主要的，從那以後，我對上主之愛的信賴已經顯著加深了。或許下面這段故事能讓你體會到我對上主之愛的信賴有多深。

我們今年舉辦了幾場「力量之最」的研習，在其中一場，有一位學員忽然身體前傾，堅定地說：「我要親身體驗一次奇蹟。」一分鐘之後，他心臟病發作，竟然「死」了。

此時，我們決心不被眼前這場意外動搖，讓眼光越過眼前的表相。一位學員不斷用心肺復甦法（CPR）為他急救，其他的學員都在正念中矚目於這個人神聖而完美的本質，同時堅定地為自己接受救贖，因此也為他接受了救贖。

結果如何？他雖然「死了」將近半小時，期間大腦完全缺氧〔譯註〕，如今卻依舊生龍活虎，毫無腦死的跡象！醫生無法解釋這一奇蹟，但我非常清楚這是怎麼回事。

　　總而言之，沒有什麼事比寬恕更值得我追求了。

　　你願意與我一起加入寬恕的行列嗎？

〔譯註〕當時，本書作者諾可正在課堂中講述「死亡不是真的」這個主題，這位學員提問：「『比喻式的奇蹟』跟『真實的奇蹟』有什麼不同？」在諾可解釋完之後，這位學員忽然身體前傾，並且說：「我要親自見證真實的奇蹟。」大約一分鐘之後，他因突發性心臟病而停止心跳。經過二十五分鐘的急救以及大家在心內為他接受救贖之後，他恢復了心跳。隨即送到醫院檢查，腦部只有輕微的受傷，並沒有「腦死」的跡象及疑慮。一週之後，檢查心臟功能，結果非常健康。

作者表示，在這場「死亡」經歷之前，該學員是個頗為自負且公認難以相處的人，生活中正遭遇著種種問題。但當他從這場「死亡經歷」甦醒之後，他寬恕了自己的小我及過去的種種錯誤。如今，他整個人充滿力量，時時活在當下，總是非常開心，也開始幫助他人療癒──默默地在心內與對方結合為一。

跋

表面看來，湯瑪斯・魏耶拉已經辭世，其實，他仍像在世時那樣，與我一起化解恐懼。對我而言，他的臨在是絕對眞確的事實，如果沒有他的參與，我根本無法完成這本書。他臨終之前對我們說：「死亡並不存在，我發誓要透過內在的基督來證明此言不虛。」

因此，我僅以下面這段話爲本書與《奇蹟課程》作一總結：

解除罪咎，
等於結束了死亡幻相，
終結了恐怖噩夢，
將我們領回沒有對立的眞愛與純潔無罪的自性。
你是上主的至寶，
在上主眼中，世上沒有一人或一物比你更珍貴。

如果本書已幫你化解了你對上主之愛（即你的神聖
自性）的恐懼，我感到無比的欣慰。感謝你和我一起加
入「我們」的一體生命，因你一旦療癒，我們也全都療
癒了。爲此，我由衷地感謝你。

諾可

奇蹟資訊中心
出版系列：

《奇蹟課程》
（A Course in Miracles）——新譯本

　　《奇蹟課程》是二十一世紀的心靈學寶典，更是近年來各種心理工作坊或勵志學派的靈感泉源。中文版已在 1999 年由若水譯出，並由作者海倫‧舒曼博士所委託的「心靈平安基金會」出版。

　　新譯本乃是根據「心靈平安基金會」2007年所出版的「全集」，也是原譯者若水在「教」「學」本課程十年之後再次出發的精心譯作。全書分為三冊：第一冊：〈正文〉；第二冊：〈學員練習手冊〉；第三冊：〈教師指南〉、〈詞彙解析〉以及〈補編〉的「心理治療」與「頌禱」二文。新譯本網羅了《奇蹟課程》所有的正式文獻，使奇蹟讀者從此再無滄海遺珠之憾。（全書三冊長達 1385 頁）

《奇蹟課程》
〈學員練習手冊〉新譯本隨身卡

　　《奇蹟課程》第二冊〈學員練習手冊〉共三百六十五課，一日一課地，在力求具體的操練中，轉變讀者看事情的眼光，解開鬱積的心結。

　　若水由十餘年的奇蹟課程教學譯審經驗出發，全面重譯這部曠世經典。新譯版一本經典原文的精確度，語意更為清晰，文句更加流暢。精煉再三的新譯文，吟誦之，琅琅上口，饒富深意，猶如親聆J兄溫柔明晰的論述，每天化解一個心結，同享奇蹟。

　　為方便現代人在忙碌生活中操練每日一課，經三修三校的重譯版，首度以隨身卡形式發行，以頂級銅西卡精印，紙版尺寸 8.5 × 12.6 公分，另有壓克力卡片座供選購。（全套卡片共 250 張）

奇蹟課程導讀與教學系列

　　《奇蹟課程》雖是一部自修性的課程，只因它的理論架構博大精深，讀者常易斷章取義而錯失精髓，故奇蹟資訊中心陸續推出若水的導讀系列、米勒導讀，以及一階理論基礎及二階自我療癒DVD、其他演講錄音或錄影教材，幫助讀者逐漸深入這部自成一家之言的思想體系。

若水導讀系列

(一)《創造奇蹟的課程》（全書 272 頁）
(二)《生命的另類對話》（全書 272 頁）
(三)《從佛陀到耶穌》（全書 224 頁）

　　若水在這三冊中，解說《奇蹟課程》的來龍去脈與理論架構，透過問答的形式，說明崇高的寬恕理念如何落實於生活中；最後透過《奇蹟課程》的理念，闡釋佛陀和耶穌這兩位東西方信仰系統的象徵，在實相裡並無境界之別，而只有人心的「小我分裂」與「大我一體」的天壤之隔。

米勒導讀
《奇蹟半生緣》

　　一位慧心獨具卻不得志的記者，三十多歲便受盡「慢性疲勞症候群」的折磨，群醫束手無策，他在走投無路之下，不禁自問：「究竟是誰把我這一生搞得這麼慘？」

　　《奇蹟課程》讓他看到，自己竟是一切問題的始作俑者。他對這一答覆百般抗拒，直到有位心理治療師對他說：「恭喜你！你若讀得下這本書，大概就不需要心理治療了！」

　　《奇蹟半生緣》全書穿插作者派屈克‧米勒浮沉人生苦海的經歷，但他並不因此獨尊自身的經驗和詮釋，而以記者客觀實証的精神，遍訪散居全美各地的奇蹟講師與學員，甚至傾聽圈外人的質疑。本書可說是一部美國奇蹟團體的成長紀實。（全書 319 頁）

奇蹟課程有聲教學教材

　　奇蹟資訊中心歷年發行《奇蹟課程》譯者若水的演講錄音或錄影光碟，將《奇蹟課

程》的抽象理念與現實生活銜接起來，幫助讀者了解《奇蹟課程》的精髓所在，是奇蹟學員不可或缺的有聲輔讀教材，由於教材內容每年不盡相同，欲知詳情，請上網查詢。
www.acimtaiwan.info 奇蹟課程中文網站
www.qikc.org 奇蹟課程中文部簡体網

肯恩實修系列

《奇蹟原則50》

許多讀者久仰《奇蹟課程》之盛名，興沖沖地讀完短短的導言後，就怔忡在一條一條有如天書的「奇蹟原則」之前。讀了後句忘前句，「奇蹟」的概念好似漂浮在字裡行間，始終無法在腦海中落腳，以至於閱讀了一兩頁之後便後繼無力，難以終篇，竟至棄書而逃。

「奇蹟原則」前後五十條，其實是整部課程的濃縮，若無明師指點，讀者通常都不得其門而入。於今多虧奇蹟泰斗肯尼斯旁徵博引，以深入淺出而又幽默的答問形式，將寬恕與奇蹟的精神落實於生活中，為初學者乃至資深學員提供了一個實修的指標。（全書209頁）

《終結對愛的抗拒》

追尋心靈成長的人，學到某個階段往往面臨一個瓶頸：儘管修習多年，一遇到某種挑戰，就不自覺地掉回原地，因而自責不已。問題到底出在哪裡？

佛洛依德在他的臨床經驗中，驚異地發現，病人的潛意識中有「拒絕療癒」的本能，肯尼斯根據《奇蹟課程》的觀點，犀利地剖析人們「拒絕療癒或轉變」的原因，又仁慈地為讀者指出穿越小我迷霧的關鍵，由停滯不前的窘境中突圍。對於追尋心靈成長和平安的人而言，本書不但有提點指授的功效，更有當頭棒喝的力道。（全書109頁）

《親子關係》

坊間論及親子問題的書籍可謂汗牛充棟，泰半繞在親子關係複雜且微妙的糾結情懷，唯獨肯尼斯・霍布尼克不受表象所惑，借用《奇蹟課程》的透視鏡，澈照出親子之間愛恨交織的真正關鍵。

本書表面上好似在答覆「如何教養子女」、「如何對待成年子女」以及「如何照顧年邁雙親」等具體問題，它其實是為每一個人點出我們在由「身為兒女」，到「照顧兒女」，繼而「照顧雙親」的艱苦過程，以及我們轉變知見時必然經歷的脫胎換骨之痛。（全書238頁）

《性・金錢・暴食症》

在紛紜萬象的世界裡，性、金錢與食物可說是人生問題的「重頭戲」，最易牽動小我的防衛機制，故也最具爭議性。作者肯恩沿用《奇蹟課程》中「形式與內涵」的層次觀念，針對性、金錢等等所引發的光怪陸離現象（形式），揭露它們背後一貫的目的（內涵）──小我企圖藉無止盡的生理需求，抹滅心靈的存在，加深孤立、匱乏、分裂等受害感，最後連吃飯、賺錢與性交都可能變成一種攻擊的武器。

肯恩與學員的趣味問答，反映出我們日常是如何受制於這些生理需求的；然而，我們也能藉聖靈之助，將現實挑戰化為人生教室，將小我怨天尤人的陰謀，轉為寬恕與結合的工具。（全書196頁）

《仁慈──療癒的力量》

這是一部針對奇蹟教師及資深奇蹟學員的實修指南。全書分上下兩篇，上篇列舉奇蹟學員常有的現象，例如以奇蹟之名攻擊他人，或以善意為由掩蓋自己批判的心態；下篇探討如何用仁慈的眼光來看待自己與他人的缺陷，教我們將自身的限制或缺陷轉為此生的「特殊任務」，在人間沽出寬恕的見證，成為聖靈推恩的管道。（全書251頁）

《逃避真愛》

本書是針對道理全懂卻難以突破的資深學員而寫的，它一針見血地指出，綑綁我們修行腳步的，不是世界的黑暗，也非人間的牽絆，而是自己打造出來的一道心牆。

只因我們深怕真愛會消融了自己的特殊性，故把心靈最深的渴望隱藏到心牆之後，與之「解離」，在人間展開一場虛虛實實又自相矛盾的追尋。一邊痛恨小我的束縛，一邊又忙著為小我說項；以至於內心有一部分奮力向前，另一部分則寧可原地觀望。藉著裝傻、扭曲、辯駁，把回歸真愛的單純選擇

渲染成複雜又艱深的學問。

　　《逃避真愛》溫柔地解除了人心無需有的恐懼，讓我們明白心牆的「不必要」，陪伴我們無咎無懼地跨越過去。（全書156頁）

《假如二二得五》

　　從古至今，多少人心懷救苦救難的大志，傾注一生之力貫徹自身理想，卻往往受現實所囿而終不能及。我們這些凡夫俗子，亦不乏拼搏自救之心，然而在現實面前，還是屢屢敗陣，活得憋屈而無奈。問題究竟出在哪裡？

　　對此，本書剀切提出：整個世界其實一直按照 $2+2=4$ 的「鐵律」來運作，萬物循著固定的軌跡盈虧盛衰，一切可謂「命中註定」，無怪乎歷史上的種種救世之舉皆以失敗告終。然而，《奇蹟課程》識破世界的詭計，小我既然使出 $2+2=4$ 的苦肉計，它便祭出 $2+2=5$ 的救贖原則，破解小我編織的羅網，溫柔地引領我們走出世界的幻境。本書即是教導我們，如何在貌似 $2+2=4$ 的世界活出 $2+2=5$ 的生命氣象，而且更進一步，迎向天地間唯一真實的等式 $1+1=1$。（全書171頁）

肯恩《奇蹟課程釋義》系列

《奇蹟課程序言行旅》

　　如果說《奇蹟課程》是一首曠世交響曲，《序言》便奠定了整首樂曲的氣質與基調，不僅鋪敘出奇蹟交響樂的關鍵理念，還將讀者提昇到奇蹟形上思想的高度和意境，堪稱《正文行旅》最佳的暖身之作。

　　肯恩有如一流的樂評家，領著讀者，在宏觀處，領受樂章磅礡的主旋律，在微觀處，諦聽暗藏其中的千百種變奏，致其廣大，盡其精微，深入課程之堂奧，回歸心靈之家園。（全書121頁）

《正文行旅》（陸續出版中）

　　《奇蹟課程》在人類靈性進化史上的貢獻可謂史無前例，而《正文行旅》乃是《奇蹟課程釋義》三部曲的完結篇。肯恩由文學，詩體，音樂三重角度，依循各章節的主題，提供了「重點式」以及「全面性」的導覽，幫助學員深入奇蹟三昧，沉浸於智慧與慈悲之海。

　　這部行旅可說是肯恩一生教學的智慧結晶，奇蹟學員浸潤日久，必會如他所願：奇蹟，發自心靈，必將流向心靈。（第一冊335頁）

《學員練習手冊行旅》（陸續出版中）

　　整套《奇蹟課程釋義》的問世，可說是無心插柳。1998年起，肯恩應學生之請，為〈學員練習手冊〉做了一系列的講解，基金會將研習錄音增編彙整為逐句詮釋的〈練習手冊行旅〉。此案既定，〈正文行旅〉以及〈教師指南行旅〉應運而生，為奇蹟學員提供了最完整且精闢的修行指針，訂名為《奇蹟課程釋義》，幫助學員將〈正文〉理念架構所引伸出來的教誨，運用到現實生活中。這三部《行旅》，可說是所有踏上奇蹟旅程的學員最貼心的夥伴。

　　《學員練習手冊行旅》的宗旨，乃是幫助奇蹟學員了解三百六十五課的深意，以及它們在整部課程中的作用。更重要的是，幫助學員將每日一課運用於現實生活中，否則《奇蹟課程》那些震古鑠今之言可謂枉費唇舌，徒然淪為一套了無生命的學說。（第一冊346頁）（第二冊292頁）（第三冊234頁）

《教師指南行旅》（共二冊）

　　〈教師指南〉是《奇蹟課程》三部書的最後一部，它以「如何才是上主之師」為主軸，提綱挈領地梳理出〈正文〉的核心觀念，全書以提問的形式鋪敘而成，為其他兩部書作了最實用的補充。

　　肯恩在逐句解說〈教師指南〉時，環繞著兩個主題：「個別利益」對照「共同福祉」，以及「向聖靈求助」。因為若不懂得向聖靈求助，我們根本學不會「共享福祉」這門功課。當然，全書也穿插不少副題，如「形式與內涵」、「放下判斷」等等，就像貝多芬的偉大樂章那樣，不時編入數小節旋律，讓主題曲與變奏曲銜接得更加天衣無縫。肯恩說：「我希望藉由本書讓學員看出，耶穌是如何高明地把他的基本訊息串連為一個整體，一如交響樂以主旋律與變奏曲那般交叉呈現、迴旋反覆地將我們領上心靈的旅程。」（第一冊337頁）（第二冊310頁）

《寬恕十二招》

《寬恕十二招》的作者保羅‧費里尼，有鑒於人們的想法與情緒反應模式，早已定型僵化，成了一種「癮」，不是一朝一夕可以化解得掉的。因此，他將《奇蹟課程》的寬恕理念，分解為十二步驟，一步一步地引導我們超越自卑、自責以及過去的創痛，透過自我寬恕而領受天地的大愛。這是所有準備好負起自我治療之責的人必讀的靈修教材，也是曠世靈修經典《奇蹟課程》的輔讀書籍。（全書 110 頁）

《無條件的愛》

作者保羅‧費里尼繼《寬恕十二招》之後，另以老莊的散文筆法，細細描述我們每一個人心中都擁有的「無條件的愛」。他由大我的心境出發，以第一人稱的對話方式，直接與讀者進行心與心的交流，喚醒我們心中沉睡已久的愛，開啟那已被遺忘的智慧。此書充滿了「醒人」的能量，是陪伴你走過人生挑戰的最好伙伴。（全書 215 頁）

《告別娑婆》

宇宙從哪兒來的？目的何在？我究竟是什麼？為什麼會在這裡？我要往哪裡去？我該怎麼活在這個世界裡？當你讀完本書，會有一種「千年暗室，一燈即亮」的領悟。

全書以睿智而風趣的對話談論當今世局、原子彈爆炸，一直說到真愛、疾病、電視新聞、性問題與股價指數等等，讓我們對複雜詭異的人生百態，頓時生出「原來如此」的會心一笑。它說的雖全是真理，讀起來卻像讀小說一樣精彩有趣，難怪一問世便成了西方出版界的新寵。（全書 527 頁）

《一念之轉》

作者拜倫‧凱蒂曾受十餘年的憂鬱症所苦，一天早上，她突然覺悟了痛苦是如何形成又如何結束的。由此經驗中，她發明了四句問話的「轉念作業」（The Work），引導你由作繭自縛中徹底脫身，是一本足以扭轉你人生的好書。（全書 448 頁，附贈轉念作業個案 VCD）

《斷輪迴》 阿頓與白莎回來了！

繼《告別娑婆》走紅之後，葛瑞的生活形態發生重大的轉變，也面臨了更多的挑戰。葛瑞仍是口無遮攔地談八卦、論是非、臧否名流，阿頓和白莎兩位上師在笑談棒喝中，繼續指點葛瑞如何在現實挑戰下發揮真寬恕的化解（undo）功能，徹底瓦解我執，切斷輪迴之根。（全書 279 頁）

《人生畢業禮》

本書是保羅與 Raj 在 1991 年的對話記錄。對話日期雖有先後，內涵卻處處玄機，不論由哪一篇起讀，都會將你導入人類意識覺醒的洪流。

Raj 借用保羅的處境，提醒所有在人間孤軍奮鬥的人，唯有放下自己打造的防衛措施，才可能在自己的心靈內找到那位愛的導師。也唯有從這個核心出發，我們才會與所有弟兄相通，悟出我們其實是一個生命。（全書 288 頁）

《療癒之鄉》

《療癒之鄉》中文版由美國「獅子心基金會」委託台灣「奇蹟資訊中心」出版。

作者羅賓‧葛薩姜把《奇蹟課程》深奧又慈悲的教誨化為一套具體的情緒啟蒙和心靈復健課程，協助犯罪和毒癮的獄友破除心理障礙，學習處理人與人之間的衝突，調整情緒，建立自信，切斷「憤怒→攻擊→憤怒」的惡性循環。《療癒之鄉》陪伴無數受刑人度過獄中歲月。

《療癒之鄉》也是為所有困在自己心牢裡的讀者而寫的。世間幾乎沒有一人不曾經歷童年的創傷、外境的壓迫，以及為了生存而形成種種不健康的自衛模式。獄友的心路歷程給予我們極大的啟發，鼓舞我們步上心靈療癒之路。（全書 440 頁）

《我要活下去》

這本書不只是一本鼓舞信心的療癒指南，還是一個女人把自己從鬼門關前拉回來的真實故事。

作者朱蒂‧艾倫博士（Judy Edwards Allen, Ph.D.）原本是成功的專業顧問、大學教授、大學教科書作者，四十歲那年獲知

罹患乳癌的「噩耗」，反而成為她生命的轉捩點，以清晰、熱情的文筆，記錄了她奮力將原始的求生意念成功地轉化為「康復五部曲」的歷程。讀者會看到她如何軟硬兼施地與醫生打交道，如何背水一戰克服無助感，又如何透過寬恕，喚醒內心沉睡已久的愛與生命力。最後，她終於超越自己對生死的執著，在這一場疾病與療癒的拔河大賽中，獲得了靈性的凱旋。（**全書 280 頁**）

《時間大幻劇》

人們對於時間，存在著種種截然不同的看法，比如：時間是良藥，可以癒合一切創傷；善惡終有報，只等時候到；時間是無情的殺手，終將剝奪我們的一切……。人類早已視時間的存在為天經地義，戰戰兢兢地活在過去的懊悔、現在的焦慮和對未來的恐懼中。我們好似活在一座無形的牢籠裡，苟延殘喘，等待大限的到來。

《奇蹟課程》的泰斗肯恩博士曾說：「不了解時間，不可能讀懂《奇蹟課程》的。」他引經據典，將散落全書有關時間的解說，梳理出一個完整的思想座標，猶如點睛之龍，又如劃破文字叢林的一道靈光，讓我們一窺《奇蹟課程》的究竟堂奧（究竟義）。此書可說是肯恩留給奇蹟資深學員最珍貴的禮物。（**全書413頁**）

《奇蹟課程誕生》

《奇蹟課程》的來歷究竟有何玄虛？為什麼它選擇經由海倫・舒曼博士來到人間？它的記錄方式及成書過程，與它傳給人類的訊息有何內在關係？有幸親炙此書的我們，又該如何延續奇蹟精神的傳承？

不論你只是好奇《奇蹟課程》的精采傳奇，還是有心以「史」為鑒，窮究奇蹟的傳承精神，本書都提供了最可靠的第一手資料。作者因與茱麗、海倫與比爾等人交往密切，故受這些開山元老之託，冷靜而客觀地梳理《奇蹟課程》的記錄及成書經過，佐以三位奇蹟元老的親筆自白，融鑄成一部信實可徵的《奇蹟課程》誕生史，帶領讀者重新走過五十年前那段精采神奇的心靈歷程。（**全書195頁**）

《飛越死亡的夢境》

本書榮獲美國出版界著名的「活在當下書籍獎」（Living Now Book Awards），全書以嶄新的視角詮釋曠世靈修經典《奇蹟課程》的教誨，為讀者剴切指出「起死回生」的著力點。

作者特別選取在人間每個角落不時作祟的「死亡陰影」入手，揭露小我抵制永恆生命的伎倆。作者以親身的經歷為奇蹟作證，並且提供了極其實用的反省練習，解除我們潛意識中對死亡的恐懼，為百害不侵的生命本質開啟了一扇門，真愛與喜悅得以流過人間，讓奇蹟成為日常生活裡「最自然的事」。（**全書524頁**）

國家圖書館出版品預行編目資料

飛越死亡的夢境：展開信賴的翅膀／諾可‧桑傑斯
（Nouk Sanchez）著；魏佳芳、若水合譯 -- 初版 --
臺中市：奇蹟資訊中心，奇蹟課程，民 105.09
　　面；　　　公分
　　譯自：The End of Death

　ISBN 978-986-88467-8-4（平裝）

　1. 靈修

192.1　　　　　　　　　　　　　　　105015878

飛越死亡的夢境– 展開信賴的翅膀
The End of Death

作　　者：諾可‧桑傑斯（Nouk Sanchez）
譯　　者：魏佳芳　若水
責任編輯：李安生
校　　對：魏佳芳　李安生　黃真真　吳曼慈
封面設計：蘇荷美術
封面畫作提供：蘇荷兒童美術館‧黃榆茹
美術編輯：陳瑜安工作室
出　　版：奇蹟課程有限公司‧奇蹟資訊中心
　　　　　桃園市光興里縣府路 76-1 號
聯絡電話：(04) 2536-4991
劃撥訂購：帳號 19362531　戶名　劉巧玲
網　　址：www.acimtaiwan.info
電子信箱：acimtaiwan@gmail.com

印　　刷：世和印製企業 (02) 2223-3866
經銷代理：聯合發行公司
　　　　　電話 (02) 2917-8022 # 162
　　　　　　　 (03) 212-8000 # 335

定　價：新台幣 450 元
2016 年 9 月初版
2020 年 2 月二刷

ISBN　978-986-88467-8-4